Feindbild China

Über das Buch

Das ist die Innensicht einer Gesellschaft, die für viele Menschen unverständlich ist. Im besten Falle gilt sie als exotisch, im schlimmsten Falle als feindlich. Die westliche Welt fühlt sich bedroht, heißt es. Doch China bedroht niemanden. Die mit etwa 6000 Jahren älteste, ununterbrochen fortbestehende Zivilisation folgt anderen Regeln als etwa das jüngere christliche Abendland. Um sich dessen bewusst zu werden, muss man sie auch kennen. Behrens hat fast drei Jahrzehnte in China gelebt. Er berichtet von seinen Erfahrungen, bringt unbekannte Fakten und stellt erhellende Zusammenhänge her.

Über den Autor

Uwe Behrens, Jahrgang 1944, studierte an der Hochschule für Verkehrswesen »Friedrich List« in Dresden, diplomierte an der Wilhelm-Pieck-Universität in Rostock und war nach dem Studium mit der Einführung des Containertransportsystems bei der Deutschen Reichsbahn der DDR beschäftigt. Von 1980 bis 1984 war er als DDR-Vertreter bei Intercontainer in Basel und promovierte 1986 als Logistiker bei Deutrans-Transcontainer. Seine Tätigkeit als Fachdirektor im Betrieb des Kombinates Deutrans, Deutrans-Transcontainer, endete im Dezember 1989. Für eine BRD-Spedition ging er 1990 nach China. 2000 übernahm er das Management des französisch-indischen Joint Ventures Geodis India und pendelte zwischen China und Indien. Von 2008 bis 2017 wirkte er als Berater eines in Hongkong ansässigen Logistikunternehmens im Rahmen der chinesisch-afrikanischen Wirtschaftskooperation, der späteren Neuen Seidenstraße.

Uwe Behrens

FEINDBILD
CHINA

Was wir alles nicht über die Volksrepublik wissen

edition ost

Inhalt

Vorwort

Seit nunmehr vierzig Jahren findet das größte Modernisierungsprojekt der Menschheitsgeschichte statt, und ich konnte daran fast drei Jahrzehnte teilhaben, es unmittelbar begleiten. Über meine Beobachtungen und Erfahrungen will ich hier erstmals berichten. Seit 2017 lebe ich wieder in Deutschland, und ich habe seither feststellen müssen, dass wenig Wissen über China existiert und die Vorurteile groß sind, die über das volkreichste Land der Welt kursieren. Das war mein Motiv, mich in der vorliegenden Form mitzuteilen, Sachverhalte zu erklären, Irrtümer zu korrigieren und Wissenslücken zu füllen. Denn wie ich seit meiner Rückkehr aus Fernost als Konsument hiesiger Medien erstaunt bemerkte, hatte sich die Feststellung Alfred Polgars, jenes von den Nazis aus Europa vertriebenen jüdischen Feuilletonisten, keineswegs erledigt, obgleich sie inzwischen über hundert Jahre alt ist: »Die Menschen glauben viel leichter eine Lüge, die sie schon hundertmal gehört haben, als eine Wahrheit, die ihnen völlig neu ist.«

Nun war ja nicht alles unwahr, was ich über China in den Zeitungen las, im Rundfunk hörte oder im Fernsehen sah. Doch es schien mir ziemlich oberflächlich und nicht eben freundlich. Das Land mit seinen 1,4 Milliarden Menschen, vor allem aber seine riesige Ökonomie, die ein wesentlicher Faktor der Weltwirtschaft geworden ist, zeichnete man vorwiegend stereotyp als Bedrohung. Das war zunächst nur ein Eindruck, ein Gefühl. Inzwischen jedoch wurde der Begriff auch offiziell in die Sprache der Politik eingeführt. Auf dem virtuellen NATO-Gipfel Anfang Dezember 2020 erklärte der

Generalsekretär des westlichen Militärpaktes, dass zwar kein Mitgliedsland »unmittelbar« von China bedroht werde, aber man sich stärker gegen Bedrohungen aus China wappnen werde. »Es kommt uns näher, von der Arktis bis nach Afrika«, zitierten die Medien Jens Stoltenberg. »Wir müssen dies gemeinsam angehen, sowohl als NATO-Verbündete als auch als Gemeinschaft gleichgesinnter Länder.«

Natürlich ist die Angst »des Westens« durchaus begründet. Es ist ihm mit der Volksrepublik China ein ernstzunehmender Konkurrent erwachsen. Der vertritt nicht nur mit wachsendem Selbstbewusstsein seine nationalen Interessen und handelt also nicht anders als etwa die USA, Großbritannien, Frankreich, Deutschland und andere kapitalistische Staaten. Dieser Konkurrent präsentiert aber auch noch einen anderen Gesellschaftsentwurf. Dieser erweist sich angesichts der vielen Krisen und Konflikte, für die der Kapitalismus ursächlich ist, zunehmend als Alternative. Eine der ältesten Zivilisationen und Hochkulturen der Welt sucht nach Wegen in eine Zukunft, die diese Bezeichnung auch verdient. Und dabei sind die Chinesen sehr erfolgreich.

Nun ist das, was sie machen, überhaupt kein Modell für die Welt. Das stellen die Chinesen selbst energisch in Abrede. Doch allein das Funktionieren ihrer Ordnung beweist, dass der Kapitalismus – der sich doch selbst einmal als Krönung und Ende der Geschichte bezeichnete – eben nicht ohne vernünftige Alternative und das Schlusskapitel der Menschheit sein muss. Denn darin besteht heute weltweit Einigkeit: Wenn wir so weiter wirtschaften wie bisher, geht die menschliche Zivilisation in absehbarer Zeit zugrunde.

Das ist die eigentliche Bedrohung, vor der nicht nur »der Westen« steht.

Dessen sogenanntes China-Bashing, das Kritisieren, Verunglimpfen und Sanktionieren der Volksrepublik erfolgt nach der Methode »Haltet den Dieb!«. Das heißt, ein ertappter Halunke beschuldigt mit großem Geschrei einen anderen als Halunken, um auf diese Weise von seinen eigenen Vergehen abzulenken. Je erfolgreicher und souveräner China auf der Weltbühne agiert, desto lauter wird das Geschrei. Die Welt ist nicht genug. Inzwischen weht die rote Fahne mit den fünf gelben Sternen sogar schon auf dem Mond.

Diese gewaltigen Fortschritte in Wissenschaft und Wirtschaft sind wohl kaum Resultat von Propaganda, sondern Ergebnis angestrengter und kollektiver Arbeit. Und diese geschieht geplant, nicht anarchisch. Sie wird überlegt organisiert und konzentriert geführt. Anders als etwa in den unter dem Banner des Westens versammelten »Demokratien«.

»China teilt nicht unsere Werte«, monierte der bereits zitierte NATO-Generalsekretär. Wenn zu diesen »Werten« die Freiheit gehört, zur Durchsetzung nationaler Interessen Kriege zu führen und Konflikte zu schüren, verhasste Regimes zu stürzen und genehme zu installieren, Naturressourcen hemmungslos auszubeuten, den Regenwald abzuholzen und in Naturschutzgebieten nach Öl zu bohren, die Meere zu vermüllen und Menschen aus ihrer Heimat zu vertreiben – derzeit sind mehr als 65 Millionen Menschen auf der Flucht –, dann natürlich hat Stoltenberg Recht: Diese Werte teilt die Volksrepublik China ganz und gar nicht.

Der chinesische Traum, und so nennen sie es selbst, ist der Aufbau einer Gesellschaft mit bescheidenem Wohlstand, die Schaffung eines reichen, starken, demokratischen, zivilisierten und modernen Landes mit einer zufriedenen Bevölkerung. China setzt auf Harmonie statt Hegenomie. Es betrachtet keinen Staat und kein Volk als Feind.

Ich habe nicht Sinologie studiert, wohl aber das Leben in China. Ich bin zwar promovierter Transportökonom, aber habe nie wissenschaftlich gearbeitet und geforscht – ich arbeitete zeitlebens als Logistik-Manager in Europa und in Asien. Das ist mein Fundus. Ich urteile also über real Erlebtes und halte es wie Goethes Faust: »Grau, teurer Freund, ist alle Theorie, und grün des Lebens goldner Baum.« Oder mit einem anderen großen Denker, der die Praxis als Kriterium der Wahrheit benannte.

Und rigoros bin ich für die ganze Wahrheit, denn bekanntlich sind halbe Wahrheiten mitunter ganze Lügen.

Bei der Erarbeitung des Buches waren mir meine chinesischen Freunde und der Verleger Frank Schumann außerordentlich behilflich. Ich danke meinen chinesischen Freunden und dem Verleger sowie und meiner Frau Wei Lan, die mir die Augen und das Herz für ihre Heimat geöffnet hat.

Uwe Behrens,
Wandlitz, im Januar 2021

Die größte Explosion persönlicher Freiheiten, die das chinesische Volk in den letzten 4000 Jahren erlebt hat, erfolgte in den letzten 40 Jahren. Vor 40 Jahren konnte sich das chinesische Volk nicht aussuchen, wo es leben, was es tragen, wo man arbeiten, was es studieren sollte. Es gab null Touristen, die China verließen. Heute verlassen 134 Millionen Chinesen (das entspricht einem Drittel der US-Bevölkerung) China frei. Dann kehren sie frei nach Hause zurück. Anstatt Repressionen zu erleiden, erleben die Chinesen eine große Befreiung in ihrem persönlichen Dasein. Unabhängige Umfragen zeigen, dass in China 90 Prozent der Menschen ihrer Regierung vertrauen. In den USA sind es nur 39 Prozent.

Im Gegensatz zur amerikanischen Politik, die von kurzfristigen Wahlerwägungen getrieben wird, ist Chinas Politik von sorgfältigen, langfristigen strategischen Berechnungen bestimmt.

China lernt schnell aus seinen Fehlern.

Nach den ersten Fehlschritten in Wuhan war die anschließende Reaktion der chinesischen Regierung auf den COVID-19-Ausbruch eine der effektivsten aller Regierungen der Welt.

Die WHO erklärte:»Angesichts eines bisher unbekannten Virus hat China die vielleicht ehrgeizigste, agilste und aggressivste Krankheitseindämmung in der Geschichte eingeführt.«

Kishore Mahbubani, Professor für Public Policy
an der National University in Singapur, zuvor UNO-Botschafter,
in: »Has China won?«, 2020

Auf nach China

Ende November 1989 rief mich der Direktor einer bundes-
deutschen Spedition an. Ich hatte bereits in den vergangenen
Jahren beruflich mit Militzer & Münch in Hof zu tun gehabt.
Jetzt, wo doch die Mauer gefallen sei, wäre dies die Chance
für einen flexiblen Manager, aus der Enge des DDR-Außenhandels auszubrechen. Er sähe für mich eine große Chance
in China, aber auch für seine Spedition. Schließlich hätte ich
in den vergangenen Jahren Eisenbahntransporte zwischen
der Volksrepublik und der DDR besorgt, da würde ich mich
doch auskennen. Kurz und gut, er schlage mir vor, in China
für sein Unternehmen eine Repräsentanz zu übernehmen.

Nun war mir klar, dass er dieses Angebot nicht selbstlos
unterbreitet hatte. Er wollte sich meine Verbindungen und
meine Erfahrungen nutzbar machen. Auf der anderen Seite
stellte er natürlich in Rechnung, dass auch ich mir Gedanken
machte über die Zukunft meines Betriebes und des Landes,
für das ich arbeitete. Denn nachdem die Grenze offen war,
stand seine Zukunft nicht mehr in den Sternen. Als Ökonom
war ich mit den Gesetzen des Marktes hinlänglich vertraut,
ich konnte mir ausrechnen, was nun passieren würde.

Ich zögerte dennoch.

Beim zweiten Anruf machte er es dringlich, dadurch war
ich in einer taktisch günstigeren Situation. Sein Unternehmen
habe bereits ein Büro in Peking, doch der Repräsentant wolle
so schnell wie möglich nach Hause. Die Unruhen im Frühsommer hätten bei ihm bleibende Spuren hinterlassen. Er
habe gesehen, wie randalierende Studenten Soldaten massa-
kriert hätten, dort auf dem Platz des Himmlischen Friedens

und in den Straßen der Innenstadt. Das wäre für den ruhigen Schweizer zuviel Aufregung gewesen. Er habe fristgerecht gekündigt, im April 1990 werde er das kommunistische China verlassen.

»Sie haben doch keine Angst vor den Kommunisten?«, erkundigte er sich. »Sie sind doch bestimmt selber einer.«

Eigentlich hatte ich mich bereits durchgerungen, den Job anzunehmen. Doch nach dieser abwertend gemeinten Ansage musste ich ablehnen.

Als sei alles in trocknen Tüchern, rief am Montag seine Sekretärin bei mir an. Schöne Grüße vom Chef, er habe das nicht so gemeint und würde sich freuen, mich zum Gespräch im westdeutschen Headoffice zu begrüßen. Mein Flieger gehe am Mittwoch, das Ticket sei in Tegel hinterlegt, Flug und Hotel seien bereits bezahlt.

Ich ließ mich überrumpeln.

Für den Kommunisten entschuldige er sich, sagte der Direktor, und schmeichelte mir. Ich hätte schließlich herausragende Erfahrungen als Spediteur und kommerzieller Eisenbahner, nur das zähle. Gute Leute würden überall gebraucht.

Wie ich später erfuhr, hatte er bereits mit sieben seiner Landsleute gesprochen, die alle abgesagt hatten. Ich war der achte und letzte Kandidat, da musste er sich krumm machen.

Am 1. März 1990 schon sollte ich fliegen.

Ich sagte zu und kündigte in meinem DDR-Betrieb, wo ich, keineswegs überraschend, Hausverbot erhielt. Wäre ich an der Stelle des Generaldirektors gewesen, hätte ich vermutlich ebenso gehandelt. Dadurch aber hatte ich Zeit gewonnen, mich auf China vorzubereiten.

Was wusste ich über China?

Dass Mao die Kulturrevolution angezettelt hatte, die Sowjetunion und die DDR nicht gerade gute Beziehungen mit der Volksrepublik unterhielten, Peking enge Kontakte mit den USA aufbaute, dass der DDR-Außenhandel billig Textilien importierte, unter anderen Herrenunterhosen, die für DDR-Ärsche viel zu eng waren.

Ich versuchte mir auch zu erklären, warum China ein so schlechtes Ansehen in der Welt besaß. Das hing nicht allein mit dem 4. Juni 1989 zusammen. Schon vor diesem Datum hatte »der Westen« wenig nur mit »Rotchina« am Hut. Lag es allein am Antikommunismus, am tradierten Rassismus, der sich nicht nur vor der roten, sondern auch vor der »gelben Gefahr« fürchtete? War daran die christlich-abendländische Kultur Schuld? Die hatte ja auch die Kultur Nordamerikas und Australiens geprägt, und sie unterschied sich fundamental von der weitaus älteren chinesischen Kultur. China schaute auf über fünftausend Jahre zusammenhängende Zivilisationsgeschichte zurück und hatte die Menschheit mit einer Vielzahl von Entdeckungen und Erfindungen vorangebracht. Doch das zählte alles offenbar wenig aus »westlicher« Sicht, Europa war Maßstab und Nabel der Welt.

In den Monaten vor meiner Abreise ins Reich der Mitte frischte ich mein Schulenglisch auf und traf mich mit Mitarbeitern meines künftigen Arbeitgebers, die für China zuständig waren. Sie arbeiteten in verschiedenen Speditionsniederlassungen in der Bundesrepublik und in der Schweiz und betrachteten mich als Exoten. Ich sah ihnen an, was sie über mich dachten: Aha, aus dem Osten. Geht freiwillig nach China, wo Menschen von den Kommunisten auf der Straße erschossen werden. Der muss es ja nötig haben ... Naja, lange wird der's auch nicht machen.

Die ansonsten sehr höflichen Speditionsmitarbeiter gaben mir jede Chance, nichts von dem zu erfahren, was ich eventuell für meinen Job in China gebrauchen könnte. Sie behielten ihr Wissen für sich und gaben es nicht her. Das war eine ganz neue Erfahrung.

Der Flug wurde auf Ende März verschoben. Direktflüge von Berlin nach Peking gab es noch nicht. Ich flog nach London, von dort nach Hongkong und weiter in die chinesische Hauptstadt. Nach 34 Stunden traf ich dort ein. Grau war mein Gemüt, grau mein Gesicht, grau die Luft. Der Schweizer, der mich vom Flugplatz abholen sollte, war nicht erschienen,

er hatte aber jemanden geschickt, der in der winzigen Emp-
fangshalle, kaum größer als die in Tegel, ein Schild mit meinem Namen reckte. Er steuerte ein Shuttle des Hotels, in das
er mich brachte.

Die Fahrt war der erste Kulturschock. Die zweispurige
Straße mit breiten, staubigen Randstreifen teilten sich die
Autos mit Radfahrern und Lastkarren. Sie wurde gesäumt
von blattlosen, grauen Bäumen. Der Taxifahrer quälte den
alten Toyota im vierten Gang im Schritttempo. In mir wuchs
das Gefühl, eine falsche Entscheidung getroffen zu haben.
Umkehren, sagte ich mir. Nach schier unendlich langer Fahrt
erreichten wir die Stadt. Mein Gefühl verdichtete sich. Im
Hotel empfing mich der überaus höfliche Direktor, ein Manager aus Hongkong. Er zeigte mir mein Apartment und lud
mich zu meinem ersten wirklich chinesischen Essen ein. Das
versöhnte mich ein wenig, das Gefühl von Hoffnungslosig-
keit und Enttäuschung begann zu schwinden, aber es blieb.

Mein Vorgänger begrüßte mich mit der rhetorischen
Frage: »Wie gefällt Ihnen Peking?«

Ich winkte ab. »Ich fliege wieder zurück. Alles grau hier –
ich liebe die Natur. Außer dem Hoteldirektor spricht niemand Englisch, ich verstehe kein Wort Chinesisch ...«

Der Schweizer nickte verständnisvoll. Mir war jetzt klar,
weshalb er vorzeitig und das schon nach einem Jahr seine
Zelte hier abbrach.

»Kommen Sie, ich zeige Ihnen das Büro.«

Es befand sich in einem einzigen Geschäftshaus für ausländische Firmenvertreter. Es handelte sich um ein ehema-
liges Hotel. Der Fußbodenbelag, vormals gewiss sehr schön,
war ausgeblichen und wies zahllose Brandflecken von aus-
getretenen Zigaretten auf. An manchen Stellen lösten sich
die Blumentapeten von den Wänden, in den Ecken warteten
Spucknäpfe auf ihre Benutzung.

Alles sehr anheimelnd und einladend.

Das Büro, ein Apartment mit Bad, entsprach ganz dem
Charakter des Hauses. Das Bad selbst war, bis auf die Dusche,

16

zugestellt mit nicht mehr brauchbaren Hotelmöbeln. Und unter der Brause stand eine Chinesin. Der Schweizer erklärte mir, dass dies die Sekretärin sei, sie habe in ihrer Wohnung, wie die meisten Chinesen, kein Bad. Und oft auch kein warmes Wasser.

Frisch geduscht, mit einem Strahlen im Gesicht, begrüßte mich meine künftige Mitarbeiterin, Frau Shen, in einem besseren Englisch, als ich es sprach. Der zweiter Mitarbeiter, Herr Yin, traf wenig später mit dem Fahrrad ein. Ein junger aufgeschlossener Mann, voller Tatendrang und mit dem Willen, die Welt zu erobern, wie ich schon bald merkte.

Nun hatte ich vier Wochen Zeit, von meinem Vorgänger und meinen beiden Mitarbeitern zu lernen, wie »das Chinageschäft« für eine deutsche Speditionsfirma in einer lokalen Repräsentanz so lief. Vieles war nicht neu für mich. Ich wusste, dass eine Repräsentanz kommerziell selbst nicht tätig werden durfte, sie agierte als Liaison-Vertretung, d. h. sie bahnte Verträge an. Unser Partner war das zentrale Büro der staatliche Spedition der VR China. Diese Institution war sehr darauf bedacht, dass wir keinerlei direkte Kontakte zu chinesischen Industriebetrieben aufnahmen, nicht einmal fürs Marketing. Natürlich durften wir auch nicht mit lokalen Niederlassungen der Speditionsorganisation kooperieren. Bei Verstößen, so hieß es warnend, würde die Repräsentanz geschlossen werden.

Die wöchentliche Arbeitszeit erstreckte sich über sechs Tage, aber meine zwei Mitarbeiter würden nur fünf Tage anwesend sein, da sie jeweils samstags politisch geschult würden, erklärten sie mir.

Das also war der Rahmen, in welchem ich mich künftig bewegen sollte.

Mein erster Besuch galt unserem Partner Sinotrans, der Gastgeber-Organisation: gesonderter Zugang zu Verhandlungsräumen, diese schlicht, ein Tisch, sechs Stühle. Auf dem Tisch chinesische Teetassen mit Untersetzer und Deckel, eine große Thermosflasche mit heißem Wasser.

»Nihao.« Ein älterer Herr und ein jüngerer sowie eine junge Dame mit wunderschönen langen schwarzen Haaren begrüßten mich. »Sie kommen aus der DDR, haben bei Deutrans gearbeitet?«

Ich nickte.

»Oh, wir kennen einen Herren, der war vor zwei Jahren hier. Er hat für den DDR-Außenhandel die Textilverladungen mit uns organisiert.«

»Ja, ich weiß, das war mein Direktor«, antwortete ich.

»Gut«, lächelte der Alte. »Dann sind wir auch Freunde. Alte Freunde: lăo péngyou.«

Ich wunderte mich. Das ging aber schnell und leicht, dachte ich erfreut ...

Mein Vorgänger stellte später klar: Der ältere Herr sei der Parteisekretär gewesen, der spräche kaum Englisch. Das war mir nicht entgangen. Der jüngere sei so etwas wie ein Schriftführer und Frau Zhang die Fachfrau. Nach dem Treffen mit mir würden alle drei einen Bericht schreiben, vor allem darüber, wie ich aufgetreten sei. Da ich aus dem Osten komme, sozusagen aus dem gleichen Stall, also ein alter Freund sei, dürfte das höchst unproblematisch sein.

Ich nickte. Natürlich, bei Deutrans war es ähnlich, wir unterschieden auch zwischen SW und NSW, dem sozialistischen und dem nichtsozialistischen Wirtschaftsgebiet. Die Kollegen aus unserer Welt behandelten wir auch anders, das waren welche von uns. Die anderen waren die anderen.

Und genau das war der Vorteil, den sich mein neuer Chef mit mir eingekauft hatte: In seiner Vorstellung war ich einer »von denen«. Damit hatte er gegenüber den konkurrierenden Speditionsfirmen aus der BRD die Nase vorn.

Ich war folglich auch mit den Gepflogenheiten vertraut, die glichen den mir bekannten: An Treffen mit Vertretern aus westlichen Ländern nahmen stets zwei Personen teil, Geschenke anzunehmen war verboten, interne Informationen wurden nicht ausgeplaudert, danach wurde ein schriftlicher Bericht gefertigt.

Über den Schweizer wurde geschrieben, weshalb er meinte, mich darauf hinweisen zu müssen, dass auch über mich dreifach berichtet werden würde. Da irrte er. Ich war ein »alter Freund aus einem Bruderland«. Da waren solche Regeln verabschiedet. Ich grinste innerlich.

So gewann ich schnell wirkliche Freunde, mit denen ich Möglichkeiten der Erweiterung unserer Geschäftsbeziehungen und neue Transportvarianten erörtern konnte.

Zur Festigung der Beziehungen konnte ich selbst Einladungen zu Arbeitsessen aussprechen, die auch ohne Probleme angenommen werden durften. Allerdings machte ich dabei einen Fehler. Ich überließ meinen Freunden von Sinotrans die Wahl des Menüs. Damals war für die meisten Chinesen ein Essen in einem Sterne-Hotel ein großes Erlebnis, deshalb bestellten sie immer das, was für sie etwas Besonderes war. Ich musste natürlich auch davon essen. Ihre Delikatesse waren Seegurken – gekocht, gedünstet, gebraten. Ich habe nach dieser Phase nie wieder diese fetten, Würmern nicht unähnlichen Seewalzen verzehrt.

Frau Shen und Herr Yin mussten jeden Samstag zur politischen Schulung. Auch das war mir vertraut. Wir kannten das FDJ-Studienjahr, als SED-Mitglieder das Parteilehrjahr, und die parteilosen Gewerkschaftsmitglieder besuchten die Schulen der sozialistischen Arbeit. Ich konnte also verstehen, womit sich meine beiden Mitarbeiter am Wochenende beschäftigten und half ihnen dabei, den Marxismus zu verstehen. Auch bei tagespolitischen Fragen konnte ich ihnen sachdienliche Hinweise geben. Gelernt war eben gelernt.

Ein wichtiges Thema für sie war der Untergang der DDR und die sich anbahnende Übernahme durch die Bundesrepublik, überhaupt: Warum musste der Sozialismus in Europa krachen gehen? Vor allem Herr Yin war daran interessiert. Er war, wie schon erwähnt, ein sehr ehrgeiziger und damit für diese Zeit sehr typischer Chinese. Er war begierig zu lernen und sprach ein perfektes Englisch mit US-amerikanischen Akzent, obwohl er das nur an der Universität gelernt hatte.

Yin war offen für alle transporttechnischen und ökonomischen Fragen. Meine Fachbücher für Eisenbahntransporte und Seeschifffahrt arbeitete er abends, nach zehn bis zwölf Arbeitsstunden durch und löcherte mich anderntags mit tausenden Fragen. Ich war begeistert. So etwas hatte ich in meinem bisherigen Berufsleben noch nie erlebt und hier in China auch nicht erwartet. In den westdeutschen Niederlassungen hatte man mich gewarnt: Die Chinesen sind faul, sie brauchen den Druck und die Anleitung von uns Europäern. Von wegen.

Nach wenigen Wochen schon war Herr Yin ein wichtiger Partner für mich, der kreativ Wege fand, die bestehenden Limitierungen für Repräsentanzen legal zu umgehen.

Der Slogan »Baue eine auf das Lernen orientierte Gesellschaft«, der uns von roten Transparenten entgegensprang, hatte offenkundig gefruchtet, der Funke war übergesprungen. Das Lernen war zu einer Grundhaltung in China geworden. Stellte ich später neue Mitarbeiter ein, hörte ich fast immer: »Ich bin ein guter Lerner.«

Diese Einstellung teilten einfache Landarbeiter mit politischen Funktionären. Selbst die Führung hielt regelmäßig politische Schulungen ab, sie nannten das »Kollektives Lernen des Politbüros«. Niemals erklärte einer, er habe genug Wissen erworben und müsse nun nichts mehr lernen. Wer lernte, offenbarte nicht Unwissen, sondern demonstrierte, dass er seinen Horizont erweitern wollte.

Manche westliche Besucher Chinas wunderten sich, entrüsteten sich mitunter, weshalb die Kinder in der Schule hart rangenommen wurden. Die Zöglinge nahmen nicht nur am Unterricht ihrer Klasse teil, sondern besuchten auch Stunden in anderen Klassen. Ihre Eltern wollten, dass ihre Kinder mehr lernten als sie, weil Lernen direkt mit einem besseren Leben in der Zukunft verbunden sein würde. In Europa, zumindest in Deutschland, gehören Studierende aus Vietnam oder China meist zu den Besten ihrer Jahrgänge. Weil sie eine positive Einstellung zum Lernen haben.

Einen Fehler zu machen wird nicht als tragisch angesehen. Daraus kann gelernt werden. Trial und Error, Versuch und Fehler gehören zum Lernen. Das gilt für den Einzelnen wie für die ganze Gesellschaft. Ein Staat kann in der heutigen Welt nur erfolgreich bestehen, wenn die Regierung aus der sich ändernden Umwelt lernt und sich neu anpasst, schrieb Prof. Zhang Weiwei, einer der namhaften chinesischen Politikwissenschaftler, der an der Fudan-Universität in Shanghai lehrt. Das schien dieses Volk mehrheitlich verinnerlicht zu haben.

Die ersten Wochen in Peking waren für mich ein Wechselbad der Gefühle. So erschreckend meine Eindrücke am ersten Tag waren, so angenehm und positiv waren meine Begegnungen mit den Menschen, den Mitarbeitern und Geschäftspartnern, dem Personal im Hotel und den Leuten auf der Straße. Die Zeit verging wie im Fluge. So viele neue Eindrücke, Überraschungen, Fragen, neue Menschen, andere Menschen. Wie denken sie? Da ich vorher nicht viel über China wusste, war ich offen für alles. Ich akkumulierte Eindrücke und glaubte nach den ersten Wochen China zu kennen.

Während einer Bierrunde im Freundschaftshotel lachten alle meine Partner über meine Feststellung, darüber schreiben zu wollen. »Nach einem Monat glaubst du, ein Buch über China schreiben zu können«, sagte einer. »Nach einem Jahr weißt du, es reicht gerade für einen Artikel. Und nach vielen Jahren wird dir bewusst, dass du eigentlich gar nichts über China weißt.«

Nach 27 Jahren muss ich mir eingestehen: Der Mann hatte recht. Wir Nichtchinesen – ob wir nun Chinesisch sprechen oder nicht – schauen immer nur durch ein Fenster nach China hinein. Und auch jetzt, während ich schreibe, fürchte ich, an den Chinesen vorbeizuschreiben.

Pekings Straßennetz war 1990 noch nicht ausgebaut. Es gab allerdings auch keine Staus, da der Autoverkehr im Wesentlichen aus Dienstwagen und Fahrzeugen von Ausländern bestand. Dafür klingelten überall Fahrräder, deren Benutzer das Privileg freier Straßen nutzten. Auch ich hatte einen kleinen Zusammenstoß mit einem Radfahrer. Unweit unseres Hotels fuhr er vor mein Auto und ließ sich fallen. Gewiss war ich allein schuld, schließlich war ich Ausländer und fuhr Auto. Herrn Yin vermittelte, und schon bald sah der Radfahrer ein, dass sein Versuch gescheitert war. Er lachte verlegen, wir luden ihn in ein chinesisches Nudelrestaurant ein. Jahrelang ließ mich der Radfahrer grüßen, einmal lud er mich sogar zum Drachensteigen ein.

Meine Mitarbeiter, auch Besucher von chinesischen Firmen in unserem Büro, trugen nach meiner Beobachtung ziemlich viel Kleidung, insbesondere dicke Unterhosen und -hemden aus gestrickter Wolle. Schon nach kurzer Zeit entledigten sie sich sehr diskret ihrer Wäsche. Der Grund wurde mir schließlich bald bewusst. In ihren Wohnungen und in den meisten Geschäftsräumen war es sehr kühl. Das lag an den oft schlechten Heizungen. Im Sommer wunderte ich mich, dass die Mitarbeiter bis abends spät blieben. Der Grund, wie ich erfuhr, war die Klimaanlage, die Privatwohnungen besaßen keine. Außerdem war es nicht üblich, den Arbeitsplatz vor dem Chef zu verlassen. Wenn der Chef bis spät Überstunden machte, mussten es die Mitarbeiter auch. Dieses Prinzip gilt übrigens noch immer.

Es gab nur zwei Geschäfte in denen man Lebensmittel kaufen konnte, die für europäische Mägen verträglich waren – im Freundschaftshotel und dem Freundschafts-Store. (Einrichtungen dieser Art trugen alle den Zusatz »Freundschaft« – sie waren in den fünfziger Jahren entstanden, als einige Tausend sowjetische Spezialisten, eben: die Freunde, in China arbeiteten. Als diese das Land verlassen mussten und die Freundschaft endete, blieb die Bezeichnungen für diese Läden.) Die Versorgung mit Wurst, Käse, Butter und Brot, schwarz oder weiß, war eine gewaltige Herausforderung. Darum waren die wöchentlichen Besuche der Expats in einer der deutschsprachigen Botschaften sehr beliebt.

»Expat« hießen früher die Emigranten, nun nannte man alle ausländischen Mitarbeiter von internationalen Firmen so. Anfang der neunziger Jahre gab es noch relativ wenige Expats in China, die meisten in Peking und Shanghai, auf dem Land kaum welche. Wir fielen natürlich auf und waren gefragte Fotoobjekte. Besonders gefragt waren blonde Frauen und blonde Kinder.

Einmal war ich mit meiner späteren chinesischen Ehefrau im offenen Wagen – dem damals verbreiteten Army-Peking-Jeep – auf der Insel Hainan unterwegs. Abseits der Hauptstraße gab es fast nur schmale, unbefestigte Wege, die die Dörfer verbanden. In einer der Siedlungen musste ich vor einer Gruppe spielender Kinder stoppen. Sie blickten auf, sahen mich und liefen schreiend davon. Meine Begleiterin klärte mich sehr verlegen auf: Die Kinder hatten vermutlich noch nie eine »Langnase« gesehen.

Ähnliches wiederholte sich einige Wochen später. Ich besuchte die Familie eines Mitarbeiters. Oma und Opa aus einem Dorf in Südchina waren da, seine Frau und ihre Tochter, keine drei Jahre alt. Als sie mich erblickte, brach sie in panikartige Schreikrämpfe aus. Erst nachdem ich den Raum verlassen hatte, beruhigte sich das Kind. Mein Mitarbeiter entschuldigte sich und erklärte es damit, dass ihre Tochter die meiste Zeit bei ihren Großeltern lebe, die ihr Dorf nunmehr zum ersten Mal verlassen hätten. Sie seien liebenswerte, aber ungebildete Menschen und Analphabeten und hätten gelegentlich der Tochter gedroht, dass sie der »weiße Teufel« hole, wenn sie nicht artig sei. Und nun war dieser durch die Tür gekommen ...

Ich tröstete ihn mit dem Hinweis, dass in Deutschland jahrhundertelang Kindern mit dem »Schwarzen Mann« gedroht worden sei.

Ausländer riefen bei den Chinesen allerdings nicht nur Schrecken, sondern auch Zuneigung hervor. Sie galten gemeinhin als kultiviert und höflich, insbesondere die Chinesinnen schätzten ihr gutes Benehmen. Die Regierung tat dies auch, weil sie das allgemeine Kulturniveau des ganzen Volkes heben wollte; sie förderte die Anerkennung der Ausländer, weil sie auf deren positives Beispiel setzte. Das war mit Privilegien verbunden, die ich durchaus schätzte. Wollten Ausländer einen Tempel, ein Museum oder eine Behörde besuchen, an deren Eingang eine Schlange stand, wurden sie vorbei geleitet, sie mussten nicht warten. Ausländer wurden auch in Restaurants bevorzugt bedient.

In den ersten Jahren meines Aufenthaltes erfuhr ich nie eine unhöfliche Behandlung oder gar Diskriminierung. Im Gegenteil. Stoppte mich die Verkehrspolizei wegen eines Verstoßes, wurde zwar meine Fahrerlaubnis kontrolliert, doch man wünschte mir eine »Gute Fahrt« und beließ es bei einem Lächeln. Nur einmal musste ich mich dem chinesischen Verkehrserziehungsprogramm unterwerfen. Weil ich irrtümlich in einer Einbahnstraße in der falschen Richtung unterwegs gewesen war, wurde ich zu einer Strafe verdonnert: Ich musste mit einer roten Armbinde einem Polizisten assistieren und Fußgänger an der Kreuzung bei Rot stoppen. Da ich aber als verkehrsregelnde Langnase für Aufsehen und Heiterkeit sorgte, dauerte meine Verkehrserziehung nur wenige Minuten, dann durfte ich die Armbinde abstreifen.

In den folgenden Jahren änderte sich alles sehr rasch. Es kamen immer mehr Ausländer, und nicht alle waren sehr fein. Es setzte Gewöhnung auf beiden Seiten ein. Heute unterscheiden die Chinesen kaum noch. Aber rassistische Entgleisungen gibt es weit weniger als in anderen Ländern.

Überall, auch in China, dreht sich alles ums Geld

Wie auf Kuba, das hatte ich bei früheren Reisen erfahren, gab es in der Volksrepublik eine spezielle Währung. Damit wollte man den Devisenverkehr besser kontrollieren und die nationale Währung schützen. Mit den Foreign Exchange Certificates (FEC) bezahlte man als Ausländer alle Geschäftskosten einschließlich der Ausgaben für Lebensmittel in den speziellen Friendship Stores. Die Freundschaftsläden erinnerten mich an die Intershops in der DDR, in denen mit Forum-Schecks gezahlt worden war. In allen für Ausländer zugelassenen Hotels und Bankfilialen konnte man D-Mark und US-Dollar gegen FEC tauschen oder diese retournieren. Die Ausfuhr der FEC war nicht erlaubt, aber auch sinnlos, da diese Währung außerhalb Chinas de facto wertlos war.

Auf diese Weise hatte die Bank of China in der Tat eine komplette Übersicht über den Import von Devisen beim Reise- und Geschäftsverkehr.

Da man mit dem FEC die objektiv begrenzten Zug- und Flugtickets bevorzugt kaufen konnte, waren besonders vor den chinesischen Reisefeiertagen zum Neujahrsfest im Februar, am 1. Mai und 1. Oktober die FEC auch bei Chinesen gefragt. Teure Geschenke wie importierte Genussmittel, Luxusartikel und Kosmetika, die es nur in den Freundschaftsläden gab, trieben die Nachfrage nach FEC auch in die Höhe. Um jedoch den illegalen Handel zu unterbinden, war der Umtausch außerhalb der zugelassenen Hotels und Bankfilialen streng verboten und wurde geahndet, wenn es publik wurde.

Der normale, staatlich sanktionierte Kurs lag bei 1 zu 1,6, bei inoffiziellem Tausch auf der Straße bei 1 zu 4.

Ich ließ mich auf den illegalen Umtausch nicht ein, da ich als in China akkreditierter Geschäftsmann nicht in Konflikt mit dem Staat geraten wollte. Außerdem steckte noch die DDR in mir: Was untersagt war, unterließ man. Man beschiss nicht den Staat, den man nicht als Gegner, sondern als den eigenen betrachtete. Dem griff man nicht in die Tasche.

Die Bedeutung und den hohen Wert des FEC lernte ich bei einer Begebenheit sogar schätzen. Als privilegierter Ausländer verbrachte ich die Freizeit oft mit meinesgleichen in Erholungszentren der Fünf-Sterne-Hotels. Ich war darum Mitglied des Fitness-Clubs im Shangrila Hotel geworden. Mindestens drei Mal in der Woche besuchte ich den Club nach der Bürozeit, um für den nächsten Marathonlauf zu trainieren. Eines Abends fand ich auf der Zufahrt zum Hotel ein Bündel FEC-Scheine im Wert von zehntausend Yuan, das waren umgerechnet mehr als sechstausend Dollar – damals in China ein Vermögen. Ich lieferte die Scheine beim Hotelmanagement ab – und wurde mitleidig belächelt. Nicht von den Chinesen, sondern von den ausländischen Managern, die mich für töricht hielten, als sie davon hörten.

Ich reiste unmittelbar danach dienstlich für etwa eine Woche in die Mongolei, fuhr nach der Rückkehr nicht gleich ins Büro, sondern suchte ein Restaurant auf, in dem man europäisch speisen konnte. Nach dem fetten mongolischen Hammelfleisch in unterschiedlichen Zuständen wollte ich mich mit einem guten Steak belohnen. Darum traf ich um einige Stunden später als angekündigt im Büro ein. Ich wurde dort aufgeregt von meinen Mitarbeitern begrüßt, seit Stunden werde ich von einem General und dessen Gefolge erwartet, sagten sie. Ich erschrak. Vor Jahresfrist war ich an der chinesisch-russischen Grenze beim Joggen verhaftet worden – kam da jetzt was nach?

Entschlossen betrat ich mit meiner Sekretärin mein Büro. Ein General mit Uniform und Orden saß in meinem Stuhl. Er sprang auf, umarmte mich, schüttelte meine Hand, redete und redete. Ich verstand nichts. Meine Sekretärin übersetzte: Er danke dafür, dass ich ihm, dem Militärkommandeur der Provinz Ningxia, den Kopf und den Dienstgrad gerettet habe. Das Ausländergeld, das ich gefunden und an der Rezeption abgegeben hatte, war ihm – vermutlich beim Aussteigen aus dem Auto – aus seiner Tasche gerutscht. Es war bestimmt zur Finanzierung eines Empfangs für eine ausländische Militärdelegation.

Der überglückliche General überreichte mir eine Messingtafel, »Dank dem edlen Goldfinder, der für Andere Opfer bringt«. Ich sei ein ausländischer Léi Fēng. (Das war ein selbstloser, bescheidener Soldat, der mit 21 Jahren von einem Telegrafenmast erschlagen worden war, als er einen LKW einwies. Als vorbildlicher Soldat wurde er postum zum

Vorbild erklärt und 1963 eine landesweite Kampagne nach ihm benannt: »Vom Genossen Léi Fēng lernen.«)

Ich könne, wenn ich Hilfe benötige, immer auf ihn und die Volksbefreiungsarmee zählen, versicherte der General, als er sich hochgestimmt von mir verabschiedete.

Diese Begebenheit trug dazu bei, mich etwas mehr mit den Fragen der Währungswirtschaft Chinas zu beschäftigen. Das koloniale Verhalten der Westmächte im 19. und 20. Jahrhundert hatte nachhaltige Spuren bei den Chinesen hinterlassen, darunter eben das verständliche Bemühen, nach dem von Deng 1978 eingeleiteten Kurswechsel die vollständige Hoheit über die eigene Währung zu erlangen.

In den ersten Jahren der Volksrepublik schien man die Abhängigkeit von fremden Währungen noch zu unterschätzen, es fehlten auch die Erfahrungen im Außenhandel. Man importierte zu viele Waren, was eine galoppierende Inflation verursachte. Erst mit den Reformen Ende der siebziger Jahre wurde die eigene Währung unter Kontrolle genommen und durch einen künstlich niedrig gehaltenen festen Wechselkurs stabilisiert. Gleichzeitig wurde die Ein- und Ausfuhr der Devisen mit der Einführung des FEC im Jahr 1980 reguliert.

Die chinesische Exportwirtschaft erlangte durch den niedrigen Umtauschkurs einen entscheidenden Vorteil, was ihr insbesondere vom Westen als Subvention und damit staatliche Protektion vorgeworfen wurde. (Was natürlich auch Heuchelei war: Die USA und die EU subventionierten selbst ganz gehörig ihre Exportgüter.) Die geringen Produktionskosten aufgrund niedriger Löhne zielten weniger auf die globale Konkurrenz, um diese mit Dumpingpreisen auszuschalten, sondern auf die eigene Volkswirtschaft. Diese sollte entwickelt werden. Was auch geschah. Deren Produktivität wuchs geradezu treibhausmäßig. Denn die kapitalistische Konkurrenz entdeckte China als Billiglohnland, die hochentwickelten Wirtschaften verlegten die Wertschöpfung immer mehr nach China, was die nationalen Industrien schrumpfen ließ, insbesondere in den USA. Dort setzte man nun auf den

Dienstleistungssektor. Das führte zwangsläufig dazu, mehr und mehr Erzeugnisse in China zu kaufen, mehr, als man dorthin exportierte. Der jährliche Exportüberschuss Chinas – bei einem Handelsvolumen von etwa 600 Milliarden USD jährlich – wuchs Jahr um Jahr auf mehr als 200 Milliarden USD. Die Volksrepublik China hielt 2018 bereits US-Staatsanleihen in Höhe von 1100 Milliarden Dollar und war damit der größte Gläubiger der Vereinigten Staaten.

Die Wechselkurse wurden auf der Basis des anfänglich bestehenden Produktivitätsniveaus festgelegt. Dessen Anstieg hätte stetig durch die Zentralbank angepasst werden müssen, was aber unterblieb. Um im Inland Disparitäten zu vermeiden, wurden die Einkommen erhöht, was wiederum zu einer gewissen Inflation führte. Dem versuchte die chinesische Zentralbank entgegenzusteuern, indem sie Geld dem Markt entzog.

Das System der künstlich niedrig gehaltenen festen Wechselkurse widerspricht der traditionellen kapitalistischen Währungstheorie. Ihr zufolge müssten die Wechselkurse entsprechend dem Produktivitätsniveau regelmäßig angepasst werden. Länder mit niedrigerem Niveau sollen Kredite zur Erhöhung ihrer Produktivität aufnehmen, womit sie aber abhängig werden von Geldgebern wie etwa von der durch die USA beherrschten Weltbank oder dem Internationalen Währungsfonds (IWF). Dem verweigerten sich jedoch die chinesische Regierung und ihre Zentralbank.

China öffnete 2008 seine Währung für Handelspartner, die in China einkaufen wollten, so für Südkorea, Japan, vor allem aber für den Iran, über den die USA ein Ölembargo verhängt hatten. Der globale Ölhandel wird auf Dollar-Basis abgewickelt, daher Petrodollar. Aufgrund der westlichen Sanktionen gegen den Iran brachen dessen Exporterlöse weg. China half mit dieser Maßnahme.

Das Beispiel machte Schule. Vier Jahre später wurde der wechselseitige Außenhandel zwischen den BRICS-Staaten (Brasilien, Russland, Indien, China und Südafrika), der 42 Prozent des Welthandels ausmachte, weniger auf Dollar-Basis, sondern mehr in Landeswährungen abgewickelt, d. h. er wurde dem Einfluss des von den USA unverändert beherrschten internationalen Finanzmarkts entzogen. Und seit jenem Jahr verschärften sich die politischen Auseinandersetzungen der USA mit China und Russland. Das machte man an Personen fest. In Russland war Wladimir Putin zum Präsidenten gewählt worden, in China Xi Jinping zum Generalsekretär der Partei (im Jahr darauf auch zum Staatschef).

Die seinerzeitige Entscheidung der Volksrepublik China, ihre eigene Währung der Kontrolle durch andere Staaten zu entziehen und mit der nationalen Währung auch internationale Geschäfte zu tätigen, war und ist richtig. Denn dass die sogenannte Weltwährung Dollar als Waffe gegen missliebige Staaten eingesetzt wird, sahen wir in Kuba, in Venezuela, in Iran und in anderen Staaten. Und jene, die diesen halfen, wurden ebenfalls sanktioniert. Als 2008 die Finanzkrise, ausgehend von den USA, global wütete, wurde die Volksrepublik zwar nicht von ihr verschont, aber nicht so hart getroffen wie andere. Und mit dem von ihr eingeleiteten Struktur- und Investitionsprogramm verhinderte sie, dass die Weltwirtschaft in eine noch tiefere Krise geriet. Ähnliches beobachten wir aktuell bei der Pandemie und deren Folgen. *Der Spiegel* artikulierte die Hoffnung stellvertretend für den Westen auf dem Höhepunkt der zweiten Welle: »Die Weltwirtschaft lahmt. Die Volksrepublik zieht an. Zieht sie den Rest des Planeten mit?«

Die USA halten sich bei China mit Währungssanktionen einzig deshalb zurück, weil die Volksrepublik über eine gewaltige Menge an US-Staatsanleihen verfügt. Stellte sie diese fällig oder brächte sie alle auf einmal auf den Weltmarkt, würde vermutlich das Dollar-System und mit ihm die USA kollabieren. Allerdings würde dies auch die Volksrepublik China nachhaltig treffen. Im Prinzip gleicht die Situation dem atomaren Patt zwischen den USA und der Sowjetunion in der Zeit des Kalten Krieges. Die Möglichkeit der wechselseitigen Vernichtung sorgte damals für militärische Zurückhaltung und sicherte den Frieden. Jede Seite war sich bewusst: Drückte sie als Erste auf den Knopf, würde sie den Gegenschlag nicht überleben.

Wir sind Zeugen einer fortgesetzten »Entdollarisierung«, es findet ein Wechsel in andere Reservewährungen statt, zunehmend auch in den chinesischen Renminbi (RMB), der umgangssprachlich auch Yuan heißt.

Die Berliner Mauer, der Tiananmen und Mao

Als ich im Frühjahr 1990 als DDR-Bürger, angestellt bei einem westdeutschen Logistikunternehmen, nach China kam, lag der sogenannte Fall der Mauer kein halbes Jahr zurück. Der Prozess der Beendigung der deutschen Zweistaatlichkeit lief bereits, bei den Volkskammerwahlen im März hatten jene Parteien eine Mehrheit erhalten, die für eine schnelle Vereinigung standen. Die Chinesen interessierten sich spürbar für alles, was dort im fernen Europa augenblicklich geschah. Vor allem wurde beifällig registriert, dass es vergleichsweise friedlich und gesittet zuging. Es wurde gestritten, Millionen Menschen waren in Bewegung, aber es wurde nicht geknüppelt und geschossen. Kein Blut war geflossen. Welch hohes zivilisatorisches Niveau! Die vierzig Jahre sozialistischer Erziehung waren ganz offensichtlich erfolgreich gewesen, auch wenn die Entwicklung nicht unbedingt von vielen so gewollt war.

Die Neugier der Chinesen zeigte sich in Interviews und TV-Gesprächen mit in China lebenden Deutschen, vornehmlich mit Journalisten. Der Tenor glich dem, welcher die deutschen Medien daheim beherrschte: euphorisch und optimistisch.

Nestler, der Handelsrat der DDR-Botschaft in Peking, präsentierte im Landmark-Hotel vor Geschäftsleuten aus beiden deutschen Staaten seine Vorstellungen über eine künftige Kooperation der beiden deutschen Staaten und ihrer in China tätigen Abgesandten. Die Atmosphäre war ausgesprochen freundlich. Niemand sprach von einer Vereinigung, gar von einem Beitritt der DDR zur BRD. Alle, mit denen ich mich austauschte, erwarteten ein langsames Zusammenwachsen. Gleichwohl stand ich vor dem Problem, von welcher deutschen Botschaft ich mich künftig vertreten lassen wollte? Ich besaß einen DDR-Pass, aber einen westdeutschen Arbeitsvertrag … Ich hielt zur Botschaft der DDR, so lange sie mein Land noch vertrat.

Die Diskussionen mit den chinesischen Partnern waren durchweg von Verständnis und freudigem Mitgefühl gekennzeichnet. Deutschland gehöre zusammen, meinten sie. Die Trennung sei durch einen Krieg erfolgt, die ausländischen Mächte hätten die Teilung veranlasst. Das habe nicht dem Willen des deutschen Volkes entsprochen. Eine friedliche Vereinigung habe darum höchste Priorität.

Nun, ganz so einfach war das doch nicht, aber aus der Distanz und frei von politischem und rationalem Denken, wie man es auf dem Kontinent der Aufklärung pflegte, konnte man das so sehen. Erst mit der Zeit wurde mir bewusst, dass die Chinesen zwar über Deutschland sprachen, aber China meinten. Die Besetzung Hongkongs und Macaos von fremden Mächten und die Abtrennung Taiwans infolge des Bürgerkriegs empfanden sie als eine widernatürliche Entwicklung, die revidiert werden musste. Das war alles China und gehörte nicht von Briten, Portugiesen und Amerikanern beherrscht.

Nach dem 3. Oktober 1990 änderte sich merklich die Stimmung. Wie konnte ein erfolgreiches sozialistisches Land wie die DDR sich aufgeben, fragten Chinesen plötzlich. Zwar blieb es beim Verständnis für die Wiedervereinigung, aber dass sie unter diesen Bedingungen erfolgte, verstanden sie nicht. Deutschland war das Land von Marx und Engels. Wenn Deutschland – womit man die DDR meinte – seine Ideale aufgebe, wie solle dann China seinen Weg weiter erfolgreich gehen? Ich weiß nicht, ob meine Erklärungsversuche überzeugten. Als im Dezember 1991 die UdSSR ebenfalls die Segel strich, glaubten auch die Chinesen, dass es wohl am sowjetischen Staats- und Wirtschaftssystem gelegen haben musste, dem auch die DDR gefolgt war. Es lag also offenkundig nicht an der Idee, sondern am Moskauer Modell. Das hatte ja auch Mao schon kritisch gesehen und darum eine chinesische Kopie abgelehnt.

Im Kontext des Untergangs des Realsozialismus in Europa wurden auch wieder die Vorgänge um den 4. Juni 1989 auf und um den Platz des Himmlischen Friedens diskutiert. Vielleicht lag es daran, dass es in meinem chinesischen Bekanntenkreis keine Oppositionellen gab, zumindest äußerte sich mir gegenüber keiner systemkritisch. Aber selbst Teilnehmer der Proteste auf dem Tiananmen tendierten zu der Auffassung, dass jegliche Unruhen und Auseinandersetzungen vermieden werden müssten, die zu einer Desintegration, vergleichbar der in der Sowjetunion, führen könnten. In China, einem Zentralstaat, lebten mehr als ein halbes Hundert Ethnien mit unterschiedlichen Kulturen und Ansprüchen. Sie sollten friedlich unter einem gemeinsamen Dach glücklich werden. Und das ging nur mit- und nicht gegeneinander, in Harmonie und ohne hegemoniale Ansprüche. Das schien Konsens und eine der Schlussfolgerungen zu sein, die man aus dem Untergang der Sowjetunion und des von ihr geführten Bündnisses zog.

Mao Zedong habe sich beizeiten aus der Moskauer Vormundschaft gelöst, konstatierten meine chinesischen Partner. Und Deng Xiaoping habe mit seinen Reformen für Wachstum, Stabilität und Souveränität gesorgt. Unruhen in China würden zu noch größeren Problemen führen als in der Sowjetunion, es fiel das Wort vom Bürgerkrieg. Ich meinte, dass das Schicksal der Sowjetunion auf die Chinesen beruhigend wirkte insofern, als die Unzufriedenheit und der weit verbreitete Unmut über die von den Reformen verursachten Preissteigerungen, die wachsenden Wohlstandsunterschiede zwischen Küsten- und Inlandregionen, die Zunahme der Arbeitslosigkeit usw.

schwanden. Im Interesse der Stabilität des Landes wurde
dies alles akzeptiert und hingenommen. Bei den Protesten
war es immer um soziale Ungleichheit und die Folgen der
wirtschaftlichen Umstrukturierung gegangen. Nur eine intellektuelle Minderheit hatte mehr demokratische und individuelle Freiheiten gefordert. Sie sind bis heute nicht einmal eine
marginale Strömung in der chinesischen Gesellschaft, auch
wenn sie im Westen aufgewertet und in den Medien als eine
Massenerscheinung dargestellt werden. Etwa neunzig Prozent
der Chinesen stehen hinter der Führung, wie selbst anonyme
Untersuchungen ergaben.

In den ersten Monaten nach meiner Ankunft erfuhr ich
mehr und vor allem Authentisches über das sogenannte Tiananmen Square Massaker. Ich traf zwei Studenten, die auf
dem Platz des Himmlischen Friedens gezeltet hatten, sprach
mit Anwohnern und hörte auch, was mein Vorgänger beob-
achtet hatte.

Während der achtziger Jahre erfolgte die Umsetzung der
im Dezember 1978 von Deng Xiaoping vorgeschlagenen Reformen in der Wirtschaft und der Gesellschaft. Die Öffnung
des Landes für Kapital aus dem Westen hatte zu einer schnellen Abwertung der Währung und zu einem Anstieg der Le-
benshaltungskosten geführt. Das führte verständlicherweise
zu Unzufriedenheit, mancherorts kam es sogar zu Arbeits-
niederlegungen. Es gärte im Lande. An den Universitäten
verlangten Studenten, dass es neben der wirtschaftlichen
Öffnung auch eine politische geben müsse, ohne dass sie erklären konnten, was sie darunter verstanden. Das war alles
reichlich nebulös. Dennoch entwickelten sich aus kleinen
lokalen Demonstrationen und Veranstaltungen in mehreren
Wochen eine Bewegung. Im Mai, im schönsten Monat in Peking, zogen einige Studenten mit Decken und Büchern auf
den Tiananmen. Aus Neugier gesellten sich viele Jugendliche
hinzu, andere Hauptstädter versorgten die jungen Leute. Wochenlang ließ die Parteiführung sie gewähren. Warum sollten sie nicht ihre Unzufriedenheit über die Veränderungen

im Lande zeigen? Aber irgendwann war Schluss, die Nachsicht hatte sich erschöpft. Keine Staatsführung auf der Welt nimmt es hin, wenn ein zentraler Ort in der Hauptstadt anderthalb Monate blockiert und für Unmutsbekundungen genutzt wird.

An den Platz grenzten das Eingangsportal zur Verbotenen Stadt, von dem aus 1949 der Staatsgründer Mao Zedong die Volksrepublik proklamiert hatte. Am gegenüberliegenden Ende befand sich dessen Mausoleum. Auf der rechten Seite erhob sich die Große Halle des Volkes, und auf der vierten Seite das Chinesische Nationalmuseum. Inmitten des Platzes ragte das Monument für die gefallenen Volkshelden, an denen Staatsgäste ihre Kränze niederlegten. Am 15. Mai war Gorbatschow in Peking – dieser Programmpunkt musste gestrichen werden, und in die Große Halle, wo er die politischen Gespräche führen wollte, gelangte er nur durch den Hintereingang.

Vertreter von Staat und Partei sprachen mit den Studenten, um ihre Motive zu erfahren, Lösungen zu suchen und nicht zuletzt um sie zum Abzug zu bewegen. Die Gespräche führten zu keinem Resultat und wurden abgebrochen. Also entschloss sich die Führung, auf andere Weise Ruhe und Ordnung herzustellen – sie beorderte zunächst unbewaffnete Militäreinheiten ins Zentrum. Dabei handelte es sich, was nicht bedacht worden war, mehrheitlich um 18-jährige Soldaten, die keinerlei Erfahrungen und Ausrüstungen für einen solchen Einsatz hatten. Als auf dem Weg ins Stadtzentrum die Militärfahrzeuge angegriffen wurden und es unter den Soldaten Todesopfer gab, rückten am Abend bewaffnete Einheiten durch die mit Protestierenden und Neugierigen verstopften Seitenstraßen vor und forderten die Studenten auf, den Platz zu verlassen. Einige kamen dieser Aufforderung nach. Viele blieben.

Die Berichte darüber, was auf dem Tiananmen und auf den Straßen um den Platz dann passierte, sind sehr widersprüchlich, aber als sicher kann gelten, dass es keinen von der Staats- und Parteiführung angeordneten Einsatz von Waffengewalt gab. Die Situation eskalierte offensichtlich dadurch, dass die gereizte Stimmung von Kräften, die der Regierung feindlich gegenüberstanden, absichtsvoll forciert wurde.

Unweit des Platzes befand sich das Hotel »Peking«, das Hotel für Ausländer, von dessen Dach ein Teil des Platzes überblickt werden konnte. Dort und an den Fenstern standen die Bildreporter aus der ganzen Welt und verfolgten das Geschehen. Es gibt nach meiner Kenntnis nicht ein Foto, das Panzer zeigt, die Menschen überrollten. Es existieren vom 5. Juni Aufnahmen von gepanzerten Fahrzeugen auf der Chang'an und eines unbekannten Mannes, den später die Weltpresse »Tank Man« nannte. Mit einer Plastiktüte und der Jacke in der Hand baute er sich vor einem auf dem Boulevard Chang'an heranrollenden Panzer auf. Der versuchte auszuweichen, der Mann im weißen Hemd folgte ihm, sprang vor den Ketten hin und her. Dann stoppte der Panzer, Passanten überredeten den »Tank Man«, die Straße zu verlassen, was er auch tat.

Man kennt den Fotografen Jeff Widener, der damit eines »der wichtigsten Fotos aller Zeiten« (*Times*) geschossen hat. Er trug den Film in die US-Botschaft, die übermittelte es an die Nachrichtenagentur *Associated Press* (AP), und die verbreitete es von New York in alle Welt. »Am nächsten Morgen traute Widener seinen Augen kaum: Dutzende Zeitungen weltweit hatten sein Foto auf dem Titel«, schrieb am 4. Juni 2019 die *Tagesschau* auf ihrer Homepage.

Hingegen verbreiteten westliche Nachrichtenagenturen nicht die Bilder von den verbrannten chinesischen Soldaten, wie *The Japan Times* ein Vierteljahrhundert später berichtete (www.japantimes.co.jp; What really happend at Tiananmen). Dort hieß es auch, dass nicht die Soldaten, die in Bussen herangeführt worden waren, das Feuer eröffnet hätten, wie immer behauptet, sondern dass die Busse angegriffen wurden. Dutzende Soldaten seien darin verbrannt, und erst danach sei geschossen worden. Der Autor Gregory Clark, ein ehemaliger australischer Diplomat, schrieb, er hätte, wenn er ein chinesischer Student oder Bürger gewesen wäre, garantiert mitprotestiert. Aber er bezweifle die Darstellung der Zusammenstöße. »Kein einziger westlicher Reporter in Peking scheint sich in jener Nacht die Mühe gemacht zu haben zu überpüfen, was tatsächlich passiert ist. Vermutlich fanden sie mit ihren Geschichten von Blut und Gewalt ein größeres Publikum.«

Und Clark argumentierte logisch: »Warum sollte das Regime unter Deng Xiaoping, das Reformen in so vielen Bereichen der chinesischen Gesellschaft anstrebte, so grausam harmlose Studenten angreifen wollen, die traditionell die Reformbewegungen in China angeführt haben?«

Wenn man der Führung etwas vorwerfen könne, dann allenfalls, dass sie versäumt habe, ihre Streitkräfte für eine solche Maßnahme vorbereitet und ausgerüstet zu haben. Es entbehre nicht einer gewissen Ironie, so Clark in der *Japan Times,* dass Großbritannien die Lieferung solcher Ausrüstung verweigert hatte, nachdem die Chinesen ihr Versäumnis erkannten und nachrüsten wollten. Die Ablehnung wurde damit begründet, das diese Ausrüstung unter das westliche Waffenembargo falle ...

Am Platz des Himmlischen Friedens, am Eingangstor zum Kaiserpalast, hängt unter dem Staatswappen das Porträt von Mao Zedong. Die hohe Achtung, die ihm von der chinesischen Bevölkerung unverändert entgegengebracht wurde, beschäftigte mich sehr. Aufgewachsen in der DDR, hatte ich in der Schule gelernt, dass Mao China befreit habe, dann aber dem Personenkult erlegen, der Sowjetunion in den Rücken gefallen sei und sich den in Vietnam kriegführenden USA angedient habe. Wir kannten Fotos mit eifernden Jugendlichen, den Roten Garden, die ein kleines Büchlein in den Himmel reckten, das »Rote Buch« mit den Losungen des Großen Vorsitzenden.

Aus der 68er Studenten-Bewegung im Westen glaubte ich einige Grundsätze des Maoismus erfahren zu haben, etwa die kollektive Kindererziehung, die Absage an traditionelle, feudale Denkweisen und Verhaltensmuster, die Verurteilung der bürgerlichen Ideologie und dergleichen. Das passte eigentlich auch in mein Weltbild. In der Vorbereitung auf meinen Job in China studierte ich Bücher und Medien, die die westliche Sicht auf Mao zeigten: Mao sei ein brutaler Diktator gewesen, vergleichbar mit Hitler und viel schlimmer als Stalin. Da mischten sich antikommunistische Vorurteile mit rassistischen Denkmustern. Der Chinese sei von Natur aus grausam und rücksichtslos bei der Durchsetzung von Interessen, besonders sichtbar in der Person von Mao, der seit 1943 an der Spitze der Kommunistischen Partei gestanden habe. Millionen Menschen seien seinem Ehrgeiz zum Opfer gefallen, mit einem »Großen Sprung« und schließlich mit einer »Kulturrevolution« eine kommunistische Diktatur zu errichten. Nach seinem Tode 1976 hätten seine Nachfolger versucht, die schlimmsten Auswüchse zu korrigieren, ohne jedoch einen radikalen Bruch vorzunehmen, wie man ja am 4. Juni 1989 erleben konnte. So die gängige Lesart.

Als ich nach meiner Ankunft in Peking auf dem Airport ins Taxi stieg, entdeckte ich eine am Rückspiegel hängende Mao-Plakette. Später sah ich sie in fast allen Taxis. Und in der Stadt begegneten mir einige überlebensgroße Statuen des Staatsgründers, am Tor zur Verbotenen Stadt hing sein Porträt. Wie das? Wie konnte man einen angeblichen Massenmörder derart viel Zuneigung entgegenbringen?

Ich fing an, mich vorsichtig zu erkundigen. Als ersten fragte ich meinen Mitarbeiter, Herrn Yin. Er verstand meine Frage nicht. Wieso solle Mao ein schlechter Staatsmann, gar ein Mörder sein? Wie käme ich dazu, so etwas zu behaupten?

»Er hat Hungersnöte verschuldet, es sind Millionen Menschen durch seine Politik gestorben.« Ich zählte auf, was man über ihn alles in Europa verbreitete.

Yins Reaktion war heftig. Das sei Unsinn. Die Geschichte Chinas reiche über fünftausend Jahre zurück, es habe immer Not geherrscht, doch inzwischen sterbe niemand mehr in

China vor Hunger. Natürlich habe es auch nach Gründung der Volksrepublik immer wieder Hunger- und Naturkatastrophen gegeben, aber für die könne man weder eine einzelne Personen noch eine Partei verantwortlich machen. Tatsache sei, dass eine der ersten Maßnahmen nach Gründung der Volksrepublik die Bodenreform war. Etwa 120 Millionen Bauern hätten Land zum Bewirtschaften erhalten. Die letzte große Hungerkatastrophe aufgrund einer jahrelangen Dürre begann 1943 – da kämpfte die Volksbefreiungsarmee unter Mao gegen die japanischen Okkupanten. Dieser Krieg, das stünde vermutlich nicht in den deutschen Geschichtsbüchern, hat vermutlich bis zu fünfunddreißig Millionen Chinesen das Leben gekostet.

Yin redete sich in Rage.

»Mao hat es geschafft, das chinesische Volk zu vereinen! Das kostete Opfer.«

Aber trotzdem seien unter seiner Regierung Millionen Menschen verhungert oder unter anderen schrecklichen Umständen zu Tode gekommen, warf ich ein. Etwa während der Kulturrevolution von 1966 bis 1976 ... »Dafür ein Mausoleum?«

Ich würde das als Ausländer nicht verstehen, sagte Yin und beendete das Gespräch.

Das hätten unsere russischen Freunde auch immer gesagt, wenn wir sie vorsichtig kritisierten, hielt ich dagegen. Und sie hätten als letztes Argument angeführt: Das hat bei uns keine Tradition. Damit lasse sich immer alles erklären und entschuldigen.

In der Folgezeit nutzte ich jede Gelegenheit, um mit jüngeren, aber vor allem mit älteren Chinesen darüber zu sprechen, weshalb sie Mao trotz seiner nachweislichen Fehler derart verehrten. Meine fehlenden Sprachkenntnisse schränkten die Möglichkeiten stark ein, zumal auch nicht viele Chinesen in meinem Bekanntenkreis ausreichend Englisch sprachen. Übersetzer mochte ich nicht einsetzen, da ich glaubte, dass sie gegenüber anderen Chinesen gehemmt seien oder diese hemmten, sich gegenüber einem Ausländer offen mitzuteilen.

Aber nach und nach, selbst aus anekdotischen Erzählungen, begann sich ein anderes Bild herauszuschälen.

Meine damalige Sekretärin, Frau Gui, sprach gut Deutsch, da sie deutsche Literatur studiert hatte. Sie erzählte mir einmal, dass ihre Eltern selten Fleisch aßen, und wenn, dann allenfalls gekochte Schweineschwänze. Als Kind habe sie Fleisch nur in Form von Schweineschwänzen gekannt.

Naja, warf ich vorlaut ein, dann sei es ihnen noch immer besser gegangen als Millionen anderen Chinesen.

Damit hatte ich bei ihr einen Exkurs in chinesischer Geschichte ausgelöst.

Die Volksrepublik sei zunächst von der Sowjetunion mit Wirtschaftshilfen unterstützt worden, die habe Spezialisten geschickt, damit China eine eigene Industrie aufbauen konnte, es kamen Wissenschaftler, Ingenieure und Militärberater. Doch damit sei man erneut in die Abhängigkeit einer ausländischen Macht geraten. Und diese wollte für ihre Unterstützung bezahlt werden, vorrangig mit Lebensmitteln, denn auch die Sowjetunion litt unter den Folgen des Krieges. Die chinesisch-sowjetische Freundschaft gründete zwar auf gleichen Überzeugungen, aber sie sei von den Russen beendet worden. Nachdem die KPdSU mit Stalin gebrochen und ihn verurteilt hatte, sei sie von dem gemeinsamen Ziel der Weltrevolution abgerückt. Das sei mit der Kritik an Mao verbunden gewesen. Moskau habe die wissenschaftlich-technische Unterstützung beendet und alle Experten zurückgeholt. Damit sei die in Entwicklung befindliche Schwer- und Ölindustrie zusammengebrochen, Millionen Werktätige verloren ihre Arbeit. China aber musste noch weiter Getreide an die Sowjetunion liefern, um seine Schulden zu begleichen.

Mao und seine Führung standen vor der Situation, dass China einerseits von den USA und allen westlichen Ländern boykottiert und sanktioniert wurde, andererseits von der

Sowjetunion zur Rückzahlung der Hilfen gepresst wurde. Dadurch sei China in eine tiefe wirtschaftliche und politische Krise geraten. In dieser Situation habe Mao Ende der fünfziger Jahre die Flucht nach vorn angetreten, indem er den »Großen Sprung« initiierte. Er schickte Millionen arbeitslose Arbeiter aufs Land, um die Bauern anzuleiten, Stahl in einfachen Öfen zu produzieren und sie gleichzeitig zu ernähren. Alles ging schief, der produzierte Stahl war unbrauchbar, und die Felder wurden nicht bestellt. Die Hungerjahre von 1959 bis 1962 rafften Millionen dahin.

Ja, meinte Frau Gui, es war ein Fehler zu glauben, dass man auf diese Weise das Land vorwärtsbringen und zu den westlichen Industrieländern aufschließen würde. Aber diese Entscheidung wurde nicht aus Menschenverachtung oder Zynismus getroffen, wie unterstellt werde. Maos Führung traf keine falsche Entscheidung mit Vorsatz, sondern weil sie die ganze Situation falsch einschätzte. Dafür könne man Mao nicht als Verbrecher oder gar Mörder verurteilen. Vielleicht waren dreißig Prozent seiner Entscheidungen falsch, siebzig Prozent hingegen richtig. Und dafür verdient er den Respekt und die Achtung der Chinesen.

Diese Formel hörte ich von Frau Gui zum ersten Mal. In der Folgezeit begegnete sie mir immer wieder.

Mit einem Bandscheibenvorfall begab ich mich in die Hände einer Ärztin, die nach der traditionellen chinesischen Medizin behandelte. Ich erhielt mehrere Behandlungen mit Akupunktur und speziellen therapeutischen Massagen. Während sie mir die Nadeln da und dort in die Haut bohrte, erzählte sie mir etwas über die vielen Epidemien, die China seit Anbeginn seiner Geschichte heimgesucht hätten. Etwa die Beulenpest (»bubonic plague«), die immer wieder ausgebrochen sei, zuletzt 1946. Man habe die Toten nicht gezählt, sie gingen vermutlich in die Millionen. Eine der ersten Maßnahmen, die Mao nach Errichtung der Volksrepublik durchgesetzt habe, sei die systematische Bekämpfung epidemischer Krankheiten durch Prophylaxe gewesen. Es erfolgten massenweise Impfungen, die Einrichtung von Wohngebietskliniken und der Aufbau von Strukturen zur Gesundheitskontrolle. Das sei, so die Ärztin, im Vergleich mit den westlichen Ländern damals auf niedrigem Niveau erfolgt, aber es geschah. Im Vergleich mit den Verhältnissen zuvor bedeutete das einen gewaltigen Fortschritt.

So konnten nach wenigen Jahren Krankheiten wie die Bilharziose, die Malaria, die Filariasis, die Pocken, die Tuberkulose, sexuell übertragbare Krankheiten – im Englischen STD genannt – und andere bakterielle Krankheiten unter Kontrolle gebracht werden. In vergleichbaren Ländern, etwa in Indien oder in Afrika, bestünden solche Systeme bis heute noch nicht, sagte die Ärztin nicht ohne Stolz. Dafür achte und anerkenne sie Mao, obwohl er nachweislich auch Fehler beging.

Einige Monate später, noch immer im Lernmodus, traf ich eine chinesische Bekannte, die im Kulturbereich in Deutschland arbeitete. Sie besuchte ihre Eltern in Peking und lud mich zu einem Abendessen daheim ein. Ihr Vater, schon hoch in den Siebzigern, erzählte seine Lebensgeschichte. Er stamme aus einer bürgerlichen Familie, berichtete er, habe Geographie und Kartographie studiert. Das brachte ihn in der Kulturrevolution in Schwierigkeiten, aber er habe, wie ich sehe, überlebt. Auf meine Frage ob er sich mit der Kommunistischen Partei und deren Vorsitzenden Mao ausgesöhnt habe, antwortete er: »Aber sicher.«

Am Koreakrieg habe er als »Freiwilliger« teilnehmen müssen. Da er bürgerlicher Herkunft war, durfte er keine Waffe tragen. An der Front habe er Lageskizzen für die Offiziere gezeichnet. »So trug ich mit dazu bei, dass erstmals eine ausländische Macht von einer chinesischen Armee besiegt werden konnte.«

Der Sieg über die amerikanische Übermacht in Korea habe nicht nur ihm, sondern nach seiner Überzeugung allen Chinesen das seit den Opiumkriegen verloren gegangene Selbstvertrauen zurückgegeben. »Dieser Sieg war dank der Politik Maos möglich«, sagte er. Welche Fehler Mao auch später machte, sie verblassten alle dahinter. »Dieser Sieg war eine seiner größten Leistungen. Er hob China wieder auf die Bühne der starken Nationen, musste von den USA, der Sowjetunion und allen Staaten beachtet werden. Auf Grund des Sieges gab die Sowjetunion 1955 Port Arthur, das heutige Dalian, zurück. Die Hafenstadt stand nach 1945 unter sowjetischer Verwaltung, weil sie nach der Jahrhundertwende von den Japanern besetzt worden war. Zuvor nämlich hatte es der russische Zar okkupiert, nachdem die Briten im Zweiten Opiumkrieg Port Arthur zu ihrer Kolonie gemacht hatten ...«

Er sei stolz auf Mao, erklärte der Veteran. Wenn ich es ihm erlaube, möchte er mir einige Lieder der Volksbefreiungsarmee vorsingen.

Es lag nicht nur am Reisschnaps, den wir gemeinsam tranken, dass mir die Kampflieder aus vergangenen Jahren gefielen.

Begegnungen wie diese trugen dazu bei, dass ich das Bild von Mao, das ich in Europa gewonnen hatte, einer Revision unterzog. Es schien mir doch ein wenig einseitig und tendenziös zu sein. Es war gleichgültig, ob Maos Fehler kleiner oder größer waren als seine positiven Leistungen. Trotz aller Widersprüche hatte er eine solide Basis für den weiteren erfolgreichen Aufbau des Landes, für die Reformen unter Deng Xiaoping und damit für die Erfüllung des chinesischen Traums gelegt. Und dieser Auffassung war ganz eindeutig auch eine qualifizierte Mehrheit von über einer Milliarde Chinesen. Sie waren nicht Opfer der Propaganda, sondern folgten der eigenen Überzeugung.

Mein Joint Venture

Das kleine Repräsentanz-Büro, das ich 1990 übernahm, gehörte zu den ersten ausländischen Vertretungen und bestand seit Mitte der achtziger Jahre. Die deutsche Mutterfirma beschäftigte sich im Wesentlichen mit Eisenbahn- und Straßentransporten zwischen der Bundesrepublik und Osteuropa. Vereinzelt wurden Transporte auch über längere Entfernungen, so von und nach China, im Auftrage deutscher Unternehmen abgewickelt. Dabei bestand unsere Aufgabe in der Vermittlung zwischen den deutschen und den chinesischen Partnern. Viel zu tun gab es nicht.

Über Jahre wurden billige Textilien für deutsche Importeure in Containern über die Landverbindung abgewickelt. Die Transsibirische Eisenbahn war in jenen Jahren gegenüber dem Seetransport konkurrenzfähig. Allerdings war das Volumen im Vergleich zur Seeschifffahrt recht bescheiden. Unser in drei Monaten über die Transsibirische Eisenbahn abgewickeltes Transportvolumen entsprach der Ladung eines großen Containerschiffes von heute. Doch das genügte, um Gewinn für die Repräsentanz zu machen. Perspektivisch erwartete die Geschäftsleitung in Folge der chinesischen Reformen einen starken Anstieg des Handelsvolumens. In den deutschen Niederlassungen baute man bereits das Marketing aus und kreierte neue Geschäftsstrategien. Voller Optimismus schaute man in die chinesische Zukunft.

Dann jedoch kam 1989/90. Am 4. Juni erfolgten die gewalttätigen Ausschreitungen in Peking, weshalb man mit China nichts mehr zu tun haben wollte. Schließlich überlagerte der Fall des Eisernen Vorhangs in Europa alles andere. Die Sowjetunion, inzwischen selbst ausgezehrt, hatte ihre Verbündeten aufgegeben, die Karten auf dem Kontinent wurden neu gemischt. Auch das Geschäftsfeld der Muttergesellschaft in Westdeutschland veränderte sich schlagartig. Transporte zwischen Ost- und Westdeutschland, zwischen Deutschland und den osteuropäischen Ländern schienen nun lukrativer. Bisherige Strategien für Transportverbindungen mit China, Nord- und Südkorea, Japan oder Afghanistan waren obsolet. Die Marketingmitarbeiter verkauften keine Chinatransporte mehr. Gleichzeitig verschlechterte sich die Qualität des Eisenbahnservices durch die sowjetische Staatsbahn. Auf

Bahnhöfen wurde gestreikt, die kommerzielle Arbeit an den Grenzübergängen vernachlässigt, es wurde überall nach demokratischen Reformen gerufen, aber an ökonomische Konsequenzen dachte niemand. Die Transitzeiten verdoppelten sich, Container, ja ganze Züge verschwanden über Wochen im sowjetischen Eisenbahnnetz. Die Folge: Anfang der neunziger Jahre lehnten mehr und mehr Kunden die Route über die unsicheren Transportwege in der Sowjetunion ab und wechselten von der Schiene aufs Wasser. Das Transportvolumen über Land ging binnen eines Jahres dramatisch zurück.

Das war die Situation, die ich vorfand. Nichts traf mehr zu, was vor einem halben Jahr noch richtig und wichtig war. In Deutschland hatte man 1990 andere Pläne und Träume, als Container von China nach Deutschland auf der Schiene zu befördern. Die alten Kunden wurden nicht kontaktiert und gepflegt, neue Kunden nicht geworben. Meine Tätigkeit beschränkte sich auf wenige Besuche bei unseren Partnern und auf das Warten, dass sich die Situation bessern würde. Die Gesellschaft verlor mit dem China-Geschäft immer mehr Geld. Mir war bewusst: Änderte sich nichts in kurzer Zeit, würde man gewiss die Repräsentanz schließen. Eine Rückkehr nach Deutschland schloss ich aus. Ich sah auch aus der Ferne, wie dort alles den Bach runterging, der Ausverkauf der DDR war im vollen Gange, für das Verkehrskombinat Deutrans interessierten sich verschiedene Speditionsunternehmen. Mein auf Containerverkehr spezialisierter Betrieb, der VEB Deutrans-Transcontainer, wurde kleingeschrumpft und zwischenzeitlich als Unternehmen der Deutschen Reichsbahn der DDR und später von der Bundesbahn übernommen. Und die reichte den Betrieb an eine ihrer Töchter weiter.

Ich nutzte die untätige Zeit für die Sondierung von Möglichkeiten, die ich als Logistiker anderenorts einsetzen könnte. Ich besaß noch meinen DDR-Dienstpass, mit dem ich ohne Visum in die Sowjetunion reisen konnte. Also fuhr ich nach Moskau, um einen dortigen Kollegen zu besuchen. Einen ehemaligen Kollegen, musste ich wohl sagen.

Eines der Hauptprobleme bestand damals darin (und es existiert noch immer), den sogenannten unpaarigen Container-Austausch zu regeln, d. h. leere Container nach China zu bringen, die zuvor mit Ladung von China per Schiff nach Westeuropa gebracht worden waren. Ich schlug vor, stattdessen russische Bahncontainer in Sibirien, beispielsweise im Bahnknotenpunkt Chita, aufzunehmen und nach China zu bringen. Dort würden sie mit Textilien nach Deutschland verschifft und leer von Deutschland an die polnisch-sowjetische Grenze gebracht werden, wo sie die sowjetische Bahn übernehmen würde.

Nach langen Verhandlungen mit der staatlichen sowjetischen Speditionsfirma und dem »Containerfürsten« des sowjetischen Eisenbahnministeriums, den ich seit vielen Jahren gut kannte, gelang mir der Deal. Ich konnte die »Freunde« mit der Zusage eines persönlichen Bonus überzeugen.

Das zweite Problem war die Organisation der reibungslosen Übergabe der leeren Container am Grenzübergang Zabaikalsk/Manchouli an die chinesische Bahn bzw. an den Grenzspediteur Sinotrans. So reiste ich im Juni nach Manchouli und nach Zabaikalsk in Sibirien. In jener Zeit waren solche Reisen abenteuerlich. Abgesehen davon, dass ich mehrere Tage unterwegs war, so waren die Bedingungen in den Zügen und in den Hotels an der Strecke, nun ja, nicht unbedingt mit mitteleuropäischen Maßstäben zu messen. Die internationalen Züge für die transsibirische Route waren zudem für den nationalen Verkehr nicht offen.

Obwohl ich 1. Klasse (»Softseat«) reiste, durfte ich mir das Abteil mit drei chinesischen Mitreisenden teilen. Einer war Experte von Sinotrans, der kein Englisch sprach, ein kommerzieller Mitarbeiter sowie einer, der gar nichts sagte. Für die persönliche Versorgung musste man selbst aufkommen, im öffentlichen Angebot war lediglich heißes Wasser.

Die karge Landschaft im Nordosten Chinas, der Inneren Mongolei, flog am Fenster vorbei. Grasland! Alles Grasland, nur war wenig Gras zu sehen. Es sah aus wie eine Wüste.

Dann tauchten Streifen neu gepflanzter Bäume auf. Später erfuhr ich vom landesweiten Programm, Bäume zu pflanzen, um die Versteppung des Graslandes aufzuhalten.

Wir passierten Dörfer und kleine Städte, sie wirkten sehr arm und bescheiden. Schon Peking hatte mich erschreckt, das aber erschreckte mich noch mehr. Obwohl es schon Frühsommer war, herrschten Staub und eine kahle Landschaft vor. Die Dörfer waren baumlos, die Häuser eigentlich Katen. Die Menschen, die ich vom Fenster aus sah, aber auch die im Zug waren sehr einfach gekleidet, nicht wenige trugen »Mao-Look«. Sie betrachteten mich wie einen Außerirdischen. Über die Toiletten in den Zügen will ich lieber nichts schreiben ...

Nach drei Tagen traf ich in Manchouli ein, wo ich wie ein Staatsgast begrüßt wurde. Chinesische Gastfreundschaft ist großartig. Ich fühlte mich fantastisch, insbesondere nach den umfangreichen Mittag- und Abendessen mit den entsprechenden Mengen an Alkohol.

Aus Berichten wusste ich: ohne Alkohol keine Freunde. Aber Freunde brauchte ich für mein Vorhaben, den transsibirischen Eisenbahnverkehr China-Deutschland wieder zu beleben. Der Höhepunkt war ein Essen mit fast dem gesamten Leitungsteam unseres lokalen Partners und den Honoratioren der Stadt. Wir saßen an vier großen Tischen unter freiem Himmel. Es gab frischen Fisch aus dem Dalai-See. Der, auf den die Augen des zubereiteten Fisches schauten, musste ein Glas Baijiu leeren, das war ein 56-prozentiger Reisschnaps. Seltsamerweise schauten alle aufgetischten Fische auf mich. Was für ein Zufall.

Glücklich über den Verhandlungserfolg nahm ich die Herausforderung mit den entsprechenden Folgen an – sehr zur Freude meiner neuen Freunde.

Künftig sollte eine gesonderte Abteilung zur Abfertigung der leeren sowjetischen Bahn-Container eingerichtet werden. Die Anzahl der Mitarbeiter und die Ausstattung des Büros spiele keine Rolle, erklärte man mir.

Ich bewunderte die Flexibilität des Managements. Ich hatte aufgrund meiner Erfahrungen mit langen Verhandlungen und Streit um Kleinigkeiten gerechnet. Hier war das ganz anders. Man verstand den Sinn einer schnellen Grenzabfertigung. Diesem Ziel musste alles andere untergeordnet werden. Auch mit der russischen Seite würde man sofort Gespräche aufnehmen.

Zu jener Zeit war das Verhältnis zur sowjetischen Seite noch recht gespannt. Die Grenze war gut bewacht und selbst für den lokalen grenzüberschreitenden Verkehr kaum durchlässig. Ich solle mir aber keine Sorgen machen, man werde es versuchen, und wenn der erste Anlauf nicht erfolgreich sei, dann gebe es einen zweiten. Erstmals wurde ich mit dem heute üblichen Prinzip »trial and error«, Versuch und Irrtum, konfrontiert.

Zurück in Peking akquirierte ich die ersten Transporte.

Obwohl im August 1990 mit dem Überfall des Irak auf das benachbarte Kuweit der Krieg am Golf begann – und im Frühjahr 1991 die USA mit einer von ihr geführten internationalen Militärkoalition Kuweit »befreiten« –, wuchs der Containerverkehr auf der Schiene kaum. Nicht nur ich hatte darauf spekuliert, dass aus Sorge, der Suez-Kanal könnte wie schon 1967 nach dem sogenannten Sechstagekrieg Israels gegen seine arabischen Nachbarn für Jahre geschlossen werden, die europäischen Unternehmen den sicheren Weg über die Transsib bevorzugen würden. Nein, das Risiko eines Transits durch die zerfallende Sowjetunion schien ihnen ungleich größer als ein versperrter Suez-Kanal.

Meine Wettbewerber verließen den Markt. Die größeren orientierten sich auf andere Geschäftsfelder, die kleineren schlossen ihre Vertretungen in Peking.

China indessen wuchs und erholte sich stetig von der internationalen, richtiger: westlichen Ausgrenzung. Die Community der ausländischen Geschäftsleute, der Expats, nahm zu. Es tauchten immer mehr russische Geschäftsleute auf, darunter auffällig viele Frauen. Deren Betätigungsfeld war der »Russenmarkt« in Sanlitun, dem Diplomatenviertel im Zentrum Pekings. Sie kauften dort Textilien und Haushaltswaren billig ein und beförderten sie in großen Säcken in ihre Heimat. Das Geschäft schien gut zu laufen, denn der Markt erweiterte sich ständig, die Zahl der Händler wuchs von Woche zu Woche.

Das weckte meine Neugier. Ich verfügte über Container, hatte Kontakte zur chinesisch-sowjetischen Grenze, da sollte sich doch etwas arrangieren lassen. Allerdings war mir als Repräsentant einer ausländischen Firma nicht erlaubt, selbst aktiv zu werden. Meine Anfragen beim staatlichen Spediteur, meinem offiziellen Partner, schlugen fehl. Das chinesische Headoffice winkte ab. Dafür gebe es keine Bestimmungen, auch keine Lager- oder Sammelstellen. Ich verhandelte wochenlang ohne jeden Erfolg.

Meine Mitarbeiter führten in meinem Auftrag Gespräche mit lokalen Niederlassungen der staatlichen Spedition. Die Leute dort waren flexibler als die Behörde in der Hauptstadt. Sie hatten nicht nur Fantasie und Kreativität, sondern auch Lagerhäuser und das Bedürfnis, Geld zu verdienen. Das war ihnen inzwischen von der Zentralregierung gestattet worden, Peking erlaubte lokalen und regionalen Institutionen mehr Eigenständigkeit.

Diese Situation nutzte ich, ohne Kenntnis der Hintergründe, im vollem Maße aus. Damit aber verstieß ich gegen den Status meines Aufenthaltes. Denn die Freiheit, die den eigenen Institutionen im Rahmen der Reformen eingeräumt wurde, galt nicht automatisch auch für die ausländischen Unternehmen. Ich bekam richtig Ärger. Man drohte mir, die Repräsentanz zu schließen und mir das Aufenthaltsrecht zu entziehen.

Die für mich zuständige Behörde hielt mir vor, dass ich mit den Niederlassungen der mit uns kooperierenden Spedition in den Provinzen Hebei und Jiangsu einschließlich Shanghai Geschäfte gemacht habe, indem ich mit ihnen verschiedene Hersteller kontaktiert und Verabredungen getroffen hatte.

Die Produzenten beluden die Container, die dann direkt in die Sowjetunion gingen. Und weil die Rechnungslegung via Zentrale in Deutschland aufwendig und langwierig war, legte ich selber Rechnung. Die Überweisungen erfolgten auf das Firmenkonto in Deutschland. Das ging über Monate gut, ich hatte sogar neue Mitarbeiter einstellen müssen. Meine deutsche Gesellschaft war erfreut über die gute Entwicklung der China-Niederlassung. Sie verdiente, obwohl keine Transporte nach Deutschland stattfanden.

Das allerdings missfiel den Chinesen. Der für mich zuständige Manager des Landbrücken-Departments lud mich im Auftrage des Generaldirektors zum Gespräch. Er forderte mich unmissverständlich auf, meine Aktivitäten zu beenden. Entweder würden künftig alle Transporte wieder, wie früher üblich, über die Zentrale abgewickelt werden, oder ich sollte das Geschäft an sie übergeben, also unseren Laden dichtmachen.

Die Ansage machte mir klar, dass die bis dato sehr unbewegliche Zentrale rasch gelernt und kapitalistischen Geschäftssinn entwickelt hatte.

Die Lage war eindeutig. Im gesamten Servicesektor einschließlich Transport und Spedition, insbesondere im grenzüberschreitenden Verkehr, gab es keine Genehmigungen für ausländische Firmen, operativ tätig zu werden. Und nichts deutete darauf hin, dass diese jemals erteilt werden würden. Die Volksrepublik China wollte die absolute Kontrolle über den grenzüberschreitenden Handel behalten. Das schloss auch die Transportabwicklung, also meine Tätigkeit, mit ein.

Theoretisch kannte ich diese Position. Ich hatte an der Hochschule für Verkehrswesen »Friedrich List« in Dresden studiert und im staatlichen Speditionsbetrieb Deutrans gearbeitet, der de facto ein Unternehmen des DDR-Außenhandels war. Da lief es nicht anders. Alles musste durch den Flaschenhals, Export und Import, über den der Staat wachte. Dafür gab es Gründe, vornehmlich den Schutz der eigenen Wirtschaft. Die Chinesen handelten nicht anders. Das entsprach natürlich nicht den Gesetzen der »freien Marktwirtschaft«, auch nicht den Regeln der Welthandelsorganisation (WTO), die Mitte der neunziger Jahre gegründet werden sollte.

Der deutsche Nationalökonom Friedrich List hatte den beginnenden kapitalistischen Verdrängungswettbewerb durch den Freihandel im frühen 19. Jahrhundert studiert und leitete daraus den Schluss ab, den Nationalstaat durch den Schutz der nationalen Wirtschaft zu stärken, indem Schutzzölle erhoben würden. Damit, so meinte er, würden die Unterschiede bei der ökonomischen Entwicklung der einzelnen Staaten sukzessive überwunden werden, erst dann wäre ein gleichberechtigter Wettbewerb international möglich. Bis dahin müssten die Handelsbeschränkungen flexibel eingesetzt werden, um nicht den Transfer von Wissen – heute nennt man das Knowhow – zu verhindern. Eine Abschottung, lehrte List, würde Nachteile bei Produktionskosten und der Qualität der Erzeugnisse mit sich bringen, was aber nach Erreichen des internationalen Niveaus wieder ausgeglichen werden könnte.

Wenn man sich die Geschichte der heute führenden Industriestaaten anschaut, wird man feststellen, dass diese genau so handelten. England, wo im 18. Jahrhundert die Dampfmaschine erfunden worden war, untersagte die Ausfuhr. Preußen schickte »Spione«, um die »Feuermaschine« zu studieren und nachzubauen. Ende des 19. Jahrhunderts beschloss das englische Parlament, sich vor billigen und schlechten Waren aus dem Ausland, insbesondere aus Deutschland, mit der Bezeichnung des Herkunftslandes zu schützen. »Made in England« sollte dagegen ein Qualitätssiegel sein. Die Kennzeichnungsvorschrift wurde alsbald auch von anderen Staaten übernommen. (Im Zuge der Globalisierung erledigte sich bei sehr vielen Erzeugnissen eine nationale Kennzeichnung, denn die Herstellung etwa eines Autos erfolgt im Rahmen der internationalen Arbeitsteilung an verschiedenen nationalen Produktionsstandorten auf mehreren Kontinenten.)

Nahezu gleichzeitig mit der Einführung der Kennzeichnungspflicht durch die Engländer führte Deutschland Schutzzölle auf Stahlprodukte ein, um die nationale Eisen- und Stahlindustrie vor der ausländischen Konkurrenz zu schützen. Beispiele dieser Art lassen sich bis heute in der Wirtschaftspolitik finden. Diese Maßnahmen waren stets eingebettet in nationale Bemühungen zur Kontrolle der Landeswährungen ...

Die Volksrepublik China handelte nunmehr ebenso, auch wenn es konkret mich persönlich traf. In der Tat war durch die Reformen der chinesische Speditionsmarkt nicht für das westliche Kapital geöffnet worden. Denn hätte man das getan, wäre der chinesische Transportmarkt sofort unter die Kontrolle der internationalen Speditionsunternehmen und Reedereien geraten, und der Staat hätte sie verloren.

Das galt auch für die Industrie. Diese war bei Beginn der Reformen absolut rückständig und bedurfte der proportionalen Entwicklung unter eigener Kontrolle. Das war nur möglich mit gelenkten Investitionen. Ebenso bedurfte es eines gezielten Zuwachses beim wissenschaftlich-technischen Fortschritt. Ohne zentrale Steuerung funktionierte das nicht.

China hatte aus der Geschichte der anderen Staaten gelernt. Man wusste: Der Freihandel zwischen Partnern mit unterschiedlich entwickeltem technischen Niveau und daraus resultierenden Unterschieden bei der Produktivität wirkte sich immer zum Nachteil des rückständigeren Landes aus. Der Stärkere wurde stets reicher, der Schwächere unterlag. Das musste so lange verhindert werden, bis das technische Niveau und die Produktivität internationalen Maßstäben genügten.

Mein Wissen beschränkte sich damals auf die Lehren von Friedrich List, und ich trat die Flucht nach vorn an. Ich akzeptierte die Bedingung, nur noch mit der Zentrale zusammenzuarbeiten und damit mein eigenes Geschäft abzugeben. Gleichzeitig bereitete ich mich aber auf den Wettbewerb mit der staatlichen Spedition vor, die früher oder später konkurrenzfähig sein würde. Bis dahin wollte ich mir den innovativen

Vorsprung bei der Grenzabwicklung und der Containerbereitstellung erhalten und ausbauen. Dazu brauchte ich jedoch eine legale Möglichkeit, um offiziell operieren zu können. Ich brauchte ein Joint Venture außerhalb des Monopols der Staatsspedition.

Ein Vertreter einer deutschen Stahlhandelsgesellschaft, tätig in Zhuhai, einer Sonderwirtschaftszone im Süden Chinas, empfahl mir einen Partner in einer dieser Sonderzonen zu suchen. Die Privilegien der Unternehmen in diesen Zonen beschränkten sich zwar nur auf die Sonderwirtschaftszonen, aber es war davon auszugehen, dass sich nach und nach die Spielräume erweitern würden. In der Hafenstadt Tianjin, es war der nächstgelegene Hafen von Peking, war 1984 die *Tianjin Economic and Technological Development Area* (TEDA) gegründet worden, eine der fünf Sonderwirtschaftszonen, die als erste installiert worden waren. (Shenzhen in der Provinz Guangdong, Xiamen in Fujian, Pudong in Shanghai und auf der Insel Hainan waren die anderen.)

Ich fuhr also nach Tianjin und war entsetzt. Im Hafen erfolgte der Umschlag von Kohle – ungeschützt. Die gesamte Umgebung war schwarz. Selbst in den Restaurants bedeckte eine feine Staubschicht die Tische. Man atmete auch Kohlenstaub. Von Ansiedlungen in der Sonderwirtschaftszone war nichts zu entdecken. Ich sah einige abgetrennte Flächen, in denen offenkundig Salz aus Meerwasser gewonnen wurde.

Mein optimistischer Begleiter erklärte mir, dass diese Flächen trockengelegt werden würden, im kommenden Jahr gingen die dann dort errichteten Gewerbeeinrichtungen in Betrieb. Trotz meiner Zweifel blieb mir nichts anderes übrig, als daran zu glauben. Außerdem hatte ich grünes Licht aus Deutschland bekommen, mit den bisherigen »Russentransporten« war genügend Geld verdient worden, das ich als Gründungskapital für ein Joint Venture einsetzen konnte. Als erstes brauchte ich qualifizierte Mitarbeiter, die mich bei den Verhandlungen mit potentiellen Partnern sachkundig unterstützen konnten.

Soviel hatte ich inzwischen in China gelernt, dass unter »sachkundig« vor allem die Kenntnis der chinesischen Besonderheiten zu verstehen war. Mit dem Wissen, was mir von der deutschen Gesellschaft vermittelt worden war, konnte man vielleicht daheim, nicht aber hier landen.

Ausländische Repräsentanzen durften Mitarbeiter nur mit Hilfe der staatlichen Arbeitsorganisation FESCO einstellen. Mein Antrag war wohlwollend entgegengenommen worden. Danach stand mir ein Interview-Marathon bevor. Im Gegensatz zu heute gab es nur wenige Chinesen mit guten Englischkenntnissen sowie wirtschaftlichem oder/und juristischem Wissen. Ich entschied mich für eine junge Frau, die soeben aus den USA zurückgekehrt war, wo sie für die Weltbank gearbeitet hatte. Obwohl Frau Wei für meine Anforderungen weit überqualifiziert schien, akzeptierte sie das Angebot. Sie reize die Herausforderungen eines Joint Ventures auf dem Gebiet des Speditionsservice in einer Sonderzone, erklärte sie mir ihre Zusage.

Die Suche nach einem potentiellen Partner gestaltete sich schwerer als erwartet. Es bedurfte vieler Gespräche mit anderen »Expats« und mit lokalen Institutionen vor Ort im Hafen von Tianjin, in Tanggu. Ein Joint Venture auf dem Gebiet des Transportservice existierte bereits, es war ein Gemeinschaftsunternehmen zwischen einer großen holländischen Reederei und der TEDA selbst. Dieses Unternehmen war aber auf den chinesischen Transit in die Mongolei spezialisiert, also kein Konkurrent für uns.

Ich suchte das Gespräch mit den Managern. Der Empfang war überaus freundlich und kooperativ, da man an weiteren risikofreudigen Mitkämpfern interessiert war. So erhielt ich den entscheidenden Hinweis auf ein kleines, gerade gebildetes Unternehmen, eine kleine Lagerhaus-Gesellschaft, die sich mit dem Import von gebrauchten Autos aus den USA beschäftigte. Nicht sehr erfolgreich, da die eingesetzten Leiter weder etwas vom Handel noch von der Lagerwirtschaft verstanden.

Das war genau der Partner, den ich suchte!

Meine neue Mitarbeiterin konnte nach ihren klugen Erklärungen beweisen, dass sie auch in der Praxis beherrschte, was sie als Theorie mitgeteilt hatte. Nach dem dritten Anlauf erhielten wir die Zusage für ein erstes Gespräch. Ich erwartete keine formalen Verhandlungen in einem Büro oder in einer angenehmen Umgebung, war aber dennoch ein wenig überrascht, dass man uns in einem Lagerhaus empfing, welches noch im Bau war. In einer abgetrennten Ecke stand die übliche Thermosflasche mit heißem Wasser auf einem Tisch. Die Teezeremonie lenkte ein wenig von der Unsicherheit auf beiden Seiten ab. Mir war es unangenehm, im feinen, gerade in Hongkong geschneiderten Anzug aus englischem Tuch angereist zu sein. Mir gegenüber saß ein unrasierter älterer Parteikader im abgetragenen blauen »Mao-Look«.

Frau Wei schien sich gut mit ihm zu verstehen. Es entwickelte sich eine intensive Konversation zwischen den beiden, einzig unterbrochen von der Aufforderung an mich, mehr Tee zu trinken. Ansonsten gab es mich nicht. Mein Versuch, über Lagerwirtschaft, Transporte und Spedition zu reden, wurde einfach ignoriert.

Ich musterte meine Umgebung: die im Werden begriffene Lagerhalle mit einem angrenzenden Bürogebäude. Alles schien im Rekordtempo gebaut worden zu sein, Baumaterial lag verstreut herum, die Fensterscheiben trugen viele Mörtelspritzer. Alles sah wenig einladend aus. Am wenigsten der Direktor der Lagerfirma, der mit Wei munter parlierte. Für mich stand fest: mit dem nicht! Schlag 12 Uhr erhob sich Herr Liu, Frau Wei übersetzte: Mittagessen!

Außer einem »Nihao« hatte ich noch kein Wort mit ihm gewechselt. Und jetzt lud er mich zum Mittagessen ein? Ich war reichlich verärgert und wütend auf Frau Wei. Sie hatte sich angeregt mit ihrem Landsmann unterhalten, mich aber nicht beachtet. Ich wollte zurück nach Peking, zumindest nach dem vielen Tee eine Tasse Kaffee trinken.

Wir zwängten uns in einen Buick älterer Bauart und fuhren zu einem Restaurant, das zu dem unfertigen Gewerbegebiet passte: grob gemauerte Wände, große Glastüren und Garküche hinter einem Vorhang. Bereits im Auto teilte mir Frau Wei freudig mit, dass alles bestens sei. Man akzeptiere uns als Partner, insbesondere mich, da ich aus dem Osten Deutschlands komme, sozusagen aus einem Bruderland. Die Einzelheiten wolle man demnächst besprechen.

Was hatte Frau Wei mit dem Mann besprochen? Auf der Rückfahrt nach Peking fragte ich sie. Nein, überhaupt nichts übers Geschäft. Er wollte nur etwas über die deutsche Gesellschaft erfahren und dabei natürlich etwas über mich. Auch sich selbst habe er ausführlich vorgestellt. Herr Liu sei ein ehemaliger Funktionär des kommunistischen Jugendverbandes, der den Parteiauftrag erhalten hatte, ein Lager- und Speditionsunternehmen in der neuen Sonderwirtschaftszone aufzubauen – ohne jegliche Kenntnis der Lagerwirtschaft und des Speditionsbetriebes, ohne Wissen um Gesetze und Zollbestimmungen. Freunde wie der Laowai, womit er mich meinte – Laowai war die übliche Bezeichnung für »alte Ausländer« –, würden sich schon damit auskennen. Er müsse das alles nur gut koordinieren und kontrollieren. Darin habe er Erfahrungen. Er sei Kommandeur im Krieg mit Vietnam Ende der siebziger Jahre gewesen und wisse, worauf es ankomme.

Der Bericht von Frau Wei erwärmte mich nicht gerade, aber hatte ich Alternativen?

Herr Liu wurde nach Deutschland zu einer Rundreise und weiteren Gesprächen eingeladen. Dort wurde schließlich der Vertrag über das Gemeinschaftsunternehmen unterzeichnet. Wie sich zeigte, war Herr Liu doch ein weitsichtiger Geschäftsmann, der die Zusammenarbeit mit den chinesischen Partnern und Institutionen trefflich zu koordinieren verstand. Ich hatte mal wieder gelernt: Man darf sich nicht von Äußerlichkeiten leiten lassen. Vor allem sollte ich nicht immer durch die europäische Brille blicken.

Das Joint Venture entwickelte sich sehr erfolgreich. Wir bauten die Russlandtransporte aus und wurden zu einem der führenden Unternehmen in diesem Sektor, später erschlossen sich weitere Geschäftsfelder. Noch heute existiert die Gesellschaft, allerdings schon mit der dritten Generation im Management.

Die Gründung unseres Joint Ventures war nach meiner Auffassung ein Lehrbeispiel dafür, wie sich China Erfahrungen für den Aufbau einer konkurrenzfähigen Wirtschaft ins Land holte. Heute wird der Abschluss eines Joint Ventures als *ein* Weg zum Markteintritt ausländischer Firmen in China gesehen, damals, vor nunmehr fast dreißig Jahren, war er der einzige. Beide Seiten profitierten, eine klassische Win-Win-Situation. Die ausländischen Partner fanden Zugang zu einem schnell wachsenden Markt, und die chinesischen Partner holten sich Knowhow ins Land.

Nicht immer jedoch entwickelte sich das gemeinsame Unternehmen so vorteilhaft wie in unserem Fall. Wir stellten die »soft power« zur Verfügung und nutzten diese auch selbst. Der Partner garantierte dafür den legalen Rahmen, wofür er mit Gewinnanteilen belohnt wurde. Unter der Bedingung, dass er sich nicht in unsere Geschäftstätigkeit einmischte oder auf dem Geschäftsfeld des Joint Ventures anderweitig betätigte, also uns Konkurrenz machte, bildeten wir auch seine Mitarbeiter und Manager aus. Wir konnten ohne Risiko nur gewinnen.

In industriellen Gemeinschaftsunternehmen lief das nicht immer so ideal. Die chinesische Politik zielte auf die Entwicklung der eigenen Wirtschaft. Dazu brauchte man Kapital, technisches Knowhow und Managementwissen. Das chinesische Interesse bestand nicht darin – und dort lag und liegt der Denkfehler von ausländischen Unternehmern, die in China investierten –, die auswärtige Konkurrenz zu unterstützen und zu stärken. Die von Deng angestoßenen Reformen öffneten den Mark nur soweit wie nötig. Die Kontrolle über die Wirtschaft aufgeben war und ist nicht geplant.

Ein Vertrag über freien, uneingeschränkten Zugang der deutschen Wirtschaft zum chinesischen Markt wäre vergleichbar mit einem freien Austausch zwischen der deutschen und der Landwirtschaft beispielsweise von Mali in Afrika. Die hochentwickelte, technisierte Landwirtschaft in Deutschland würde die gesamten Märkte Malis versorgen und die lokale Landwirtschaft zum Erliegen bringen. Das passiert bereits punktuell. Auf den Märkten in afrikanischen Ländern werden Lebensmittel aus der EU preiswerter angeboten als die einheimischen Produkte, sie sind subventioniert. Die Bauern können nicht existieren und machen sich auf nach Europa, wo sie glauben eine Zukunft zu finden, die sie in ihrer Heimat verloren haben.

So lange Ungleichheiten bestehen, die durch den Markt nicht ohne existenzielle Nachteile der nationalen Wirtschaft ausgeglichen werden, wird und muss es restriktive Regeln oder Kontrollverfahren geben für den Zugang anderer Wirtschaften. Daran hält die chinesische Führung eisern fest.

Eine andere Forderung der EU in diesen Verhandlungen lautet, die chinesische Führung solle sich bei der Unterstützung staatlicher Unternehmen durch Subventionen, Gesetze oder andere politische Mittel beschränken. Das würde diesen einseitige Vorteile verschaffen.

Auch da wird es weder Zugeständnisse noch Kompromisse geben.

Die chinesische Führung sichert mit den staatlichen Unternehmen die Daseinsvorsorge der chinesischen Gesellschaft. Mit zentraler Planung steuert sie die staatlichen Unternehmen, diese sichern erschwingliche Preise im öffentlichen Personenverkehr, im Gesundheitswesen, in der Bildung, der Energieversorgung, in der mobilen Kommunikation einschließlich Internet an allen Milchrampen usw. Sie sind ein Grundpfeiler der sozialistischen Gesellschaft chinesischen Charakters, den man nicht preisgeben wird.

Inzwischen hat China sich auf die international geltenden Regeln eingelassen. Es gibt Gesetze, die das geistige Eigentum wie auch die ausländischen Investitionen schützen, seit Anfang 2020 ist das *Foreign Investment Law* in Kraft. Der vormals übliche Technologie-Transferzwang wurde verboten, er darf nur noch auf freiwilliger Basis und vertraglich geregelt erfolgen. Geschäftsgeheimnisse ausländischer Investoren werden ebenfalls per Gesetz geschützt. Raubkopien von Markenartikeln wurden durch verschiedene Gesetze bereits im Jahr 2000 verboten, illegale Produktionen werden juristisch verfolgt.

Nach sieben Jahren Verhandlung schlossen Stunden vor dem Jahreswechsel 2020/21 die EU und die Volksrepublik China nun doch diesen Vertrag. »Unternehmen aus der EU sollen erstens sehr viel leichter als bisher in China investieren können, und zwar quer durch alle wichtigen Bereiche – von der Autobranche über den Flugverkehr und Cloud-Dienstleistungen bis hin zum Energie-, Finanz und Gesundheitssektor. Der sogenannte ›Joint-Venture-Zwang‹ fällt weitgehend weg«, meldete die *Tagesschau*. »Europäische Firmen müssen sich also nicht mehr mit chinesischen Partnerbetrieben zusammentun und ihre Technologien teilen. Zweitens soll das Abkommen für faire Wettbewerbsbedingungen sorgen. Bisher haben die staatseigenen chinesischen Betriebe deutliche Vorteile, auch weil sie über undurchsichtige Kanäle mit Subventionen gepäppelt werden. Und drittens ist in der Vereinbarung vorgesehen, dass sich China an internationale Nachhaltigkeitsstandards hält, etwa im Umwelt- oder Sozialbereich. Das soll vor allem für die Arbeitsbedingungen der chinesischen Beschäftigten gelten.«

Bundeskanzlerin Merkel beendete die deutsche Ratspräsidentschaft mit diesem Erfolg. Und setzte sich damit der scharfen Kritik der Ideologen und Ewiggestrigen aus. »Das Merkel-Xi-Abkommen ist ein Hohn für all jene Kräfte in China und Hongkong, die für die Freiheit in ihrer Heimat ihr Leben riskieren oder, wie die Uiguren, wegen ihrer Religion grausam misshandelt werden«, räsonierte *Die Welt* am 2. Januar 2021.

Und der Europa-Abgeordnete der Grünen, Reinhard Bütikofer, warf der Volksrepublik China vor, sie praktiziere in großem Umfang Zwangsarbeit und verpflichte sich in dem

Abkommen lediglich dazu, die Ratifizierung einer Konvention zu prüfen. »Bei Zwangsarbeit gibt sich die EU mit Geschwätz zufrieden«, so der ehemalige Bundesvorsitzende der Grünen am 30. Dezember 2020 im *Deutschlandfunk*. Bütikofer, das nur nebenbei, ist Mitglied des Kuratoriums der Berliner Dependance der US-amerikanischen Denkfabrik Aspen-Institut.

Ein kleiner Schritt vorwärts – ein großer Schritt zur Zivilisation

Wer wie ich häufig auf Chinas Autobahnen unterwegs war und auf Parkplätzen die öffentlichen Toiletten benutzte, kennt diesen Spruch. An jedem Pissoir kann man diese kleine Ermahnung in Augenhöhe über dem Becken in Englisch und Chinesisch lesen.

Was bedeutet dieser Spruch?

Im ländlichen China wurde das Toilettenproblem immer unterbewertet, um nicht zu sagen, die Toiletten waren mehr als primitiv – eine Grube, zwei Balken, ein Vorhang oder auch nicht, das war es. Auch noch in den neunziger Jahren sah es in den chinesischen Großstädten so aus. Hygienische Standards wurden klein geschrieben.

Nie werde ich meinen ersten Besuch in einem damals gut bewerteten Restaurant in Shenyang vergessen. Während ich mich erleichterte, schaute ich auf ein Fenster, das in Ermangelung einer Glasscheibe mit einem Vorhang versperrt war. Plötzlich schob sich dieser beiseite – und eine Köchin in der angrenzenden Küche schaute mir in die Augen. Ich will nicht behaupten, dass das seinerzeit normal war, aber es war auch nicht ungewöhnlich. Heute findet man in allen Städten, Dörfern, Bahnhöfen, Autobahnen neue, gut ausgestattete Toiletten. Aber jetzt geht es darum, die Benutzer sanft darauf hinzuweisen, wie sie sich verhalten sollen. Zum Beispiel dicht ans Urinal zu treten, wenn man sein Geschäft verrichtet.

Auf Schritt und Tritt, selbst auf der Toilette, wird also ein Volk, das aus beinahe feudalistischen Verhältnissen innerhalb von wenigen Jahrzehnten in die moderne Neuzeit gekommen ist, an neue Lebensbedingungen gewöhnt und erzogen. In Europa zog sich dieser Zivilisationsprozess über Jahrhunderte ...

In den frühen Neunzigern wurde in der deutschen Community erzählt, dass ein hoher deutscher Polizeibeamter nach Peking eingeladen wurde, um die chinesischen Verkehrspolizisten bei der Organisation des Straßenverkehrs zu unterstützen. Allerdings musste der Mann nach wenigen Wochen mit einem Sanitätsflugzeug ausgeflogen werden. Er hatte angesichts der chaotischen Verhältnisse auf den chinesischen Straßen einen Nervenzusammenbruch erlitten.

Ob es sich nun so verhalten hatte oder nicht: Die Beschreibung der Verkehrsverhältnisse war gewiss zutreffend.

Ich hatte viele prägende Erlebnisse. Weil meine Mitarbeiter keine Fahrerlaubnis besaßen, ich mit meinen DDR-Erfahrungen und wohl auch aus Abenteuerlust einen Chauffeur ablehnte, steuerte ich in Peking und auch im Umland mein Auto selbst. An den Kreuzungen gab es bis auf wenige Ausnahmen kaum Verkehrsampeln, so dass nach den Vorfahrtsregeln der von rechts kommende Teilnehmer Vorfahrt hatte. Das war allerdings nur eine Option. Wirkliche Vorfahrt hatte der größere Wagen oder der mutigere Fahrer. Mit zunehmendem Verkehr wurde das zum kritischen Problem. Die Kreuzungen waren regelmäßig mit nach vorn drängenden Fahrzeugen verstopft, es ging nichts mehr.

Zum großen Vergnügen vieler chinesischer Fahrer stieg ich mehrere Male aus und regelte den Verkehr in meiner Fahrtrichtung, so dass ich freie Bahn hatte. Kein anderer Verkehrsteilnehmer beschwerte sich über meinen Egoismus, sie lächelten und machten freundliche Zeichen.

Meine chinesischen Mitarbeiter plädierten für den »singapurian way of life«. Bekanntlich wurden im Stadtstaat Singapur Regelverstöße mit Peitschenhieben bestraft.

Im Nordosten Chinas, aber auch in Peking, wehte im Frühjahr starker Wind. Binnen weniger Tage schmückten bunte Plastiktüten alle Bäume und Büsche. Sie wurden von Straßenhändlern und Supermärkten in großer Zahl angeboten, doch niemand kümmerte sich um deren Entsorgung, Recycling kannte man noch nicht. So landeten dieses Verpackungen auf den Straßen. Niemand nahm daran Anstoß. Noch vor Jahren gab es nicht genug zu essen, folglich auch weniger Verpackungen. Ende der Neunziger tauchten vereinzelt Plakate und Losungen auf, die an die Bürger appellierten, Plastikverpackungen ordnungsgemäß zu entsorgen und nicht die Umwelt damit zu belasten. Aber kaum einer folgte dieser Aufforderung ...

Mit den ersten Supermärkten nahmen die Ladendiebstähle sprungartig zu. An den Ausgängen mussten Detektive postiert werden. Ab und zu griff man sich einen Langfinger. Trotzdem bemerkte ich weiterhin ein auffälliges Verhalten mancher Kunden. Zweifellos bedienten sie sich heimlich. Erst als Überwachungskameras installiert wurden, gingen die Diebstähle zurück.

2000 übernahm ich das Management eines Logistik-Unternehmens in Indien, ein Joint Venture der französischen Logistikgesellschaft Geodis, behielt aber meinen Hauptwohnsitz in China. Fast acht Jahre pendelte ich zwischen Neu Delhi und Peking. Jedes Mal, wenn ich zurückkehrte, registrierte ich Veränderungen, selbst wenn ich nur wenige Wochen weg war.

In Peking wurden kleine Toilettenhäuser, selbst in den Hutons, den historischen Wohnvierteln, errichtet. Im Straßenverkehr fiel auf, dass die Zahl der Ampeln zugenommen hatte und die Fahrer sich an die Signale hielten.

Das Sozialpunktesystem

Auch daran waren die Überwachungskameras schuld, die inzwischen an allen Kreuzungen installiert worden waren. Bei Übertretung einzelner Verkehrsregeln wurde der Kraftfahrer bzw. der Besitzer des Nummernschilds über das Handy wenige Sekunden später benachrichtigt. Auf einer Webseite der Polizei konnte man das Foto abrufen und auch die Strafpunkte zur Kenntnis nehmen, die es dafür gegeben hatte. Da die Zahl der Punkte, wie in Deutschland auch limitiert war und bei einer bestimmten Menge der Führerschein entzogen wurde, trug diese Praxis sehr zur Disziplinierung der Verkehrsteilnehmer bei.

Gleiches galt für die Geschwindigkeitskontrollen. Schrittweise wurden auf fast allen Stadtmagistralen, auf Überlandstraßen sowie auf High- und Express Ways Kameras installiert. Die Geschwindigkeitsvorschriften wurden nun eingehalten, die Verkehrsströme in Echtzeit abgebildet und durch die Verkehrsleitzentrale reguliert. Man kann heute sicher und relativ entspannt mit dem Auto durch China reisen.

Allerdings hielten die nichtmotorisierten Verkehrsteilnehmer, die Fußgänger und die Rad- oder Roller-Fahrer sich nicht an die Ampelregelung. Ihre Gefährte hatten ja keine Kfz.-Kennzeichen und die Fahrer konnten nicht identifiziert werden. Da dachte man auch über andere Lösungen nach.

Auffällig war, dass Kinder und Jugendliche sich der Verkehrsordnung unterwarfen – im Unterschied zu den Eltern und den Älteren. Sie waren es noch aus der Vergangenheit gewohnt, dass die Straßen für alle da seien und Regeln für sie nicht existieren. Da musste noch viel erzogen und gemaßregelt werden.

Nach und nach verschwanden die Detektive aus den Supermärkten und Kaufhäusern, ihren Platz übernahmen unzählige Kameras, auf deren Existenz unübersehbar aufmerksam gemacht wurde. An Bäumen und Büschen findet man heute kaum noch umherfliegende Plastiktüten. Das hängt in erster Linie mit den eingeführten und durchgesetzten Regeln für die Abfallbeseitigung zusammen, aber auch mit dem Verbot von Plastiktüten. Vielerorts erfolgt die Mülltrennung bereits an den öffentlichen Abfallbehältern, die zweigeteilt sind: für recycelbaren Abfall und für Müll.

Überall also wird mit Elektronik überwacht und kontrolliert, dass sich Menschen an die Regeln halten: nicht bei Rot über die Straße zu gehen, nicht im Supermarkt zu klauen, nicht über die Autobahn zu rasen oder achtlos ihre Plastiktüte oder anderen Abfall aufs Pflaster fallen lassen.

Ein Horror für zarte deutsche Seelen. Orwells Visionen (»1984«) seien im heutigen China Wirklichkeit und die Überwachung total, jeder Mensch werde auf Schritt und Tritt kontrolliert und anschließend gemaßregelt. Die Behauptungen werden illustriert mit Abbildungen von Überwachungskameras, mit Berichten über »Social Scoring«, jenes Sozialpunktesystem, mit dem schlechtes Verhalten getadelt und gutes belobigt wird, mit Reportagen aus Xinjiang, wo Uiguren in Lagern wegen unbotmäßigen Auftretens und dem Besuch von Moscheen interniert würden und dergleichen mehr.

In einem Beitrag für *Spiegel-TV,* gesendet am 5. Juni 2019, schritt der China-Korrespondenten Bernhard Zand 500 Meter ab und zählt 60 Kameras. Allerdings verschwieg er, dass er auf einer Straße im Botschaftsviertel unterwegs war. (Wenn man in Berlin von der Jungfernbrücke in der Friedrichsgracht bis zur Weidendammer Brücke in der Friedrichstraße an der Spree entlangläuft, was ungefähr die gleiche Distanz ist, wird man von 34 Kameras erfasst. Nun, man kommt am Auswärtigen Amt, am Deutschen Historischen Museum, am Wohnsitz der Kanzlerin im Kupfergraben, am Pergamon- und am Bodemuseum sowie am Katholischen Militärbischofsamt vorbei, also Einrichtungen, die man für besonders schützenswert hält. Trotzdem konnte nicht verhindert werden, dass 2017 eine zentnerschwere Goldmünze aus dem Bodemuseum gestohlen wurde. Und rings um das

2020 fertiggestellte Schloss wachen Dutzende Kameras Tag und Nacht vor der Fassade.)

Die Chinesen fühlen sich in ihrer individuellen Freiheit keineswegs beschnitten, dass sie im öffentlichen Raum von Kameras begleitet werden, sie verstehen dies als notwendige Maßnahme, die auch ihrer Sicherheit dient. Wenn man etwa im Flughafenterminal oder im Bahnhof unterwegs ist, kann man ruhig seine Sachen auf dem Sitz liegen lassen: Sie werden nicht gestohlen. Und falls doch: Der Dieb würde noch vor dem Verlassen der Halle gestellt.

Laut der *South China Morning Post* hat China etwa 2,1 Milliarden Dollar in Sicherheitstechnik investiert, also in rund 200 Millionen Kameras. Das ist sehr viel. Aber angesichts von 9,6 Millionen Quadratkilometern und etwa 1,4 Milliarden Menschen lässt sich schwerlich von einer flächendeckenden Überwachung sprechen.

Was westliche Journalisten über die umfassende Video-Überwachung des gesellschaftlichen und öffentlichen Lebens berichten, entspricht auch meiner Beobachtung. Allerdings ist die Interpretation dieser Tatsache in den hiesigen Medien nicht der Realität angemessen. Es trifft beispielsweise nicht zu, dass die Aufzeichnungen zentral erfasst und ausgewertet würden und die Basis für ein soziales Kreditsystem bildeten.

Das widerlegte beispielsweise Universitätsprofessor Dr. Christian Göbel vom Institut für Ostasienwissenschaften an der Universität Wien, der eine sehr intensive Untersuchung in China vornahm. Er kam zu dem Befund: Die Daten der Verkehrsüberwachung werden ausschließlich von der zuständigen Verkehrspolizei ausgewertet, die Bankdaten von den jeweiligen Banken, die Informationen der Handelseinrichtungen von deren Zentralen und dergleichen. Die Informationen würden in kein zentrales Register, etwa in ein soziales Kreditsystem, eingespeist werden, sondern bildeten allenfalls die Grundlage dafür, bestimmte regelmäßig auftretende Erscheinungen zu erkennen und darauf zu reagieren.

Was versteht man überhaupt unter einem »sozialen Kreditsystem«, unter »Social Scoring«?

Zur Erklärung muss man in die Geschichte zurückgehen. Während in den europäischen Industriestaaten im 20. Jahrhundert sich eine fast hundertprozentige Alphabetisierung der Bevölkerung durchgesetzt hatte, lag die Rate in China um 1949 unter zwanzig Prozent. Deshalb gab es eine Alphabetisierungskampagne in den fünfziger Jahren, die aber durch den »Großen Sprung«, besonders durch die Kulturrevolution unterbrochen wurde, weshalb 1982 noch immer zwei Drittel der chinesischen Bevölkerung keine 1500 Schriftzeichen beherrschten, was nach dem allgemeinen Verständnis die Grenze des Analphabetismus bezeichnet. 2018 fielen nur noch vier Prozent darunter. Das war der allgemeinen Schulpflicht geschuldet, die 1984 eingeführt worden war.

Mit der Alphabetisierung nimmt automatisch auch die allgemeine »Umgangsbildung« zu, also die Fähigkeit, sich in einer modernen Gesellschaft mit all ihren Verkehrs- und Kommunikationsanforderungen zu bewegen. Im Umkehrschluss heißt dies, dass zum Zeitpunkt der Öffnung Chinas, des Beginns der Reformen und des zunehmenden Einflusses von anderen hochentwickelten Ländern, zwei Drittel der Chinesen dazu nicht in der Lage waren. Die gesellschaftliche Bildung bewegte sich auf Landesebene im Durchschnitt auf einem sehr niedrigen Niveau.

Nun brach »der Markt« herein. Und die, die sich dort bewegten – Konsumenten wie Produzenten – besaßen weder Kenntnisse, wie ein »Markt« funktionierte, noch existierten Regularien oder administrative Vorgaben über den Austausch und die Beziehungen von Produzenten, Händlern und Kunden mit- und untereinander. Es gab auch Betrug im großen Stil bei Qualität der Waren und deren Preisen. Die lokalen wie auch die zentralen Institutionen waren nicht in der Lage, steuernd einzugreifen, und die Beteiligten sehr verunsichert.

Die chinesische Regierung hatte zwei Probleme zu klären. Es mussten ein Regelwerk für den wirtschaftlichen

Austausch entwickelt und das Bildungs- und Kulturniveau der Bevölkerung rasch gehoben werden, damit alle »Marktteilnehmer« in der Lage waren, mit den sich rasch verändernden Produktions- und Lebensumständen klarzukommen.

Noch in den achtziger, verstärkt in den neunziger Jahren wurden Verordnungen und Gesetze erlassen, die das Verhalten von juristischen Personen organisieren sollten. Die einzelnen Institutionen erließen Vorschriften, Regeln, aber auch Listen über Fehlverhalten sowie Sanktionen. Die Banken etwa für das Kreditwesen, die Kommunen beispielsweise für das Bauwesen, die Ministerien für Produktangebote. Alle diese Regeln existierten nebeneinander, widersprachen sich teilweise und wurden nach dem Prinzip »learning by doing« schrittweise korrigiert. Sie nutzten allerdings nur bedingt der Qualitätsverbesserung beim Handeln und Verhalten von Betrieben, halfen auch kaum bei ökonomischen Entscheidungen. Das Gerichtswesen zeigte sich überdies nicht in der Lage, die gesetzlichen Regelungen durchzusetzen.

Das Problem sollte kurzfristig und umfassend mittels eines Bewertungssystem gelöst werden, ohne dabei eine Überregulierung oder eine allumfassende Bürokratie aufzubauen. 1999 erfolgten in China die ersten akademischen Studien zu den verschiedenen empirisch erfassten Informationen über die Arbeit, die Leistungen und das Verhalten der Unternehmen und Institutionen.

Die heute im Test befindlichen sozialen Kreditsysteme stellen – neben dem Eingabe- und Beschwerdesystem, den Bildungsanstrengungen, der tiefgreifenden Digitalisierung, auch neben den Antikorruptions-Kampagnen – lediglich ein Element von mehreren dar, um eine moderne zivile Gesellschaft in China zu entwickeln.

Das soziale Kreditsystem, wie es die Regierung versteht, dient folglich nicht der Überwachung und Maßregelung der Bürger, wie in den meisten westlichen Medien behauptet wird, sondern ist ein Instrument, moralische und administrative Normen durchzusetzen, die eine moderne, kultivierte Zivilgesellschaft auszeichnen. Die Zivilgesellschaft ist auch nicht Selbstzweck, sondern ein wesentliches Charakteristikum des sozialistischen Staates chinesischer Prägung, wie es heißt.

Das Sozialkreditsystem wurde im Juni 2014 von der Staatsführung beschlossen und in verschiedenen Landesteilen und Städten bis 2020 schrittweise getestet, danach soll es zentral eingeführt werden. Es sieht vor, dass private, staatliche und halbstaatliche sowie ausländische Unternehmen, gesellschaftliche Organisationen wie NGOs, lokale oder zentrale staatliche Administrationsorgane, aber auch Privatpersonen auf der Basis von Daten, die staatliche Einrichtungen erfassen, bewertet werden. Die wichtigsten Kriterien sind die kommerzielle Kreditwürdigkeit, die soziale Integrität, die juristische Glaubwürdigkeit sowie die Anerkennung bzw. Beachtung der Regeln und Gesetze der Regierung. Verletzen Unternehmen die Qualitätsanforderungen, werden sie reguliert, erfüllen Unternehmen nicht die Kreditkonditionen, dann werden sie auf einer Negativliste geführt und so weiter. Die so entstandenen Fakten gehen als Daten in das Kreditsystem ein und bilden die Grundlage für die Bewertung. Anders als etwa bei der Schufa und anderen privatwirtschaftlich geführten Wirtschaftsauskunfteien in Deutschland erfolgen diese Erhebungen und deren Auswirkungen für die Betroffenen transparent. Wenn man hierzulande, in der Bundesrepublik also, ein negatives Scoring hat, bekommt man das nur dadurch zufällig mit, wenn man vielleicht einen Handyvertrag abschließen möchte und der Händler bedauernd die Hände hebt.

Die Daten, bislang in China von einzelnen Institutionen erhoben und von diesen auch ausgewertet – Banken, Industrie- und Handels-Administrationen, Steuerverwaltungen, kommunale Verwaltungen, Gerichte – werden nunmehr digital erfasst und zentral aufbereitet. Alle öffentlich tätigen Institutionen haben darauf Zugriff. Dieses Datenmaterial bildet die Entscheidungsgrundlage für Genehmigungen und gegebenenfalls für Sanktionen. Organisierte Kriminalität, Steuerhinterziehung, Wirtschaftsverbrechen, Terrorismus, Immobilienspekulationen und andere kriminelle Aktionen könnten auf diese Weise auf ein Minimum reduziert, vielleicht sogar vollständig ausgeschaltet werden.

Bei den getesteten Systemen unterschied man deutlich zwischen staatlichen Projekten, die auf die Entwicklung einer modernen Zivilgesellschaft gerichtet sind, und jenen kommerzieller Natur, etwa den Internet-Giganten Alibaba, dem weltgrößten E-Commerce-Händler, oder Tencent.

Aus den Gesprächen mit ausländischen Unternehmern weiß ich von deren grundsätzlich positiver Haltung. Solche Bewertungen, so sagten sie mir, helfen auch kleinen ausländischen Unternehmen, eine größere Rechtssicherheit etwa gegenüber chinesischen Unternehmen zu bekommen.

Das in New York ansässige Informationsdienstleistungs-, Nachrichten- und Medienunternehmen Bloomberg berichtete im Herbst 2020 über ein Experiment in der Stadt Suzhou, einer alten Kaiserstadt und wegen ihrer vielen Kanäle als das Venedig Chinas bezeichnet. Jeder Bürger bekam 100 Punkte auf ein Konto gutgeschrieben, und entsprechend einem ausgeklügelten Punktesystem, das gutes oder weniger gesetzeskonformes Verhalten honorierte oder sanktionierte, erfolgten Zuschreibungen oder Abzüge. Wenn etwa einer in der U-Bahn rauchte und vom Kontrolleur verwarnt wurde, ging das ebenso ins System ein wie wenn man säumig war bei Ratenzahlungen. Ein negatives Punktekonto konnte beispielsweise dazu führen, dass dem Betreffenden ein Ticket für einen Highspeed-Zug verweigert wurde und er eine langsamere Verbindung nehmen musste, oder dass die Konditionen für einen Kredit sich verschlechterten. Im Wesentlichen handelte es sich aber um moralische Sanktionen, weil der »Gesichtsverlust« in China schwerer wiegt als etwa eine finanzielle Bestrafung.

Eine der härtesten Konsequenzen einer negativen Bewertung war der Ausschluss aus dem bargeldlosen Zahlungsverkehr. Die Nachrichtenagentur *Xinhua* berichtete im November 2020 aus der Provinz Guangdong, wo Gerichte in 2400 Fällen ein solches Verbot ausgesprochen hatten. In der digitalen chinesischen Gesellschaft ist das wirklich bitter, da landesweit mit Handy oder mit Gesichtserkennung gezahlt und Bargeld kaum noch angenommen wird. (China hat kein eigenes Kartensystem und ist auf das amerikanische angewiesen, weshalb die Bezahlung per Handy so rasch und so gut angenommen wurde.)

Natürlich schlagen hierzulande besorgte Bürger und Datenschützer die Hände über dem Kopf zusammen, sprechen vom »gläsernen Menschen«, von Verlust der Privatsphäre und »totaler Kontrolle«, ohne dass ihnen bewusst ist, dass sie selbst bereits »gläsern« sind. Banken und Finanzämter, Auskunfteien und Abteilungen des Innenministeriums kooperieren durchaus miteinander. Gewinnen Sie mal einen großen Betrag im Lotto, und Sie werden erstaunt sein, wer sich plötzlich alles bei Ihnen meldet. Oder wenn Sie in soziale Not geraten: Was Sie dann alles zu offenbaren haben ... Aber für Vorhaltungen an die chinesische Adresse scheint dieses Sozialkreditpunktesystem bestens geeignet. Wie meist werden dabei jedoch Hintergründe und Zusammenhänge ausgeblendet und nur die Erscheinung ideologisch kommentiert. Die *Frankfurter Allgemeine Zeitung* am 22. November 2017: »Mit einem gigantischen Punktesystem wollen Chinas Kommunisten jeden einzelnen Bürger zu sozialistisch-tugendhafter Folgsamkeit zwingen.«

Wissenschaftler hingegen sehen dies pragmatisch und weniger politisch. »Das Sozialpunktesystem ist ein riesiges Experiment in der Größenordnung einer Nation mit über einer Milliarde Einwohnern und Unternehmen«, erklärte Prof. Jens Großklags von der Technischen Universität München und plädierte dafür, es genau zu studieren. »Das ist fundamental anders als der Ansatz von Kreditbewertungsinstituten in westlichen Ländern, seien es nun die Schufa in Deutschland oder Institute in den USA. Vieles von dem, was normalerweise hinter den Kulissen passieren würde, ist hier tatsächlich zugänglich.«

»Das chinesische Sozialpunktesystem könnte ein ganz neues Modell von Regulierung auch auf internationaler Ebene sein«, meinte Dr. Omar Ramon Serrano Oswald von der Hochschule für Politik München. »Die Regeln, die jetzt die Weltwirtschaft bestimmen, sind von Europäern und Amerikanern geschaffen. Es ist durchaus möglich, dass das chinesische Modell für Schwellenländer interessant ist, die ähnliche Umsetzungsprobleme bei ihren eigenen Regulierungen haben.«

Und was ist mit dem Datenschutz und der Transparenz?

»Im Gegensatz zum Sozialkreditsystem, das relativ transparent ist, kann man das von den Tech-Firmen wie Google und Facebook nicht sagen«, so Prof. Eugénia da Conceição-Heldt, Inhaberin des Lehrstuhls für *European and Global Governance* an der Hochschule für Politik München. Ihre Kollegin Prof. Doris Fischer, Lehrstuhlinhaberin für *China Business and Economics* an der Universität Würzburg, pflichtete ihr bei: Dieses Thema sei nicht auf China beschränkt, sondern werde auch auf unsere Gesellschaft zukommen. »Ich glaube, das negative Bild kommt daher, dass in der Berichterstattung so vieles vermischt wird: eine Angst vor dem chinesischen politischen System, das Social Scoring, die Bild- und Videoüberwachung.« Und auch sie, die jahrelang in China gelebt hat, ist dafür, vom Vorreiter zu lernen (»Learning from the Frontrunner«), statt ihn zu verteufeln. Und sie erinnert sich: »Als ich in den neunziger Jahren als Doktorandin in China war, hing im Eingang vom Wohnheim aus, wer von den Sprachkursteilnehmern regelmäßig zum Unterricht gekommen ist, wer zu spät war und wer die Prüfung wie gemacht hat – alles öffentlich.«

An einigen Fußgänger-Überwegen wurden Bildschirme angebracht. Laufen einige bei Rot über die Straße, werden sie gezeigt. Wer seinen Müll unsachlich entsorgt, erscheint eine Zeitlang auf Monitoren im Wohnkomplex. Für die Ignoranten ist das peinlich, der Lerneffekt nachweislich von Dauer. In den Großstädten führte man sukzessiv die Mülltrennung ein und beobachtete die Entsorgung mit Kameras. Das Ergebnis war beeindruckend. Innerhalb kürzester Zeit erreichte man in den Wohnkomplexen eine saubere Trennung.

Professor Christian Göbel von der Universität Wien verwies auf einen weiteren Aspekt: das Beschwerde- und Eingabensystem. Allein 2018 gab es in China etwa drei Millionen Eingaben – digital, per Brief oder über die in allen Städten und Wohngebieten vorhandenen Beschwerdetelefone. Die meisten dieser Eingaben bezogen sich auf kommerzielle Betrügereien, beispielsweise beim Immobilienhandel, oder auf Fehlverhalten und -entwicklungen lokaler Regierungsbüros. Diese Beschwerden werden in das Bewertungssystem integriert.

Ich selbst nutzte einmal das Beschwerdetelefon. Der Eigentümer des Wohnkomplexes, in dem wir lebten, vernachlässigte die Anpassung der Stromversorgung an den wachsenden Verbrauch, weshalb wir regelmäßig im Dunkeln saßen. Direkte Gespräche führten zu keinem Ergebnis – eine Beschwerde über das Beschwerdetelefon und die danach anberaumte Einwohnerversammlung hingegen sofort.

Oder: Freunde von mir beklagten die unablässige Errichtung von Golfanlagen und Ski-Ressorts in Peking und Umgebung. Angesichts der permanenten Wasserknappheit in der Hauptstadt war dies ökologisch nicht zu rechtfertigen. Die Beschwerdeführer erhielten die Zusage, dass die lokale Administration das Problem zentral vortragen werde. Die Folge: Es wurden keine neuen Anlagen mehr genehmigt.

Der Online-Dienstleister Alipay belohnt seit 2016 mit seiner App »Ant Forest« mehrere hundert Millionen Benutzer mit »grünen Energiepunkten«, wenn sie einen Schritt zur Reduzierung ihrer Emissionen unternehmen, z. B. indem sie mit dem Fahrrad zur Arbeit fahren oder nachhaltige Produkte kaufen. Diese grünen Energiepunkte wachsen in der App des Benutzers zu einem virtuellen Baum, dem Alipay in

Zusammenarbeit mit lokalen NGOs folgt, indem das Unternehmen einen echten Baum pflanzt oder ein Naturschutzgebiet vergrößert. Auf diese digitale Weise wurden bereits etwa 100 Millionen Bäume gesetzt und Naturschutzgebiete von über 112 000 Hektar im Nordosten Chinas angelegt. Auch das fließt in die individuelle Sozialpunktesystem-Bilanz ein. Nebenbei entstanden noch etwa 400 000 Arbeitsplätze in der Landwirtschaft. Landwirte wurden nicht nur angeregt, Bäume zu pflanzen, sondern auch Bio-Agrarprodukte zu entwickeln und diese über die E-Commerce-Plattformen zu vertreiben. Alipay Ant Forest demonstriert, wie digitale Technologie eingesetzt werden kann, um individuelle Anstrengungen zur Bekämpfung des Klimawandels und seiner Auswirkungen zu fördern. Alles kleine Schritte, gewiss, aber in Summa ein gewaltiger in Richtung einer vernünftigen, modernen zivilen Gesellschaft mit einer hohen Lebensqualität.

In den Diskussionen über das Für und Wider des Sozialkreditsystems spielt die Transparenz, die juristische Absicherung bzw. die Verhinderung des Missbrauchs der Daten eine wesentliche Rolle. Von den China-Kritikern wird die Transparenz angezweifelt. Die bisherigen Erfahrungen scheinen diese Zweifel nicht zu bestätigen. Ein erstes in China bekanntgewordenes Beispiel, dass sich die Behörden der Erfassung und dem Schutz der Daten stellen müssen, kam aus der 10-Millionen-Stadt Suzhou. Nach drei Tagen musste aufgrund des Einspruchs der Bevölkerung der Test des Kreditsystems eingestellt werden. Die Vorschläge der Nutzer waren nicht ausreichend berücksichtigt worden, das System musste überarbeitet werden.

Eine solche Diskussion über das chinesische Sozialkreditsystem, wie sie etwa in Deutschland oder in den USA geführt wird, kennt man in China nicht. Nicht, weil sie unterdrückt würde, sondern weil man damit keine Probleme hat. Eine Gesellschaft mit über 1,4 Milliarden Menschen mit ihrem speziellen historischen Hintergrund muss anders organisiert und gesteuert werden als ein vergleichsweise kleiner Staat in Europa. Die chinesische Führung hat das Vertrauen der Staatsbürger, die Regierung wird als Partner, nicht als Vormund gesehen. Daher überlässt man ihr auch die persönlichen Daten, damit sie damit arbeitet und anstellt, was sie als notwendig erachtet.

Gleichwohl beschäftigt auch die Chinesen die Frage der Datensicherheit. So berichtete der staatliche Fernsehsender *CCTV* und die Nachrichtenagentur *Xinhua* über einen Fall von illegalem Handel mit persönlichen Daten. Ein Unternehmen hatte die gehackten Daten für 0,5 Yuan pro Person zur kommerziellen Nutzung verkauft. Nicht nur wegen der Proteste aus der Bevölkerung reagierte der Staat. Inzwischen arbeitet er an einem Datenschutzgesetz, wobei die *Datenschutzgrundverordnung* (DSGVO) der Europäischen Union und der noch darüber hinausgehende *California Consumer Privacy Act* (CCPA) die Vorlage liefern.

Great Firewall

Wer als Ausländer in China lebt, stößt sehr bald an die Grenzen des *World Wide Web*. *Google, Facebook, Twitter* und andere zumeist in den USA beheimatete Dienste sind nicht verfügbar, dafür aber chinesische Plattformen, die nur jenen offenstehen, die auch die chinesische Sprache in Schriftform beherrschen. Die amerikanischen Anbieter sind in China durch die »Great Firewall« ausgesperrt.

Die chinesischen User hatten und haben damit kein Problem, obgleich *Google* und andere US-amerikanische Anbieter ihre Dienste auch in chinesischer Sprache anboten, als dies noch ging. Schwierigkeiten haben einzig die in China lebenden Ausländer, die nicht die chinesischen Schriftzeichen – von denen es etwa 80 000 gibt – beherrschen. Nun, man kommt auch mit drei- bis fünftausend Zeichen hin, aber auch die muss man erst einmal kennen.

Der Grund für die Aussperrung: China bestand auf Kontrolle dessen, was die US-Dienste in China verbreiteten. Diese Kontrolle verweigerten sie. Also zog Peking den Stecker.

Nun muss man nicht auf Trump und die verheerenden Folgen der Fake-News-Hysterie verweisen, auf die Hasstiraden und Shitstorms, die Verschwörungstheorien, die antisemitische und nationalistische Hetze, die ebenfalls durch deutsche Netzwerke rasen. Aber dass es sie gibt und dass sie spürbar zur Erosion staatlicher Regeln und gesellschaftlichen Zusammenhalts in den westlichen Staaten beitragen, sollte man in diesem Zusammenhang ruhig erwähnen. Dass China aus sozialhygienischen wie auch aus politisch-ideologischen Gründen sich davor schützt, scheint darum verständlich und berechtigt.

Und noch ein Aspekt spielte bei dieser rigorosen Entscheidung eine Rolle. Die USA und mit ihr die gesamte westliche Welt hofften, dass sich mit den Reformen in der VR China das Land soweit veränderte, dass es in den globalen kapitalistischen Reproduktionsprozess reintegriert werden könnte. Dass also die Öffnung so weit ginge, dass eines Tages die KP überwunden oder marginalisiert sein würde wie in all den Staaten, in denen sie einst entweder geherrscht oder einen starken Faktor in der Gesellschaft dargestellt hatte. Moderat, aber unmissverständlich hatte dies 2019 die Bertelsmann-Stiftung in einer Studie erklärt: »Die Idee von ›Wandel durch Handel‹ ist, dass durch einen intensiven wirtschaftlichen Austausch auch deutsche Institutionen und Wertvorstellungen transportiert werden, die letztlich zu einem Konvergenzprozess führen, in dem China sich in den sozioökonomischen und letztlich auch politischen Strukturen dem deutschen Modell angleichen wird.«

Auch der US-Außenminister Pompeo sprach bei Reisen durch Asien und Europa wiederholt diese Erwartung an, dass ein Regimewechsel in China erfolge. Das sei ein Wunsch der westlichen Politik. Nach fünf Jahrzehnten amerikanischen Engagements in China sei es an der Zeit für einen nötigen

Paradigmenwechsel: »Mike Pompeo Just Declared America's New China Policy: Regime Change«. Drei US-Präsidenten hätten den »chinesischen Kommunismus« gerettet: Nixon 1972, Bush 1989 und Clinton 1999. Damit solle nun endlich Schluss ein.

Die Chinesen hatten genau die Historie jener Fälle studiert, wo dieser »Regimewechsel« im Interesse der Amerikaner vollzogen worden war: von den sogenannten Farbenrevolutionen in Osteuropa bis hin zum »Arabischen Frühling«. Und sie sahen die Folgen, die Verwerfungen, das Chaos, die Bürgerkriege, die der Sturz bestehender Ordnungen ausgelöst hatte. Das wollte und will Peking auf keinen Fall.

Bei der Analyse blieb nicht verborgen, dass die elektronischen Medien, insbesondere aber das Internet mit seinen verschiedenen Kanälen und Plattformen, eine maßgebliche Rolle gespielt hatten. Sie waren der Resonanzboden für Stimmungen und Bewegungen, die in der Regel mit Hilfe von Geheimdiensten initiiert, mindestens aber verstärkt, später gesteuert und geführt wurden.

Es liegt in der Natur des Menschen, nach einem angenehmen, bequemen Leben zu streben. Auch Chinesen machen da keine Ausnahme. Und wie schon in anderen Fällen zuvor, versuchte auch hier die Propaganda des Westens anzusetzen. Man suggerierte, dass alle in Wohlstand leben könnten wie sie, müsste man nicht unter der Knute der Kommunisten leben. Man sagte das nicht so, sondern sprach und spricht von Freiheit und Demokratie, von Menschenrechten und Menschenwürde. Das verfängt durchaus, auch wenn später dieses »Heilsversprechen« nie eingelöst wird. Man frage die Araber in Libyen, in Syrien oder Afghanistan, erkundige sich in den Elendsquartieren von Santiago de Chile oder in den Bombenkellern im Osten der Ukraine ...

Die chinesische Führung war und ist sich der westlichen Einflussnahme bewusst, sie weiß um die Verlockungen des westlichen Konsums, der doch angeblich für alle Menschen gleichermaßen und uneingeschränkt zur Verfügung steht.

In den Anfangsjahren der Volksrepublik, als das Wohlstandsgefälle riesig war, wurden die Auslandsreisen von Chinesen stark limitiert, sie waren fast unmöglich. Es wird erzählt, dass Nixon meinte, bei Mao die Freizügigkeit für dessen Landsleuten einfordern zu müssen, worauf dieser mit der Gegenfrage reagierte: »Wie viele Millionen Chinesen sind die USA bereit aufzunehmen?«

Inzwischen reisen Millionen Chinesen in der kapitalistischen Welt umher, sie studieren und arbeiten dort, aber kehren mehrheitlich in ihre Heimat zurück. Sie kennen inzwischen das dortige System und wissen die Vorzüge des chinesischen zu schätzen. Aber Millionen und Abermillionen Chinesen, die noch nie aus dem Land kamen und die Welt nur aus dem Internet kennen, durchschauen die Demagogie und die Verlogenheit nicht.

Weil die chinesische Führung die psychischen Reaktionen der Massen und die verheerenden Folgen aus genügend Beispielen kennt, entschied sie sich dazu, schränkte sie den Zugang zum globalen Internet ein. Dass dies nicht die eleganteste Lösung darstellt, ist ihr bewusst. Ebenso, dass sie nur eine temporäre sein kann. Mit der »Great Firewall« in China verhält es sich wie mit der Mauer in Berlin. Als sie 1961 gebaut wurde, erklärte US-Präsident John F. Kennedy: »Keine sehr schöne Lösung, aber tausendmal besser als Krieg.«

Bis 2035 will China beim Wohlstand zu den mittleren westlichen Nationen aufgeschlossen haben. Es ist zu erwarten, dass spätestens dann auch der Zugang zum internationalen Internet über chinesische und amerikanische Provider wieder offen sein wird. Schon heute sind für alle in China tätigen ausländischen Firmen US-Plattformen über chinesische Provider ohne Einschränkungen zugänglich. China Telekom, China Unicom, aber auch Alibaba stellen entsprechende Server bereit. Auch chinesische Unternehmen, Universitäten und Institute haben diese Möglichkeiten, sind jedoch nach meiner Kenntnis angehalten, bestimmte Websites nicht zu öffnen.

Damit scheint die »Great Firewall« einzig und allein noch dem Zweck zu dienen, den unerwünschten westlichen Informationsfluss für den chinesischen »Normalbürger« aufzuhalten. Das ist nach westlichem Verständnis eine Einschränkung der Presse- und Meinungsfreiheit, wird aber offensichtlich im Interesse der Souveränität Chinas von der übergroßen Mehrheit der Chinesen toleriert.

Im Übrigen investierte Apple 1,1 Milliarden US-Dollar in der Provinz Guizhou, um dort auf einem 90 000-Quadratmeter-Gelände die Daten seiner chinesischen Nutzer zu lagern. Damit der US-Kozern seine in China gewonnenen Daten nicht amerikanischen Institutionen zur Verfügung stellt, wird dieser Cloud-Service von einem chinesischen Unternehmen gemanagt. Für Apple macht das die *Guizhou-Cloud Big Data Industry Co. Ltd.* (GCBD), ein Datenzentren-Entwickler und Betreiber, welcher der Provinzregierung untersteht.

Soziale Werte

Um die politischen Lösungen zu verstehen, die China in Bezug auf das Internet, auf die Entwicklung einer modernen Gesellschaft oder in Hinblick auf Tibet, Hongkong, Macao, Xinjiang, Taiwan und bei der Behandlung anderer Problemen wählt, habe ich mich mit den sogenannten Werten beschäftigt.

Der entscheidende und ursächliche Unterschied zwischen den chinesischen und westlichen Wertevorstellungen ist die Perspektive auf das Individuum und auf das Kollektiv.

In der chinesischen Gesellschaft hat das Kollektiv Priorität. Diese Vorrangstellung betont die Pflichten des Individuums gegenüber der Familie, der Gesellschaft und letztlich gegenüber dem Staat. Eine auf das Kollektiv fixierte Gesellschaft betrachtet das Zurücktreten individueller Interessen hinter die der Gesellschaft und zu deren Nutzen als eine selbstverständliche Tugend. Mit diesem Selbstverständnis werden selbst Maßnahmen des Staates, die die persönlichen Freiheiten und Rechte einschränken, akzeptiert. Im Interesse der *Harmonie der Gesellschaft* fügt sich das Individuum in das Kollektiv ein. Der Staat wird als Beschützer des Individuums verstanden – er garantiert die Sicherheit nach innen und außen, den Wohlstand und das Wohlergehen des Einzelnen wie aller anderen Menschen. Das nimmt »den Staat« in die Verantwortung und zwingt ihn täglich zu vernünftigem Handeln. Andernfalls verlöre der Staat seine Glaubwürdigkeit und damit seine Legitimation.

Das ist ein ganz anderes Gesellschafts- und Staatsverständnis, als es in den sogenannten westlichen Demokratien vorherrscht. Deren Menschenbild wird bestimmt von der Aufklärung, vom christlich-abendländischen Moralkodex. Die Renaissance rückte den einzelnen Menschen ins Zentrum, als Symbol gilt die Zeichnung des Italieners Leonardo da Vinci, die einen Mann mit ausgestreckten Extremitäten in einem Kreis und einem Quadrat zeigt. Das Individuum ist das wichtigste Organ der Demokratie – heißt es heute. »Die Würde des Menschen ist unantastbar. Sie zu achten und zu schützen ist Verpflichtung aller staatlichen Gewalt«, steht im deutschen Grundgesetz.

1994 stellte das *Center for Strategic and International Studies* in Washington eine Untersuchung vor über die Rangfolge von Werten in den USA – was für »westliche Werte« steht – und in Ostasien, was gleichbedeutend mit chinesische Werten ist.

Westliche Werte	Asiatische (chinesische) Werte
1. Meinungsfreiheit	1. Soziale Harmonie
2. Individuelle Rechte	2. Harmonie
3. Individuelle Freiheiten	3. Berechenbarkeit
4. Öffentliche Debatte	4. Offenheit für neue Ideen
5. Berechenbarkeit	5. Meinungsfreiheit

Diese Reihenfolge der Werte entspricht meinen Erfahrungen, die ich in beiden Systemen gemacht habe.

In einer Befragung in China 2011, veröffentlicht im *East Asian Barometer Surveys,* fand man heraus:

81,3 Prozent stimmen zu: im Interesse der Familie sollte man seine eigenen Ansprüche hintanstellen;

64 Prozent stimmten zu: bei Meinungsverschiedenheiten sollte man den Lösungsvorschlägen der Älteren folgen;

63,8 Prozent stimmten zu: bei Meinungsverschiedenheiten mit Nachbarn sollte man versuchen, dem Nachbarn entgegenzukommen;

59,6 Prozent stimmten zu: bei einer Meinungsverschiedenheit mit seinem Arbeitskollegen sollte man nicht auf der eigenen Meinung bestehen.

Auch diese Ergebnisse konnte ich aufgrund meiner Erfahrungen in der Tendenz bestätigen.

Das Verständnis von Demokratie unterscheidet sich vor diesem Hintergrund grundsätzlich von dem westlichen Demokratieverständnis. Das sind freie Wahlen, Gewaltenteilung, unabhängige Justiz sowie Medien- und Meinungsfreiheit.

Im politischen System der Volksrepublik bezieht sich Demokratie auf den demokratischen Zentralismus, bei dem die Kommunistische Partei Chinas (KPCh) als Regierungspartei die politischen Richtungsentscheidungen fällt und für deren zentral gesteuerte, schnelle Umsetzung sorgt. Durch Konsultationsmechanismen bezieht die KPCh Interessen verschiedener gesellschaftlicher Gruppen mit ein, die demokratische Legitimation leitet sich jedoch aus der Gewährleistung der Ordnung und dem Wohlstandszugewinn für alle ab.

Die Unterschiede bestehen auch im Verständnis der Menschenrechte. Sicherheit und politische Stabilität für das Volk und den Staat gelten in China als die höchsten und wichtigsten Grundrechte, wirtschaftliche und soziale Menschenrechte folgen ihnen nach bzw. sie fußen darauf. Bürgerliche und individuelle Freiheitsrechte stehen am Ende, sie sind dem Allgemeinwohl untergeordnet.

Dafür wird China von der westlichen Welt als autoritäres Regime verurteilt.

Ein Blick auf die verurteilten Strafgefangenen offenbart die Heuchelei, die mit diesem Verdikt verbunden ist.

In den USA befinden sich 0,65 Prozent der Bevölkerung in Haft. Bei einer Bevölkerung von 330 Millionen sind das 2 145 000 Millionen Gefangene.

Demgegenüber gibt es in China 1 554 000 Millionen Strafgefangene, was 0,111 Prozent der Bevölkerung sind.

Gemessen an diesen Relationen bedeutet dies, dass im Mutterland der Demokratie, den USA, sechs Mal so viele Staatsbürger einsitzen wie in Chinas Diktatur.

Diese Zahlen könnten unterschiedlich interpretiert werden.

Positiv im westlichem Sinne: Die Menschen in den USA haben mehr individuelle Freiheiten, wozu auch die Freiheit gehört, Gesetze zu brechen und kriminell zu werden. Das wird dann juristisch korrekt im Interesse des Staates, also der Allgemeinheit, nach festgelegten Regeln geahndet. Dafür kommt der Steuerzahler auf.

Die Chinesen können ihre Zahlen so erklären: Die Menschen in der Volksrepublik sind aufgrund ihrer traditionellen konfuzianischen, auf Kollektiv und Disziplin orientierten Lebenshaltung weniger kriminell veranlagt, und der Staat muss darum weniger autoritär und repressiv reagieren.

Ich interpretiere das so: Es gibt also eine Gesellschaft, wo die Interessen der Mehrheit Vorrang haben vor individuellen Interessen. Und es gibt eine Gesellschaft, wo der Einzelne seine Interessen gegen die Interessen anderer durchsetzen kann, wo also das Recht des Stärkeren sich durchsetzt gegen das Recht des Schwachen. Mir scheint, dass eine Gesellschaft, in der die Mehrheit das Primat hat, freier ist. Der Satz, dass die Freiheit des Einzelnen die Voraussetzung für die Freiheit aller ist, gilt auch in der Umkehrung.

Für die chinesische Regierung ist ein primäres Menschenrecht, alle Menschen mit Nahrung und Wohnung zu versorgen, also die Armut zu überwinden.

In den westlichen Ländern scheint das eine nachgeordnete Rolle zu spielen. Wichtiger als die Beseitigung der gesellschaftlichen Armut ist die Durchsetzung der individuellen Freiheit.

Aus diesem konträren Verständnis von individueller und kollektiver Freiheit resultieren viele Missverständnisse.

Markt, Plan und Eigentum

Als ausländischer Manager beobachtete ich gleich meinen Kollegen mit Neugier die Entwicklung der Organisations- und Eigentumsformen der chinesischen Wirtschaft. Meine tägliche Arbeit brachte mich mit unterschiedlichen Unternehmen in Berührung: staatliche und private Firmen sowie Unternehmen aus Europa, den USA, aus Hongkong und Taiwan.

Während die Manager der staatlichen chinesischen Unternehmen anfänglich meist nur gemeinsam auftraten, vorsichtig und mit Deckung durch ihre Vorgesetzten handelten, entwickelten sich mit den Jahren in privat geführten Gesellschaften und Joint Ventures richtige Unternehmertypen: selbstbewusst, entschlussfreudig, souverän. Aber auch die Manager etwa der staatlichen Eisenbahnverwaltungen, in den Häfen und großer Exportunternehmen agierten zunehmend flexibler und dynamischer.

Feste Arbeitszeiten spielten weder bei den staatlichen noch in privaten Firmen eine Rolle, auch an den Wochenenden waren die Manager bereit, sich mit mehr als hundert Prozent zu engagieren. Sie lernten von den ausländischen Managern und Unternehmen und ließen sich von deren Motivation anstecken: Man wollte sich im Markt durchsetzen, dabei gut verdienen und sich ein angenehmes Leben leisten. Die Vergangenheit, die auch mir vertraut war, schüttelten sie ab. Wer früher eigenmächtig handelte, lief damit Gefahr, Fehler zu machen, »oben« anzuecken, kritisiert zu werden. Wir nannten das: mit der Mistgabel in die Hochspannungsleitung kommen. Deshalb machte man nur das, was vorgeschrieben war. Lieber Mittelmaß als aufzufallen, positiv oder negativ. Der Plan war Gesetz, man konnte sich dahinter verstecken. Auch wenn er punktuell sich als Hemmnis erwies, wenn mehr drin war.

Von dieser Haltung befreiten sich die chinesischen Führungskader in der Wirtschaft allmählich. Der Plan diente zur Orientierung, wichtiger war »der Markt«.

Mitte der neunziger Jahre versuchte ich geschlossene Containerzüge, sogenannte Blockzüge, aufs Gleis zu bringen. Sie sollten von Harbin bis zur chinesisch-russischen Grenze fahren, dort würden sie auf russische Züge umgeladen und danach von Zabaikalsk nach Moskau gefahren werden. Die chinesischen Manager der Harbin-Eisenbahn zeigten sich begeistert. Während eines zwölfstündigen Meetings – mit vielen telefonischen Rücksprachen mit der übergeordneten Leitungsebene – klärten wir alle technischen Fragen. Die Kollegen in Harbin hofften, im Wettbewerb mit der Konkurrenz, die die kürzere Route über die Mongolei betrieb, einen Vorsprung durch die Zugbildung, also bei Masse und Qualität, zu gewinnen. Zwischen den einzelnen Eisenbahn-Direktionen lief inzwischen ein scharfer Wettbewerb, der sich auch in den Manager-Gehältern niederschlug.

Ich kam aus der DDR-Wirtschaft und verglich nun meine theoretischen und praktischen Kenntnisse mit der sich in China entwickelnden Wirtschaft. Schon in den späten fünfziger Jahren war in der DDR das Verhältnis von Plan und Markt diskutiert worden. Nicht wenige Ökonomen waren der Meinung, dass eine Staatliche Plankommission nicht zentral für die gesamte Volkswirtschaft alle Parameter vorgeben sollte, wie das in der Sowjetunion geschah. Man sollte es mit der Vorgabe von Hauptkennziffern bewenden und den Betrieben Spielraum für eigenständiges Wirtschaften lassen. Diese Überlegungen flossen in das Reformkonzept ein, das 1963 auf dem VI. SED-Parteitag unter dem Titel »Neues Ökonomisches System der Planung und Leitung« angenommen wurde. Es fußte auf der Überzeugung, dass der Sozialismus kein Intermezzo zwischen Kapitalismus und Kommunismus, sondern eine eigenständige und relativ lange bestehende Gesellschaftsformation sein würde. In dieser Zeit sollte sich nicht nur die sozialistische Ökonomie, sondern auch die sozialistische Demokratie entfalten, also die überkommenen Merkmale der kapitalistischen Ausbeutergesellschaft Schritt um Schritt überwinden. Das aber fand nicht die Zustimmung der Führungsmacht des Bündnisses, die ein Abweichen von ihrer Linie nicht akzeptierte. Auch deshalb wurde 1964 Chruschtschow – der seinem Kollegen Ulbricht in Berlin für diese Reform freie Hand gegeben hatte – von und durch Breshnew als Parteichef abgelöst. Die Reform wurde in der DDR sukzessive zurückgenommen, die Ökonomen als Revisionisten kaltgestellt, und am Ende musste auch ihr Initiator gehen. Es begann im europäischen Realsozialismus die Phase der Stagnation. Die Zitate der Klassiker flatterten weiterhin als Banner voran (etwa: »Die Arbeitsproduktivität ist in letzter Instanz das Allerwichtigste, das Ausschlaggebende für den Sieg der neuen Gesellschaftsordnung« – Lenin), doch sie blieben Phrase und wurden kein politisch-ökonomisches Programm.

Anders die Chinesen. Sie schrieben sich die Steigerung der Arbeitsproduktivität seit dem 3. Plenum im Dezember 1978 nicht nur auf die roten Fahnen, sondern machten sie zum Programm. Mit der von Deng Xiaoping angeschobenen Reform und der Öffnung der chinesischen Gesellschaft begann ein rasanter wirtschaftlicher Aufschwung, der binnen weniger Jahrzehnte China nächst den USA zur stärksten Wirtschaftsmacht der Welt machte. Der Ansatz war pragmatisch, nicht ideologisch. »Egal, wie die Katze aussieht, schwarz oder weiß, Hauptsache sie fängt Mäuse«, erklärte Deng und verordnete dem Milliardenvolk, tastend nach Steinen suchend den Fluss zu durchqueren.

Das bedeutete: raus aus den alten Gleisen, neue Wege gehen, von anderen lernen, ausprobieren und verwerfen, wenn es nicht funktioniert, und wiederum Neues versuchen.

Die Reformen wurden zuerst in den Dörfern getestet. Die Landwirtschaft war nach den Jahren des »Großen Sprungs« (1957 bis 1962), der »Kulturrevolution« (1966–1976) und den vielen Naturkatastrophen besonders schwer gezeichnet. Trotz immenser Anstrengungen bei der kollektiven Bewirtschaftung wurden die staatlichen Vorgaben nicht erreicht, und die Einkommen der Landbevölkerung blieben oft unter dem Existenzminimum. Die Bauern waren bisweilen so verzweifelt, dass sie es wagten, gegen Gesetze und Vorgaben zu verstoßen und harte Strafen in Kauf zu nehmen. Im Dorf Xiaogang nahe Nanjing in der Provinz Anhui teilten die Bauern das kollektive Land unter den Familien auf und bestellten es individuell. Wie schon Bauer Kraske im Buch von Erwin Strittmatter (»Tinko«) sagte: »Der Mensch kann viel, wenn er auf das Seine bedacht ist.«

Diese chinesischen Bauernfamilien waren nunmehr ganz anders motiviert und vermochten es, die Erträge um das Achtzehnfache zu steigern. Sie erfüllten die staatlichen Abgaben, konnten sich selbst ausreichend ernähren und obendrein auch auf dem freien Markt »freie Spitzen« verkaufen, wovon nun auch andere profitierten. Das Beispiel machte Schule und erreichte schließlich auch Peking. Deng begrüßte dieses Modell und empfahl es überall zur Anwendung. Unter drei Bedingungen:

Erstens: Grund und Boden bleiben Eigentum der Kommune.

Zweitens: Nutzungsrechte erhalten ausschließlich Familien.

Drittens: Die Gewinne werden erst nach Bedienung der staatlichen Abgaben privatisiert. Es gibt aber keine Obergrenze.

Achtzig Prozent der Chinesen lebten damals auf dem Lande und von der Landwirtschaft, die auf diese Weise nun gleichsam privatisiert wurde. Dadurch kam es zu einer enormen Steigerung der Lebensmittelproduktion. Diese wiederum war verbunden mit der Entstehung lokaler und regionaler Märkte, was zur Steigerung der Produktivität führte, die Arbeitskräfte freisetzte und sie andere Tätigkeiten ausüben ließ. Die Arbeitsteilung nahm zu.

Erste kommunale Produktionseinheiten entstanden in den Dörfern und Kleinstädten. Sie gehörten den Gemeinden und stellten Produkte des dörflichen Bedarfs her und vermarkteten die landwirtschaftlichen Erzeugnisse, was zunehmend auch für die angrenzenden Städte von Nutzen war. Die damit erzielten Erlöse verblieben in den Kommunen und sorgten für deren Wohlfahrt.

Diese marktorientierten öffentlichen Unternehmen unter der Aufsicht lokaler Regierungen, als *Township and Village Enterprises* (TVE) bezeichnet, wurden im März 1984 offiziell eingeführt. Sie wurden in den achtziger Jahren zum dynamischsten Teil der chinesischen Wirtschaft. 1985 gab es in ganz China bereits 12,5 Millionen TVEs. Die Beschäftigten in den TVEs stieg von 28 Millionen im Jahr 1978 auf einen Höchststand von 135 Millionen im Jahr 1996. Der Wert der Produktion stieg von 49 Milliarden Yuan im Jahr 1978 auf 1,8 Billionen im Jahr 1992.

Nicht nur die Lücken im staatlichen Angebot, die auf diese Weise gefüllt wurden, trugen zum wirtschaftlichen Erfolg der TVEs bei, sondern auch die Kredite des staatlichen Bankensystems. Später nahm die Konkurrenz untereinander zu, der Wettbewerb setzte ein, schließlich floss auch ausländisches Kapital in diesen Bereich der Wirtschaft, so dass sich ab Mitte der neunziger Jahre tiefgreifende Veränderungen vollzogen.

Das alles lief jedoch vernünftig ab, nicht schockartig. Viele der freigesetzten Arbeitskräfte wanderten in die entstehenden Wirtschaftszonen in den Küstenregionen. Es begann die Phase der Arbeitsmigration.

Ich erlebte die Flexibilität der TVEs in einem konkreten Falle. Damals, in den neunziger Jahren, wohnte ich in einem westlichen Außenbezirk Pekings unweit des Sommerpalastes und nutzte die ländliche Umgebung für meine Jogging-Ausflüge. Dabei entdeckte ich hinter einer schäbigen Mauer eine

Fabrik, die kunstvolle Vasen, Teller und Aschenbecher mit traditionellen chinesischen Motiven aus Emaille herstellte. Die Managerin, augenscheinlich eine ehemalige Feldarbeiterin, erklärte mir, sofort in der Lage zu sein, Teller und Vasen mit unserem Firmennamen als Werbeartikel herzustellen. Der geforderte Preis war im Vergleich zu anderen Werbeartikeln aus Deutschland geradezu lächerlich. Wenig Zeit später fand ich meine Vorlage mit Werbung für den Pekinger Tourismus auf den Pekinger Märkten. Wunderbar.

Das Management der TVEs befand sich ursprünglich in der kollektiven Hand der Dorfbewohner, zunehmend gewannen die gewählten oder eingesetzten Manager dort die Oberhand. Die weitere Privatisierung setzte sich im Zusammenhang mit der Dezentralisierung der staatlichen Administration durch. Diese Entwicklung führte zu ungerechtfertigten Privilegien, verbunden mit wachsender Korruption. Die Führung unter Jiang Zemin – Deng war 1997 verstorben – versuchte, die ungesunde Entwicklung dadurch zu stoppen, indem rund dreißig Prozent der TVEs gezielt in den Bankrott geführt, also liquidiert wurden. Andere Unternehmen wurden in staatliches Eigentum überführt und mussten sich nun gegenüber der privaten Wirtschaft behaupten.

Die Entwicklung hatte trotz der negativen Begleiterscheinungen bewiesen, dass kollektive Unternehmen, also gesellschaftliches Eigentum an den Produktionsmitteln, zur Entwicklung des Binnenmarktes und damit zum entstehenden Wohlstand maßgeblich beitrugen. Nach meinem Verständnis hatte sich hier etwas vollkommen Neues herausgebildet.

In all den Jahren konnte ich in den westlichen Medien lesen, dass sich dieses Modell nicht durchsetzen werde. Es passte nicht in das Raster der traditionellen bürgerlichen Ökonomie. Der damals prophezeite Zusammenbruch erfolgte jedoch nicht.

2017 wurden vom chinesischen Nationalen Statistischen Büro 27 Millionen private Firmen und 65 Millionen individuelle Unternehmen angegeben. Die privaten Unternehmen erbrachten 60 Prozent des Bruttoinlandsproduktes (BIP), 65 Prozent der angemeldeten Patente, 75 Prozent der technischen Innovationen und 80 Prozent der neuen Produkt-Entwicklungen. Dieser Bereich stellte 80 Prozent der städtischen Arbeitsplätze und 90 Prozent der neuen Jobs.

Der Anteil des ausländischen Kapitals an diesen Privatunternehmen nahm tendenziell ab.

Gegenwärtig finden wir in China fünf Formen von Eigentum an Produktionsmitteln. Es gibt staatliches und kollektives Eigentum – dieses findet sich vor allem in der Landwirtschaft und in den Kommunen. Ferner existiert es als privates Eigentum und als ausländisches Eigentum. Und schließlich in Form von Joint Ventures, in denen chinesisches und Kapital aus dem Ausland gebunden ist.

Was ich persönlich für erheblich halte, ist die Tatsache, dass in jeder Phase der Reform bis zum heutigen Tage spezielle pragmatische Methoden der Leitung auf lokaler, regionaler und staatlicher Ebene gefunden worden sind.

In den ersten Jahren, etwa bis 1990, boten die großen staatlichen Unternehmen – etwa in der Schwerindustrie – die sogenannte »Eiserne Reisschüssel« zur Grundversorgung der Bevölkerung. Da diese Unternehmen nicht profitabel waren, wurden sie reformiert, d. h. in Kapitalgesellschaften oder in öffentliche, an der Börse geführte Gesellschaften umgewandelt – teils geschrumpft oder mit anderen Firmen fusioniert mit der Absicht, Gewinn zu erwirtschaften. Bemerkenswert dabei war, dass kein staatseigener Betrieb *(State Owned Enterprise, SOE)* in ein privates Unternehmen umgewandelt wurde. Heute gibt es nur noch rund hundert große SOEs, die einer Staatlichen Kommission für Vermögensaufsicht und -verwaltung des Staatsrates unterstehen *(State-owned Assets Supervision and Administration Commission of the State Council, SASAC, vergleichbar einem Ministerium)*.

Von den durch die SASAC verwalteten Unternehmen sind 83 auf der Liste der 500 weltgrößten Unternehmen genannt. Fast ausschließlich sind die Unternehmen in Sektoren der

Grundversorgung der Gesellschaft tätig: Infrastruktur, Telekommunikation, Energieversorgung, Finanz- und Versicherungswesen, Gesundheitswesen und Pharmazie.

Die Reform der Staatsunternehmen war ein wesentlicher Schritt nicht nur zur Transformation der chinesischen Volkswirtschaft – sie sorgte auch für das entscheidende Wachstum. Es führte zu einem Schub bei der Steigerung der Produktivität nicht zuletzt durch eine Verbesserung des Managements. Die Leitungen der Unternehmen konnten weitgehend selbstständig operieren, es gab kaum Eingriffe von außen. Der Staat hielt sich von operativen Entscheidungen fern, seine einzige Funktion bestand in der Verwaltung des investierten Staatskapitals in den strategisch wichtigen Sektoren.

Die nach 2013 begonnenen Reformen steuerten private Kapitalbeteiligungen an staatlichen Unternehmen, Börsengänge, Veräußerungen von ineffektiven Einheiten sowie Transfusionen und strenge Auflagen beim Umweltschutz.

In Verbindung mit den Maßnahmen gegen die Korruption wurden auch einheitliche Richtlinien für die Besetzung von Führungsposten festgelegt. Vor allem achtete man auf die Auswahl unabhängiger und moralisch unangreifbarer Direktoren. Diese Richtlinien sollten und sollen eine Verselbstständigung und Herausbildung von »Seilschaften« im Management verhindern, kurz: Es wird damit die Bildung einer »staatskapitalistischen Oberschicht« entgegengewirkt.

Chinesische Ökonomen vertreten die Auffassung, dass die Aufgabe der staatlichen Unternehmen nicht in erster Linie darin bestehe, maximale Profite zu erwirtschaften. Sie besteht vielmehr darin, die ökonomische wie politische Stabilität des Staates zu sichern, indem sie die Grundversorgung der Gesellschaft garantieren. Deshalb betrachten sie diese Unternehmen als Rückgrat der sozialistischen Wirtschaft.

Der Unterschied dieses Herangehens – im Vergleich zur neoliberalen oder privatkapitalistischen Politik wie in Deutschland – wird offensichtlich, wenn man beispielsweise die Versorgung des Landes mit modernen Telekommunikationsnetzen (G4 oder G5) betrachtet. In China bestehen selbst in den entlegensten Regionen Kommunikationsmöglichkeiten per Telefon und Internet. Ob man sich in der Mitte der Wüste Taklamakan oder in der Wüste Gobi befindet oder hoch im Gebirge in der Provinz Sichuan – egal, man hat Internetzugang und kann ihn zur täglichen Kommunikation nutzen. Die Relaisstationen werden nicht nach wirtschaftlichen Gesichtspunkten, sondern zur flächendeckenden Versorgung und Sicherheit der Bevölkerung errichtet. Das erlaubt es selbst Kleinunternehmern in abgelegenen Dörfern, zu produzieren und mit ihren Erzeugnissen zu handeln.

In Deutschland haben noch immer fünf Prozent aller Unternehmen keinen Internetzugang.

Das gleiche Motiv bestimmt den Straßenbau in China. Vom Autobahnnetz ausgehend wird das Straßennetz zur Erschließung des ländlichen Raumes vorangetrieben.

Selbst in den kleinsten Siedlungen im Gebirge gibt es elektrischen Strom. Zur Sicherung dieser vorsorgenden Infrastruktur sind unprofitable Investitionen erforderlich, die unter Umständen die handelnden Unternehmen in die Verlustzone führen. In solchen Fällen tilgt der Staat die Schulden und deckt die Verluste etwa durch Subventionen.

Das Wirtschaftsjournal *Fortune,* das vierzehntägig seit 1930 erscheint und nach *Forbes* das zweitälteste Ökonomiemagazin der USA ist, veröffentlich in jedem Jahr eine Liste der 500 umsatzstärksten Unternehmen der Welt. 2020 waren dort erstmals mehr chinesische (124) als US-amerikanische (121) Gesellschaften aufgeführt.

In all den chinesischen Unternehmen von einer bestimmten Größe an aufwärts sind Parteigremien integriert, die neben der Durchsetzung der staatlichen Vorgaben auch als Arbeitnehmer-Vertretung fungieren und auf die Einhaltung des Arbeitsrechts achten. Staats- und Parteichef Xi Jinping besuchte im Oktober 2020 Shenzhen und wiederholte dort die Forderung, dass die KPCh die Führung *(leading and guiding)* auf allen Ebenen in der privaten Wirtschaft beibehalten solle, um die Politik und die Direktiven der Partei umzusetzen.

Dennoch ist die Frage zu diskutieren, welches Wirtschaftssystem in der Volksrepublik dominiert, wie lässt es sich bezeichnen? Ist das Staatskapitalismus oder Staatssozialismus? Ist es noch Sozialismus oder schon Kapitalismus? Oder ist der »Sozialismus chinesischer Prägung« ein Hybrid?

Wie ich aus der Reflexion in westlichen Medien erkennen konnte, sprechen viele Ökonomen und Politiker vom Wiederentstehen des Kapitalismus in China, wobei wohl mehr der Wunsch der Vater ihres Urteils ist. Sie hegen ganz offenkundig die Hoffnung, dass nach dem Prinzip »Wandel durch Handel« sich letztlich das kapitalistische Wirtschaftsmodell auch in China durchsetzen werde.

Die Bedeutung der Privatunternehmen (POE) und ihrer Eigentümer wird nach meiner Überzeugung überbewertet. Auch ist der Markt, den sie kennen, nicht der Markt in China. Dort gelten ganz andere Regeln.

Die staatliche Kontrolle des Marktes war und ist der Frage unterworfen, wem der Markt dient: dem Profit oder der Erhöhung des Wohlstandes? Wer kontrolliert den Markt: das Kapital / der Profit oder die Politik?

China hat sich dafür entschieden, dass die Politik den Markt im Interesse der Erhöhung des Wohlstandes kontrolliert. Diese Politik führte zwangsläufig zu Verwerfungen, damit auch zu sozialen Spannungen, die nach den praktischen Prinzipien von Versuch und Irrtum gelöst und korrigiert wurden. Erwies sich etwas als falsch oder unwirksam, wurde ein neuer Versuch gestartet.

Von Staatskapitalismus oder Staatsmonopolismus sprechen diejenigen Ökonomen und Politiker, die ebenfalls vom alleinigen Gewinner Kapitalismus in der Geschichte ausgehen, dem chinesischen allenfalls eine Sonderform zugestehen, nämlich einem Kapitalismus der von einer sich verselbständigten Schicht (oder Klasse) staatlicher Kader kontrolliert wird.

Die chinesische Wirtschaft ist meines Erachtens nicht staatskapitalistisch, da die staatlichen Wirtschaftskader nicht nach kapitalistischen Motiven, nämlich dem der Profitmaximierung, handeln, sondern – entsprechend den staatlichen Vorgaben – im Interesse aller handeln müssen. Das gilt um so mehr seit der intensiven Kampagne gegen die Korruption, die insbesondere auf Kader der SOE zielte. Man kann also nicht von einer sich verselbständigenden Schicht oder Klasse der Wirtschaftskader sprechen.

Andere Ökonomen gebrauchen den Begriff »Staatssozialismus«. Dabei wird ebenfalls die Rolle der POE überbewertet, aber angenommen, dass die Planwirtschaft dominiere – nicht der Markt.

Andere wiederum sprechen von einer sozialistischen, gar kommunistischen zentralgeleiteten Planwirtschaft.

Aufgrund meiner Erfahrungen auf dem chinesischen Markt, nach meinen unzähligen Geschäftsgesprächen und -kontakten mit Wirtschaftsleuten aus Unternehmen mit allen in China existierenden Eigentumsformen kann ich sagen: Die chinesische Wirtschaft ist weder eine kapitalistische noch eine sozialistische, wie wir sie praktiziert haben. Sie ist eine sozialistische mit chinesischem Charakter, ein Hybrid.

Dass sie »nichtkapitalistisch« ist, steht in der Verfassung. Sie schließt Privateigentum an Grund und Boden aus. In Artikel 6 heißt es: »Die Grundlage des sozialistischen Wirtschaftssystems der Volksrepublik China ist das sozialistische Gemeineigentum an den Produktionsmitteln, das heißt das Volkseigentum und das Kollektiveigentum der werktätigen Massen. Mit dem sozialistischen Gemeineigentum wird das System der Ausbeutung von Menschen durch Menschen abgeschafft, und es wird das Prinzip ›Jeder nach seiner Fähigkeit, jedem nach seiner Arbeitsleistung‹ praktiziert. Im Anfangsstadium des Sozialismus hält das Land an einem grundlegenden Wirtschaftssystem fest, in dem das Gemeineigentum dominiert, sich aber verschiedene Eigentumsformen nebeneinander entwickeln, und es hält an einem Verteilungssystem fest, in dem die Verteilung nach Arbeitsleistung dominiert, aber verschiedene Verteilungsmethoden nebeneinander existieren.«

Und in Artikel 7 der chinesischen Verfassung steht: »Die staatseigene Wirtschaft, das ist die sozialistische Wirtschaft unter Volkseigentum, ist die dominierende Kraft in der Volkswirtschaft. Der Staat gewährleistet die Konsolidierung und Entwicklung der staatlichen Wirtschaft.«

2004 wurden bei der Verfassungsreform in Artikel 13 der Schutz des privaten Eigentums und die Vermögensrechte aufgenommen.

In der chinesischen Wirtschaft herrscht das Wertgesetz mit all seinen Erscheinungsformen von Angebot und Nachfrage sowie Kosten- und Preisbildung, welche aber durch staatliche Eingriffe einhegt werden. Hier kommen die langfristigen Strategien, die Fünfjahrpläne, umgesetzt durch die Ministerien auf die Industriezweige, zum Tragen. Diese werden mit entsprechenden Verordnungen und Regeln, mit Steuern und monetären Stimuli durchgesetzt. Die einzelnen Unternehmen, ob POE oder SOE, bewegen sich frei auf dem Markt – der Staat hält sich aus dem Spiel der Marktkategorien heraus. Insofern kann man vom Markt nicht mehr als vom alleinigen Regulator sprechen, sondern mehr von einer normativen Feststellung als Grundlage zur Einflussnahme.

Die Einordnung der Interessenkonflikte, die der Staat zwischen staatlicher Wirtschaftssteuerung bei gleichzeitiger Förderung der privatkapitalistischen Akkumulation vornimmt, erfolgt im Interesse der Erhöhung des Wohlstandes der gesamten Gesellschaft. Die marktwirtschaftliche Entwicklung ist darauf ausgerichtet, die Nachfrage bedienende Erzeugung eines Angebotes zur Befriedigung der Lebensbedürfnisse der breiten Mehrheit der Bevölkerung zu erfüllen. Der erzeugte Mehrwert wird – ebenfalls im Interesse der Befriedigung der breiten Mehrheit der Bevölkerung – gesellschaftlich umverteilt. Das erfolgt durch die Steuergesetzgebung, durch die Stützung der SOE im daseinsvorsorgenden Sektor als auch durch das staatliche Sozial-, Gesundheits- und Rentensystem.

Auf dem XV. Parteitag der KPCh 1997 wurde ausdrücklich die Verteilung des gesellschaftlichen Mehrprodukts nach Arbeitsleistung und Kapitalverwertung bestätigt. Zehn Jahre später, auf dem XVII. Parteitag, wurde das heute geltende System initiiert: die Primärverteilung auf dem Markt und die Sekundärverteilung in Form der Sicherung der Daseinsvorsorge: öffentliche Dienstleistungen, Sozialversicherungen und als Steuertransfers.

Das Mehrprodukt, der Gewinn der staatlichen Unternehmen, wird direkt, und der Gewinn der Privatwirtschaft zunehmend über das staatliche Besteuerungssystem zur Erhöhung des Wohlstandes eingesetzt. Offensichtlicher Beweis dafür ist die Überwindung der Armut.

Konkret konnte ich solche Veränderungen an den Preisen im öffentlichen Nahverkehr bemerken. Trotz erheblicher Kostensteigerungen wurden die Tarife nicht oder nur minimal erhöht. Die Telekommunikations-Gebühren und damit verbundene Leistungen werden ebenfalls subventioniert.

Die Kranken- und die Rentenversicherung wurde für alle registrierten Einwohner verpflichtend eingeführt. Das landesweite, umfassende Sozialversicherungssystem erhöhte die durchschnittliche Lebenserwartung von 45 Jahren (1949) auf aktuell 75 Jahre.

Was war das Erfolgsrezept?

Neben der Erhöhung der Produktivität in der Landwirtschaft löste der Ausbau der umfassenden Infrastruktur – Straße, Bahn, Wasser, Energie und Kommunikation, Wohnungsbau, die wirtschaftliche Erschließung des Landes – einen unmittelbaren Sog des Zuzugs in die Städte aus. Es setzte eine beschleunigte Urbanisierung ein. Land stand vor der

Erschließung zu niedrigen Preisen zur Verfügung. Weder städtischer Grund und Boden noch das landwirtschaftlich genutzte Land konnten jedoch käuflich erworben werden. Lediglich Nutzungsrechte konnten gekauft, also privatisiert werden. Vorherigen Nutzern wurden Kompensationen gezahlt.

Mit der Urbanisierung stiegen allerdings die Nutzungspreise rapide, die von den Investoren durch den Verkauf der Nutzungsrechte erzielt wurden und ihnen die Rückzahlung der Kredite ermöglichten, mit denen sie zuvor diese erst erworben hatten. Die Preise stiegen innerhalb kürzester Zeit um das Zehnfache. Diese hohen Gewinne, frei verfügbares Kapital, floss in neue Infrastruktur- und Industrieprojekte, aber leider zum Teil auch in unsinnige, überzogene Projekte sowohl im In- wie im Ausland.

Diese privaten, halbstaatlichen und staatlichen Investoren entwickelten sich zu großen, zum Teil landesweit tätigen Unternehmen für Straßen- und Eisenbahnbau, für Wohnungs- und Industriebau, Hafen- und Flughafenbau, für Energie- und Kommunikationsprojekte usw. Diese Unternehmen sowie akkumulierte Fonds waren bereit zur Übernahme auch internationaler Projekte im Rahmen der Go Out-Politik (mit der seit 1999 chinesische Investitionen im Ausland, auch in Übersee, ermuntert wurden) und später mit dem Projekt der Neuen Seidenstraße.

Das Prinzip des Ausbaus der Infrastruktur auf staatseigenem Land, verbunden mit dem Handel der im Wert steigenden Nutzungsrechte, bei schneller Urbanisierung und steigenden Nutzungspreisen, bewährte sich als Finanzierungsmodell landesweit. Die westliche Fachliteratur spricht von *Local Government Financing Vehicles* (LGFV). So wurden in Rekordzeit neue Städte, Eisenbahnlinien, Autobahnen, Häfen, Airports und vor allem Industriezonen errichtet.

Mit der Urbanisierung entstanden neue Industrien – vor allem Leichtindustrie – mit neuen Arbeitsplätzen, was wiederum ermöglichte, die arme Landbevölkerung in Städte umzusiedeln.

Natürlich verlief der Prozess der Finanzierung, der Übertragung der Nutzungsrechte und der Urbanisierung nicht
reibungslos, bedeutete er doch eine völlige Umstrukturierung der chinesischen Gesellschaft. Er verstärkte zudem die
ohnehin verbreitete Korruption, verursachte eine ungleiche
Verteilung des »Reichtums« und ließ Millionäre, ja sogar Mil-
liardäre zu. Dieser Entwicklung wurde schon früh entgegenzusteuern versucht, aber erst durch die von der KP Chinas
und Xi Jinping initiierte Antikorruptions-Kampagne gab es
dabei auch Erfolge.

In den westlichen Medien wurden Horror-Meldungen
über leerstehende Städte in China verbreitet. Aber wenn
man heute mit den Hochgeschwindigkeitszügen, etwa von
Shanghai nach Peking, fährt (1200 Kilometer in viereinhalb
Stunden), dann sieht man rechts und links auf flachem Land
Städte, die vielleicht vor wenigen Jahren wie unbewohnte
Geisterstädte anmuteten, jetzt brummt dort das Leben.

Die Urbanisierung, Gradmesser für eine Industriegesellschaft, ist von 2007 mit 45 Prozent bis 2017 auf 58 Prozent
gewachsen und soll weiter auf 80 ansteigen. Vier Fünftel der
chinesischen Bevölkerung werden dann in Städten wohnen.

Ein zivilisatorischer Staat

In der chinesischen Literatur gibt es Aussagen über das kai-
serliche China zu lesen, das als ein zivilisatorischer Staat
beschrieben wird. Der sich nicht durch eine Religion, eine
Nation, nicht durch Landesgrenzen und eine Armee, sondern durch eine unterscheidbare, sich abgrenzende Kultur
gebildet habe. Gemeinsam waren den dort lebenden Menschen die Produktionsmethoden, die kulturellen Gewohn-
heiten, eine Schriftsprache, das Verständnis vom Universum
und dem Lauf der Welt.

Bei den ostasiatischen Völkern herrschte die »asiatische
Produktionsweise« vor: Der Anbau von Reis als dem Haupt-

nahrungsmittel bedurfte einer gut geplanten, entwickelten Bewässerung der Felder, was nach einer gemeinsamen Bewirtschaftung verlangte. Die Familien arbeiteten in Dorfgemeinschaften zusammen. Wie jeder Ackerbau erforderte der Reisanbau Wissen: über die Pflanze, das Wetter, die Bewässerung. Diese Erfahrungen wurden über Generationen erworben und weitergegeben. Das führte zwangsläufig dazu, dass den Alten, die das meiste Wissen akkumuliert hatten, traditionell Achtung und Respekt entgegengebracht wurden.

Vor etwa 2200 Jahren wurde die Qin-Dynastie begründet. Kaiser Qin Shi Huang Di (259–210 v. u. Z.) sah das von ihm beherrschte Territorium als »Reich der Mitte«. Als Ying Zheng bestieg er im Alter von dreizehn Jahren den Thron des verstorbenen Vaters. Ab 230 v. u. Z. unterwarf er in mehreren Feldzügen alle verfeindeten »Staaten« und führte somit die Vereinigung Chinas herbei, zu dessen erstem Kaiser er sich unter dem Namen Qin Shi Huang Di ernannte. Zusammen mit einem Kanzler baute er einen Beamtenstaat auf, der ihm eine vollständige Kontrolle des Reiches ermöglichte. Die zahlreichen von ihm eingeführten Reformen und Normenregulierungen waren mit Zwangsarbeit und rücksichtsloser Gewaltherrschaft verbunden, die Millionen seiner Untertanen das Leben kosteten. Aus diesem Grunde ist sein Ansehen in der Volksrepublik China nach wie vor äußerst umstritten.

Er ließ sich »Erster erhabener Gottkaiser von Qin« nennen, sein Anspruch wurde durch die Verhaltenslehre von Konfuzius gestützt. Konfuzius (551–479 v. u. Z.) prägte den ganzen Kulturkreis, seine Lehre gilt als ein wichtiges Element zur Herausbildung der chinesischen Kultur, des zivilisatorischen Staates und eines lang anhaltenden meritokratischen, also leistungsorientierten Regierungssystems. Die gemeinsame Schriftsprache, auch über zweitausend Jahre alt, ermöglichte eine zentrale Regierungsform und einigte die Landesteile.

Eines der wesentlichsten Elemente dieser Zivilisation war die Säkularität des Staates, also die Trennung von Verwaltung und Religion. Chinesische Historiker sehen darin die Ursache für das kontinuierliche Bestehen Chinas über mindestens zweitausend Jahre. Diese Regierungsform erwies sich als erfolgreich, da nur die Befähigten Entscheidungsbefugnisse erlangten, sie nicht in religiöse Konflikte hineingezogen wurden oder für diese oder für jene Glaubenslehre Partei ergreifen mussten. Sie verstanden sich als Sachwalter eines himmlischen Mandats, beauftragt, durch Harmonisierung die Gesellschaft zu erhalten und zu entwickeln.

Gewiss war die chinesische Gesellschaft nicht atheistisch, Religionen bestimmten nicht nur das private, sondern auch das öffentliche Leben. Aber es handelte sich beim Buddhismus oder dem Daoismus um »domestizierte« Religionen, die die bestehende staatliche Ordnung akzeptierten. Die Kaiser besuchten den Himmelstempel nicht, weil sie an einen Gott oder an Götter glaubten, sondern weil sie überlieferten Traditionen und Riten folgten.

Ich traf in buddhistischen und daoistischen Tempeln immer wieder betende Menschen mit Weihrauch-Stäbchen und meinte, dass sie gläubig seien. Nach wiederholten, sehr vorsichtigen Fragen wurde mir gesagt, dass man das schon seit tausenden Jahren so mache. Es könne ja nicht schaden, und vielleicht erfüllten sich doch die Wünsche und die Oma lebt länger oder man wird von einer Krankheit geheilt. Also von religiöser Gläubigkeit keine Spur.

Es geht um Tradition und Riten auch auf den Friedhöfen. Am Tomb-Sweeping-Day, vergleichbar unserem Totensonntag im November, suchen seit zweieinhalbtausend Jahren chinesische Familien fünfzehn Tage nach Frühlingsbeginn die Gräber ihrer Vorfahren auf und bringen ihnen Opfer: das reicht von Gerichten bis zum Verbrennen von Geldscheinen. Kaum ein Chinese betet zu den Ahnen, aber fast alle halten an den Qingming-Ritualen fest.

Der Sinologe Hubert Seifert äußerte sich 2013 zur »Säkularität des konfuzianischen Staates« und meinte, dass der Konfuzianismus Ausdruck einer gesellschaftlichen Ordnung ist, die dem Staat voraus geht. Damit waren einem möglichen Totalitätsanspruch des Staates Grenzen gesetzt, denn auch die Repräsentanten des Staates waren in ihrem Handeln moralischen Normen unterworfen, deren Verletzung ihrer Herrschaft die Legitimität entzog. Das gilt wohl noch immer.

Ich hatte anfänglich vermutet, dass die kulturellen Unterschiede zwischen den Chinesen und uns Westlern doch nicht so groß seien. Damit lag ich aber falsch, weil ich die sozialen Werte ignoriert hatte. Seit über dreitausend Jahren wird die chinesische Denkweise durch den kosmopolitischen Begriff *tianxia* bestimmt: Alles unter dem Himmel gehört allen. Diese Haltung betont die zivilisatorische Harmonie der verschiedenen Völker und Volksgruppen und deren Zusammenhalt. Sie einte nicht nur die Volksgruppen in China, sondern prägte auch das Denken und Fühlen ihrer Nachbarn im Norden wie im Süden, im Osten wie im Westen. Diese anerkannten mehr oder weniger die Oberhoheit der zivilisatorischen Kraft des Zentrums im Reich der Mitte, sie waren damit weder abhängig noch unterdrückt, sie waren mit dem Reich der Mitte *unter einem Himmel.*

Erst mit dem Einfall kolonialer christlicher Mächte endete diese Jahrtausende währende säkulare friedliche Periode. Zu keiner Zeit hatte China ideologisch oder militärisch bei seinen Nachbarn interveniert, deren »Tribut« beschränkte sich auf zeremonielle Handlungen bei kaiserlichen Audienzen, etwa dem Kotau, bei dem der Grüßende dreimal vor dem Thron mit seiner Stirn den Boden berührte. (Nach der Revolution von 1912 und der Ausrufung der Republik China durch Sun Yat-sen wurde der Kotau offiziell abgeschafft.) Gewalttätige Auseinandersetzungen hatte das Reich der Mitte allenfalls gegen Kräfte geführt, die das Reich bedrohten – gegen Separatisten und gegen Eindringlinge von außen. Nie hatte es eine Aggression gegen Nachbarn gegeben.

Wiederholt besuchte Admiral Zheng He (1371–1435) mit seiner Hochseeflotte Länder Südostasiens, welche er mit seiner militärischen Ausrüstung leicht hätte kolonialisieren können. China war aber mehr am Handel denn an Okkupation interessiert, Admiral He schloss Handels- und Tribut-Verträge.

Alle militärischen Aktivitäten konzentrierten sich ausschließlich auf die Verteidigung, was am anschaulichsten durch den Bau der über 21 000 Kilometer langen chinesischen Mauer unterstrichen wurde. Mit deren Errichtung war im 7. Jahrhundert vor unser Zeit begonnen worden. Der zivilisatorische Staat benötigte keine Söldner und keine Armee wie die Staaten Europas, besaß trotz seiner Größe und wirtschaftlichen Macht keine Kriegsmaschinerie. Das war eine Ursache, weshalb China auch die industrielle Revolution »verpasste«: Rüstung war ein innovatives Element, spornte den europäischen Geist bei der Entwicklung von Mordwerkzeugen an. Zwar hatten die Chinesen das Schwarzpulver entdeckt, das sie jedoch vornehmlich für rituelle Zwecke zu Ehren von Verstorbenen einsetzten. In Europa hingegen wurde das »Donnerkraut« seit dem 14. Jahrhundert für Feuerwaffen verwandt und diese Tötungsinstrumente immer weiter entwickelt. Bis die Europäer mit Feuer und Schwert auch in China einfielen. »Möge der Name Deutscher in China auf tausend Jahre durch euch in einer Weise bestätigt werden, dass niemals wieder ein Chinese es wagt, einen Deutschen auch nur scheel anzusehen«, hatte der deutsche Kaiser Wilhelm II. vor Soldaten erklärt, die er im Sommer 1900 in Bremerhaven nach China verabschiedete. Als »Hunnenrede« ging dieser nationalistische Ausfall in die Geschichte ein.

Das »zivilisatorische Staatsgefüge« hat über zweitausend Jahre gut funktioniert. Unter dem Einfluss des Westens, beginnend mit den Opium-Kriegen im 19. Jahrhundert, veränderte sich China. Aus dem »zivilisatorischen Staat« wurde ein feudalkapitalistischer Nationalstaat, dessen Bewohner von konfuzianischem Denken durchdrungen waren. Traditionelle Werte wie Harmonie, Berechenbarkeit, Offenheit pflanzten sich fort, waren gleichsam in den genetischen Code eingegangen.

Auch das heutige China ist geprägt von den traditionellen konfuzianischen Werten, womit es sich grundsätzlich von den christlich-abendländischen Werten Europas oder der USA unterscheidet. Aus der westlichen Sicht ist die chinesische Gesellschaft nicht zu verstehen. Bei ihrer Beurteilung muss man andere als die europäischen Maßstäbe anlegen. Wenn die Besonderheiten der kulturellen Entwicklung Chinas ignoriert werden, versteht man das Land und seine Menschen nicht.

Die westliche Welt geht wie selbstverständlich davon aus, dass die übrige Welt, China inklusive, ihr Gesellschaftsmodell übernimmt. Übernehmen muss. Wer sich widersetzt, wird überzeugt. Missioniert wie damals, als schon einmal die Welt in Kolonien und Einflussgebiete aufgeteilt wurde. Die christlich-demokratische Toleranz hat Grenzen: Sie endet mit dem eigenen Horizont.

Einmal organisierte ich in der Mongolei die Beladung eines russischen Großraumflugzeuges mit Textilien für die USA, es gab die üblichen Probleme. Die Fabrik wurde gemanagt von Mongolen, die Beladung von in der Mongolei tätigen malayischen Logistik-Managern der Textilfabrik, und die Aircraft-Crew bestand aus Russen. Ich verzweifelte in den Verhandlungen mit den Logistik-Managern aus Malaysia, da es Differenzen hinsichtlich des Zeitplanes, der Art und Weise des Stauens und dergleichen mehr gab. Ich entschloss mich, einen meiner chinesischen Manager nach Ulan-Bator einzufliegen. Dieser führte ein einstündiges Gespräch mit den Logistik-Managern – und die Probleme waren gelöst. Auf meine Frage, wie er das erreicht habe, antwortete er: »Ich nutzte die konfuzianischen Weisheiten der menschlichen Beziehungen. Ich habe versucht, das Gleichgewicht zwischen uns und dem Gegenüber herzustellen.«

Ich profitierte auch noch auf andere Weise von den Lehren des Konfuzius. Für meine Mitarbeiter war ich »Laobai«, der »alte Behrens«. Und das, obwohl ich erst um die Fünfzig war. Und je älter ich wurde, desto respektvoller wurde ich behandelt.

Auch in den chinesischen Familien konnte ich das beobachten. Der Großvater hatte immer Recht. Oft wunderte ich mich, dass alle Familienmitglieder den Hinweisen der älteren Generation folgten, obwohl diese die modernen Probleme gar nicht mehr verstanden.

Eine meritokratische Regierungsform

Der Begriff »Meritokratie« wurde 1958 vom britischen Soziologen Michael Young in seiner Satire »Rise of the Meritocracy« kreiert. Young benannte damit eine künftige Gesellschaft, in der die gesellschaftliche Stellung eines Individuums ausschließlich durch dessen Intelligenz und seinen Einsatz für die Allgemeinheit bestimmt werde. So entwickelte sich sukzessive eine elitären Gesellschaft, deren Anführer (»Verdienstadel«) sich über die Masse erheben würden und nur noch gewaltsam beseitigt werden könnten. Diese Leistungsdiktatur würden die Schwachen aussortieren, den gesellschaftlichen Zusammenhalt zerstören und damit am Ende die gesamte Gesellschaft selbst. Sie wäre ein Gegenentwurf zur vermeintlich egalitären Demokratie, in der alle Menschen gleich seien und darum auch »führen« könnten. Eine schöne Theorie, wie wir wissen, diese Idee einer Gesellschaft, wie sie in der griechisch-römischen Antike entwickelt worden ist.

Die bürgerliche Demokratie, das politische System des Westens, ist seit Jahren in der Krise. Der Informationsimperialismus hat die gute, vernünftige Idee, wie man menschliches Miteinander organisieren kann, nachhaltig und vermutlich irreparabel zerstört. Sie aber ist auch nur die ideologische Verschleierung des Strebens nach ökonomischer Weltherrschaft. Der Kampf zwischen »Demokratie« und »Diktatur« produziert lediglich den propagandistischen Nebel für diese permanente Aggression in Wort und Tat. Die vermeintlich »offene«, also die »demokratische« Gesellschaft, ist heute nur noch Schimäre. Die tatsächliche Macht im kapitalistischen Staat wird nicht vom »Souverän«, dem Volk, ausgeübt, auch nicht von den Parlamentariern, die allein die Parteien nominieren und für die dann das Wahlvolk votiert (oder eben nicht). Die eigentliche Macht im Staate geht von den Zentralen der meist global agierenden Konzerne und Banken aus, die nationalen Regierungen handeln als Sachwalter, sie sind den Sachzwängen ausgeliefert und unterworfen, die andere produzieren. Hinzu kommen noch Natur- und andere Katastrophen, Umwelt- und medizinische Aspekte wie etwa die gegenwärtige Pandemie.

Zum einen sind Parlamentarier und Regierende aufgrund dieser Umstände permanent überfordert, sie sind Getriebene. Zum anderen verhindert das Parteigetriebe, dass profilierte, unangepasste Köpfe bis nach »oben« kommen. Die Angepassten, die Opportunisten, die Mittelmäßigen haben größere Chancen auf Aufstieg, weil sie nicht anecken. Hinzu kommt, dass Posten etwa in Aufsichtsräten und Gremien nicht nach Qualifikation, sondern nach Parteibuch und nach Proporz vergeben werden.

All das zusammen und noch manches andere lassen nicht nur die Legitimation des politischen Personals schwinden, es schwinden auch das Vertrauen und die Glaubwürdigkeit in die Institutionen des bürgerlich-demokratischen Staates.

Wohl vor diesem Hintergrund entstand die Idee einer »Meritokratie«, dass also Intelligenz, will heißen Talent und Geist, eine hinlängliche wie beste Qualifikation für die höchsten Ämter im Staate seien.

Wenn man will, kann man aus den Schriften von Konfuzius meritokratische Ideen herauslesen, etwa wenn er meint, dass der »Blutadel« besser durch »Junzi« ersetzt werden sollte, also durch »edle« Menschen, die über eine hohe Moral verfügen, welche sie erworben haben. Nicht der Ort der Geburt und die hohe Stellung der Familie sollten über die Funktion in der Gesellschaft entscheiden. Jeder rechtschaffene Mann, jede respektable Person, die nach Harmonie strebt, kann »Junzi« sein. Die menschlichen Qualitäten, und nur diese befähigen zu höchsten Ämtern, sind hinreichende Voraussetzungen. »Ein Junzi kann mit Armut leben; ein Junzi macht mehr und spricht weniger. Ein Junzi ist loyal, gehorsam und kenntnisreich. Ein Junzi diszipliniert sich selbst«, schrieb Zhu Xi, ein konfuzianischer Gelehrter im 12. Jahrhundert.

Lange Zeit musste im Reich der Mitte jeder, der Beamter werden wollte – was eine Voraussetzung war für ein hohes Staatsamt –, eine Prüfung absolvieren. Die Bewerber kamen aus allen Schichten der Gesellschaft, und nur wenige bestanden. Doch diese erlangten Ansehen, Macht und Ruhm. Die Selektion kann man sowohl als Ansatz zur Meritokratie als auch zur Demokratie interpretieren, denn schließlich besaß jeder das Recht auf Prüfung, also auf Gleichbehandlung.

In der modernen chinesischen Literatur wird auf meritokratische Regierungsformen in der Vergangenheit verwiesen. Die Herrschaft sei legitimiert gewesen, wenn sie die Herzen und Gefühle der Menschen erreicht habe (»Mínxīn xiàngbèi«) und/oder die richtigen, also die talentiertesten Personen ausgewählt worden seien (»Xuǎn xián rèn néng«). Wenn das eine wie das andere nicht erfolgte, wenn die ausgewählten Personen nicht der Nation dienten, liefe die Herrschaft Gefahr, die Herzen des Volkes zu verlieren. Dieser Gedanke stammt von Mengzi, dem bedeutendsten Nachfolger von Konfuzius, der dessen Lehre im 3. Jahrhundert v. u. Z. zur chinesischen Staatsphilosophie machte. Sie ist – man kann es nicht oft genug erklären – noch heute im Denken und Handeln der Chinesen und ihrer Führung präsent.

Die Auswahl der Talente und Kader im gegenwärtigen China folgt erkennbar den konfuzianischen Prinzipien einer »Meritokratie«. Die Manager, Politiker und Funktionäre auf verschiedenen Ebenen werden getestet, müssen sich fachlich bewähren. Überzeugen sie, geht es weiter nach oben, versagen sie, werden sie abgelöst. Ihre Fähigkeiten legitimieren sie für ihre jeweilige Aufgabe, sie müssen sich ihr gewachsen zeigen. Das gilt hinauf bis zur Führung. Versagen die Kader, müssen sie ausgewechselt werden, machen sie ihre Aufgabe gut, bleiben sie. Wie der frühere Dolmetscher von Deng Xiaoping, Zhang Weiwei, in seinem Buch »Die chinesische Welle« schreibt, wäre es für die chinesische Bevölkerung kaum vorstellbar, dass erstens ihre Regierung alle vier Jahre wechselte und zweitens ein Schauspieler wie Ronald Reagan oder ein Komiker wie Wolodymyr Selenskyj ins höchste Staatsamt in China gelangten, nicht zu reden von Figuren wie Donald Trump.

Vor diesem Hintergrund ist auch die Bestätigung von Xi Jinping als Parteichef und Staatspräsident mit vermeintlich unbegrenzter Amtszeit zu sehen. Er musste sich über verschiedene Stufen der Verwaltung qualifizieren und wurde im demokratischen System der KP Chinas für die jeweils höhere Ebene ausgewählt. Er ist durch das ihm erteilte Mandat *bei Strafe seiner Ablösung* verpflichtet, für die Erhöhung des Wohlstandes der Mehrheit des Volkes zu wirken. Dazu gehört auch die Verringerung der sozialen Unterschiede zwischen arm und reich, zwischen Küsten- und Inlandsregionen, zwischen den ethnischen Volksgruppen wie auch die Überwindung der Korruption und der Ausbau der Rechtsstaatlichkeit sowie der Entwicklung der sozialistischen Demokratie. Es geht im weitesten Sinne um die Realisierung des chinesischen Traums, der sich gravierend vom »amerikanischen Traum« unterscheidet. Dieser ist auf den individuellen Erfolg gerichtet (»Vom Tellerwäscher zum Millionär«). Der chinesische Traum zielt auf kollektives Glück und ist gefasst in die Formel »Zweimal hundert Jahre«: »Hundert Jahre nach der Gründung der KP Chinas (1921) eine Gesellschaft mit bescheidenem Wohlstand umfassend zu vollenden und hundert Jahre nach der Gründung der Volksrepublik China (1949) den Aufbau eines modernen sozialistischen Landes, das reich, stark, demokratisch, zivilisiert und harmonisch ist, zu verwirklichen.« So wurde das auf dem XVIII. Parteitag 2012 formuliert.

Der pakistanische Premierminister Imran Khan kommentierte die Entwicklung der chinesischer Kader im Oktober 2020 in einem Interview mit dem *Spiegel*. »Ich bewundere, wie Chinas Führung innerhalb der kurzen Zeitspanne von vierzig Jahren achthundert Millionen Menschen aus der Armut befreit hat. Dies ist das Modell, dem ich in Pakistan nacheifern möchte. Auch ohne Wahlen verstehen sie es, die besten Leute in ihrem Land heranzuziehen. Das System beruht auf Leistung. Ich habe mir das angesehen, wie die kommunistische Partei alle Talente durchsiebt und die besten an die Spitze bringt.«

Nach meinen Beobachtungen und Erkenntnissen hat sich die chinesische Regierung und die Führung der KP mit dieser Politik die Legitimation wiederholt erworben. Dass die Vorrangstellung des Gemeinwohles gegenüber dem Individuum in China als harmonisierender Gesellschaftsvertrag anerkannt wird, bestätigte auch eine 2020 von der Harvard University veröffentlichte Studie. *(www.German.China.Org.CN)*

Die Zufriedenheit der chinesischen Bürger mit ihrer Regierung ist von 2003 bis 2016 praktisch durchweg auf allen Ebenen – Gemeinde-, Bezirks-, Provinz- und Zentralebene – gestiegen, wobei die Zentralbehörden die stärkste Zustimmung erhielten. Im Zeitraum der Studie stieg die Zufriedenheit von 86 Prozent auf 93 Prozent an.

Im Rahmen dieser Studie wurden mehr als 31 000 Personen in städtischen und ländlichen Gebieten interviewt. Neben der öffentlichen Bewertung der chinesischen Regierung und ihrer Beamten wurde in der Umfrage auch die öffentliche Meinung zu den drei wichtigsten Politikbereichen untersucht: der Bereitstellung öffentlicher Dienstleistungen, Korruption und Umwelt.

Das Ergebnis zeigte, dass die Zufriedenheit bei Bürgern mit niedrigem Einkommen sowie Menschen im Landesinneren sehr viel stärker zunahm als bei Menschen mit hohem Einkommen und jenen, die an Chinas Ostküste lebten. Die Mehrheit der chinesischen Bürger war und ist zwar immer noch der Meinung, dass es erhebliche Probleme gibt wie die Ungleichheit bei den Einkommen und die Unsicherheit des Arbeitsplatzes. Doch die Mehrheit gab sich auch überzeugt, dass sich die Dinge in eine positive Richtung bewegen würden und dankten der Regierung für die Verbesserung ihres materiellen Wohlstands.

Zweifellos sind die Zustimmungswerte religiöser Minderheiten in autonomen Regionen wie Tibet, Xinjiang oder Innere Mongolei weniger hoch als in den von Han-Chinesen bewohnten Provinzen, aber nach dem Prinzip des harmonischen Zusammenlebens, dem Tianxia, werden gerade darum die autonomen Regionen besonders gefördert und in vieler Hinsicht privilegiert.

In den westlichen Ländern wird die hohe Zustimmung der chinesischen Bevölkerung mit der Furcht vor der autoritären Gewalt des Staates und dem Fehlen demokratischer Rechte erklärt. Die einzelnen Menschen würden sich zwangsweise dem übermächtigen Staat unterordnen, sie müssten gehorchen und sich anpassen.

Ich konnte mich überzeugen, dass die Chinesen dem Staat vertrauen, weil er in den letzten vierzig Jahren, seit Beginn der Reformen, eine erfolgreiche Sozialpolitik betrieb, weil er für innere und äußere Sicherheit und Stabilität sorgte. Und weil er eine Wirtschaftspolitik verfolgte, von der alle Chinesen profitierten.

Da der Staat bei seinen Bürgern ungemein an Autorität gewonnen hat, besteht ein tiefes Grundvertrauen. Die Anordnungen und Regulierungen werden befolgt, ohne diese als autoritäre Einschränkungen der individuellen Freiheit zu empfinden. Die erfolgreiche Bewältigung der Corona-Pandemie ist dafür ein überzeugendes Beispiel.

Zum Vergleich: Eine Studie der Bonner Universität im Auftrag der Friedrich-Ebert-Stiftung fand im Jahr 2019 heraus, dass nur etwa die Hälfte (53,4 Prozent) der Bundesbürger mit der Regierungspolitik einverstanden ist, weil sie für wachsende Ungleichheit in der Gesellschaft sorge bzw. diese nicht verhindere. Ich fand es bei meiner Rückkehr aus China erstaunlich, welch schlechten Ruf der deutsche Staat und dessen Institutionen bei seinen Bürgern hatten, wie gering das Ansehen der Regierungsparteien und das Vertrauen in deren Fähigkeiten waren (und sind).

Kampf gegen Armut

Als Nachkriegskind, aufgewachsen in der DDR, hatte ich zwar kein üppiges Leben, wie heute in den Wohlstandsstaaten üblich, aber doch immer genügend zu essen. Jeder hatte ein Dach über dem Kopf und eine gesicherte Arbeit. Was Armut bedeutet, sah ich erstmals in China 1990, in Tibet, später in Indien und in Westafrika.

Während meiner Autoreisen durch die Provinzen Hebei, Liaoning, Shandong oder während meiner Geschäftsreisen in die Innere Mongolei, in die Provinzen Liaoning, Jilin oder Heilongjiang passierte ich zwar viele sehr ärmliche Dörfer, aber die Leute waren gekleidet, wenn auch einfach, und hatten offensichtlich ausreichend zu essen. Einer Armut, wie sie in den südlichen Provinzen Chinas noch existierte, ist mir da oder dort nicht begegnet.

Während einer privaten Reise durch Tibet 1996 sah ich erstmals hungernde Menschen. Sie waren in Lumpen gehüllt, standen oder hockten ausgemergelt vor erbärmlichen Hütten. Ich war schockiert, diese Bilder haben sich mir eingebrannt. Zurück in Peking sprach ich darüber mit dem Vater meiner Frau, die mich auf dem Weg zum chinesischen Basecamp am Mont Everest begleitet hatte. Er kramte alte Fotos hervor, er war in den fünfziger Jahren mit seinem Ensemble der Peking-Oper in Tibet gewesen. Damals war das Elend dort offenkundig noch größer. Diese Menschen verfügten nicht einmal über die Mindeststandards von Hygiene. Kein Wasser, keine Toiletten, nichts. Und Dieben wurden wie im Mittelalter die Hand abgehackt.

In Indien erlebte ich wenig später ähnliches. Die Menschen leben in Slums unter katastrophalen Bedingungen, wobei: Leben konnte dieses Dahinvegetieren, dieser tägliche Kampf ums Überleben kaum bezeichnet werden. Ich war auch im Bundesstaat Rajasthan unterwegs, das im Norden an Pakistan grenzt. Die Familien hausten in primitiven Lehmbauten ohne Toiletten und kochten davor auf einer offenen Feuerstelle ihr Essen. Die Kinder liefen nackt umher und waren erschreckend dünn. Ähnliche Bilder sah ich in Westafrika, wo ich nach der Jahrtausendwende dienstlich unterwegs war. In Nigeria, Ghana und Elfenbeinküste begegnete mir große Not. Hunger, kein sauberes Trinkwasser, keine ausreichende Kleidung, kein Dach über dem Kopf und keine medizinische Versorgung oder Schulen ... Das waren tatsächliche Not und Elend und nicht zu vergleichen mit der relativen Armut in den entwickelten Ländern. Es erklärte auch, weshalb die meisten Menschen von dort wegwollen und flüchten.

Im Oktober 2020 wurde zur Überraschung vieler deutscher Medien die Welthungerhilfe mit dem Friedensnobelpreis ausgezeichnet. Das war sehr zu begrüßen. Ich verstand die Preisverleihung als dringenden Appell, mehr für die Bekämpfung der Armut in der Welt zu tun. Denn nach allgemein zugänglichen Daten erhöhte sich die Zahl der Menschen, die unter akutem Hunger, also unter Armut leiden. 840 Millionen, fast eine Milliarde Menschen, leiden gegenwärtig existenzielle Not. Und das, obgleich in den letzten Jahren in der Volksrepublik China etwa achthundert Millionen Chinesen aus der Armut geholt wurden. Es heißt, dass 2008 bis zu vierzig Prozent der chinesischen Bevölkerung noch in absoluter Armut gelebt hätten. Die Weltbank definiert die Armutsgrenze bei 1,90 Dollar pro Tag und Person. Wer weniger als zwei Dollar zum Leben hat, befindet sich in absoluter Armut.

Die erklärte Absicht, im 100. Jahr der KP Chinas die Armut in der Volksrepublik zu eliminieren, wird trotz Pandemie erreicht werden.

Was hat angesichts der unterschiedlichen Zahlen die Welt falsch, was aber hat China richtig gemacht?

Am stärksten von Hunger betroffen sind die Länder in Afrika und in Südostasien. Als Ursachen werden Kriege und Naturkatastrophen aufgrund des Klimawandels genannt. Das stimmt, ist aber nicht die ganze Wahrheit. In Ländern wie Indien oder Pakistan gab es in den vergangenen zwanzig Jahren weder große Katastrophen noch Kriege. Trotzdem ist die Armut in diesen Ländern dramatisch gewachsen.

Die Bürgerkriege und gewalttätigen Auseinandersetzungen in den anderen Regionen der Welt sind in der Regel Folge von Bestrebungen eines Regime-Wechsels, der von außen initiiert oder befördert wird. Ohne die Waffenlieferungen aus dem Ausland, vorzugsweise aus den Industriestaaten, würde kein War-Lord, keine politische Gruppierung, keine separatistische Clique und kein religiöser Fanatiker die Nachbarn terrorisieren und außer Landes treiben. 65 Millionen Menschen sind gegenwärtig auf der Flucht. Die erste Maßnahme, um Fluchtursachen zu beseitigen, wäre also, die militärische Unterstützung einzustellen.

Die zweite: die damit verbundene Absicht aufzugeben, sich Ressourcen und strategische Positionen zu sichern. Aber das hieße, dass der nach Expansion und Weltherrschaft drängende Imperialismus seinen Charakter aufgeben müsste. Wird er das?

Der Klimawandel als eine Ursache für die zunehmenden Naturkatastrophen wurde im wesentlichen ebenfalls von den Industriestaaten herbeigeführt.

Kurzum: Der Fehler ist das System.

In Indien und Pakistan beobachte ich zudem Tendenzen, die in China verhindert wurden. Da ist das ungebremste Wachstum der Bevölkerung. Eine vernünftige Geburtenkontrolle oder -verhütung wird aus religiösen Gründen abgelehnt. In China dagegen wurde temporär eine – von den Religionsvertretern und Menschenrechtsorganisationen heftig kritisierte – Einkind-Politik praktiziert. Das erledigte sich nunmehr durch den wachsenden Wohlstand, war aber durchaus hilfreich.

Anders als in China, wo dem neoliberalen Kapitalismus Grenzen gesetzt wurden, konnte er sich ungebremst in diesen beiden Staaten wie auch in den anderen Schwellenländern ausbreiten. Diese wurden ausgepowert, und die sogenannte Entwicklungshilfe diente zu großen Teilen der Etablierung einer korrupten nationalen Oberschicht, deren einzige Funktion darin besteht, die existierenden Machtverhältnisse zum eigenen Nutzen zu sichern.

Unwissenheit ist ein Herrschaftsinstrument. Bildung hingegen kostet nicht nur Geld, sondern produziert auch Fragen, etwa ob die Verhältnisse, unter denen man lebt, gottgewollt oder menschengemacht, ewig oder doch nur temporär sind. Die Antworten wiederum wecken Zweifel, ob alles so bleiben muss, wie es ist. Wissen ist Macht, wusste schon der britische Philosoph Francis Bacon (1561–1626), ist Macht über die Unwissenden. Auch die chinesische Regierung wusste das von ihren Vordenkern. Deshalb organisierte sie unmittelbar nach der Gründung der Volksrepublik den Kampf gegen das Analphabetentum, sorgte für Bildung und sagte der Unwissenheit den Kampf an. Diese Anstrengungen erfuhren zwar mit der Kulturrevolution 1966 bis 1976 einen großen Rückschlag, doch danach wurde aufgeholt und mit höchster Priorität die Verbreitung des Wissens vorangetrieben. Bildung und Ausbildung waren und sind ein Werkstoff für den wirtschaftlichen Aufschwung. Und Aufschwung dient der Überwindung von Armut und Not. So ist der Kreislauf.

Und der gesellschaftliche Reichtum, der gemeinsam erarbeitet wird, muss auch allen dienen, nicht nur einer elitären Oberschicht. Für eine gerechte Verteilung auf Stadt und Land, für Arbeiter und Bauern, Angestellte und Intellektuelle, Unternehmer und Manager sorgt der Staat. Deshalb wurde beispielsweise die Einkommensteuer für die Landbevölkerung mit niedrigem Einkommen in der Volksrepublik China abgeschafft und dafür gesorgt, dass auch in abgelegenen Regionen

Industrie angesiedelt wurde. Damit soll eine gleichmäßige
Entwicklung des Landes in der Fläche erfolgen. Dort, wo dies
unmöglich war – in kaum bewohnbaren Gebirgs- und Wüsten-
regionen –, erfolgten Umsiedlungen. Bei den Neuansiedlun-
gen unterstützte der Staat massiv.

In Indien und in Pakistan werden Landesteile abgehängt,
rückständige Regionen bleiben rückständig, sie reproduzie-
ren die Armut.

In China wurde die Infrastruktur – Verkehrsverbindun-
gen, Kommunikation, Energieversorgung etc. – nach strate-
gischen Gesichtspunkten aufgebaut. Wie ich der *South China
Morning Post* am 2. Oktober 2020 entnahm, investierte die
Zentralregierung seit 2016 allein in der Region Liangshan in
Sichuan siebzehn Milliarden Dollar in die Infrastruktur.

In Afrika, Indien oder Pakistan existieren noch immer Regionen ohne Stromversorgung, geschweige denn Verkehrs-
und Telekommunikations-Verbindungen.

2019 war ich in den Provinzen Hebei und Shaanxi sowie
im autonomen Gebiet Ningxia unterwegs. In Dörfern weit
ab von den Autobahnen und den nächsten größeren Städten
berichteten mir Bauern, dass die Provinzverwaltungen gemeinsam mit den Dorfkollektiven Pläne erarbeitet hatten,
wie das Leben in den Gemeinden verbessert werden könnte.
Dazu wurden beispielsweise alle Haushalte, die unter der Armutsgrenze existierten, registriert und Patenschaften innerhalb des Dorfes organisiert. In offiziellen Mitteilungen las ich
später, dass die Zentralregierung veranlasst hatte, dass etwa
drei Millionen Angestellte von den Provinz- und Stadtverwal-
tungen entsprechende Erhebungen vor Ort gemacht hatten,
um auf dieser Basis Programme mit den Landbewohnern
zu erarbeiten. Ihre Pläne fanden nicht immer ungeteilte Zustimmung, wie ich beim Besuch eines neuen Stadtdorfs mit
modernen Wohnhäusern, Kindergärten, Schulen, einem
Krankenhaus und Kultureinrichtungen erfuhr. Dort lebten
Bauern, die ihre Landnutzungsrechte an landwirtschaftliche
Großbetriebe verpachtet und ihren bäuerlichen Betrieb auf-

gegeben hatten. Die wirtschaftliche Unsicherheit, mit der sie immer hatten leben müssen, war ihnen genommen, es ging ihnen so gut wie nie zuvor. Doch viele waren dennoch unglücklich: Sie konnten kein Schwein, keine Hühner oder Ziegen halten.

In einem anderen Dorf traf ich eine modisch gekleidete Dame, die als Heiratsvermittlerin tätig war. Ihre Landnutzungsrechte hatte sie abgegeben, lebte aber noch immer im Dorf. Das war modernisiert worden, es verfügte über eine zentrale Wasser- und Abwasserversorgung – und über ein stabiles 4G-Kommunikationsnetz. Damit konnte sie mit ihrer Agentur ein florierendes Gewerbe betreiben und Partner in der ganzen Region vermitteln. Ihr Land wurde von einer Familie genutzt, die mit einem Bankkredit mehrere Gewächshäuser errichtet hatte und darin vornehmlich Zuckermelonen anbaute. Die waren sowohl für den Verkauf in China bestimmt und gingen auch in den Export.

Das schaute ich mir an. Die sechsköpfige Familie war mit drei Generationen vertreten: Großeltern, Eltern und Kinder, die in Peking studierten. Auf meine Frage, wie sie den Verkauf ins Ausland organisierten, ob es Zwischenhändler oder dergleichen gebe, demonstrierten sie mir auf ihrem Huawei-Tablet, wie sie mit ihrem Hauptkunden in Kanada kommunizierten. Sie vereinbarten die Preise und organisierten via Alibaba, die chinesische Handels- und Kommunikationsplattform, den Versand. Alibaba stellt das Verpackungsmaterial zur Verfügung und holt die verpackten Zuckermelonen ab. Die Bezahlung vom Kunden erfolgt über den Alibaba-Zahlungsservice, der gleichzeitig das Risiko abdeckt. Ich war beeindruckt.

Die *Neue Zürcher Zeitung* berichtete in ihrer Ausgabe am 9. Oktober 2020 über den Besuch in einem sehr abgelegenen Gebirgsdorf in der Provinz Sichuan, die zu den ärmsten Regionen Chinas gehört. Dort leben ungefähr so viele Menschen wie in Deutschland. Der Journalist hatte ähnliche Feststellungen gemacht wie ich: Die Bauern hatten ihre Bodennutzungsrechte verpachtet und sich mit diesem Kapital neue Tätigkeitsfelder erschlossen. Ihre Geschäfte wickelten sie elektronisch ab.

Das Telekommunikationsnetz trägt überall mit Erfolg zur Überwindung der Armut in weit abgelegenen Regionen bei.

Korruption und Antikorruption

Beim Aufbau unseres Joint Ventures, aber auch später kam ich wiederholt mit dem sogenannten chinesischen Weg in Berührung. So nannte man die Art und Weise, wie man sich Freunde machte und Probleme löste. In anderen Gegenden nennt man das Korruption.

Ich erinnere mich in diesem Zusammenhang der Hinweise, die mir meine Mitarbeiterin vor dem ersten Gespräch mit unserem zukünftigen Geschäftspartner gegeben hatte. Es ging um die Abwicklung bestimmter finanzieller Transaktionen Deutschland-China, der Organisation von Steuerzahlungen, um die häufigen Essen mit leitenden Mitarbeitern der Finanzverwaltungen in Tianjin und dergleichen. Das alles erschien mir anfänglich als ganz normales Geschäftsgebaren, wie es auch daheim in Europa üblich war. Natürlich hatte ich von illegaler Bereicherung, von Bestechung und Schmiergeldern in der europäischen Presse gelesen, die hatte diese Form der Korruption in China ausschließlich in staatlichen und Parteikreisen verortet. Das hatte also mit mir und meinen Geschäften nichts zu tun, ich war weder ein »Prinzling« noch war ich mit solchen geschäftstüchtigen Kadern verbandelt.

Das war ein Irrtum, wie mir spätestens bei der Übernahme einer Tätigkeit in Indien bewusst wurde und ich mit den dort gängigen Management-Methoden in Berührung kam.

Acht Jahre pendelte ich zwischen beiden Ländern hin und her, um auch dort ein Unternehmen zu leiten. Ich hatte in der Firma einen pensionierten Diplomaten als Vizedirektor übernommen, der Public Relations vornehmlich zu staatlichen

Institutionen pflegte, um Transport-Geschäfte anzubahnen – übrigens ein Job, den oft ehemalige deutsche Diplomaten nach ihrer aktiven Zeit auszuüben pflegen. Ihre im Dienst gewonnenen Verbindungen sind ihr ganzes Kapital.

Die Botschaft hatte alle deutschen Staatsbürger gewarnt, dass die »Annahme von Vorteilen« nach deutschem Recht strafbar sei, auch wenn die aktive oder passive Bestechung im Ausland erfolge. Als ehemaliger DDR-Bürger und Leitungskader musste man mich nicht aufklären, schon aus moralischen Gründen lehnte ich eine solche Praxis ab. Dass dies in China oder Indien alltäglich war, schrieb ich asiatischen Traditionen zu, die nicht die meinen waren.

Um meine chinesischen Sprachkenntnisse zu verbessern, lernte ich in einer privaten Schule mit großem Vergnügen chinesische Schriftzeichen. Dadurch erhoffte ich tiefere Einblicke in die chinesische Denkweise und in die Kulturgeschichte zu gewinnen.

Wörter und Wendungen setzen sich aus verschiedenen Schriftzeichen zusammen, die aber auch einzeln eine eigenständige Bedeutung haben. Aus der Anordnung der einzelnen Schriftzeichen, so meine Erkenntnis, ließen sich bestimmte kulturelle, historische Zusammenhänge ableiten. So zum Beispiel besteht der Begriff »Vaterland« aus den Zeichen guo und jia. »Guo« bedeutet Staat und »jia« Haus, Heim, Wohnung. In der Zusammenschreibung bedeutet »guojia« Vaterland.

Für die Beschreibung, dass man einen Freund gewonnen habe, gibt es eine ähnlich plausible Zusammensetzung. »Jiao« bedeutet unter anderem zahlen oder etwas ausgleichen, und »You« ist der Freund. Also zusammengeschrieben liest es sich so: um einen Freund zu gewinnen, musst du etwas zahlen oder ausgleichen.

Ich interpretiere das so, dass in der chinesischen Schriftsprache die Korruption tief wurzeln muss, wenn Freundschaft in einem Atemzug mit Bezahlung genannt wird.

Zugleich jedoch wurde in den klassischen Schriften des alten China die Gewährung oder Annahme persönlicher Vergünstigungen als moralische Verkommenheit kritisiert und moralisch verurteilt. Das Regelwerk des Konfuzianismus setzte klare Normen für das Verhalten des Kaisers und aller Beamten auf den verschiedenen Ebenen. In der Ausbildung der Staatsbediensteten sowie in den Prüfungen für die jeweilig höheren Dienste spielte die Lehre des moralischen Verhaltens eine dominierende Rolle. Der Kaiser, der gegen diese Prinzipien handelte, verlor das himmlische Mandat, Beamte desgleichen, wenn sie in Luxus lebten, während das Volk Hunger litt. Es hatte das Recht, dagegen zu rebellieren. Das geschah in der Geschichte Chinas wiederholt, insbesondere in Phasen gesellschaftlicher Umschwünge. Auch diese Tradition ist ungebrochen.

Demonstrationen, Proteste und Streiks zur Durchsetzung staatlicher Normen finden bis heute statt, obgleich 1982 das Streikrecht aus der chinesischen Verfassung gestrichen wurde. Kurioserweise sind nicht die Gewerkschaften dabei die treibende Kraft, sondern die Betriebs-Parteiorganisationen, die sich auch darin als führend erweisen. China gilt inzwischen als eines der streikintensivsten Länder weltweit.

In der Phase des ungebremsten ökonomischen Wachstums wurden Arbeitsvorschriften, Regeln und Gesetze im Wirtschaftsverkehr gewohnheitsmäßig unterlaufen. Kontrollen durch staatliche Institutionen wurden durch freundschaftliche Zuwendungen »abgefedert«. Man füllte den kontrollierenden Behörden die Taschen, damit diese »durch die Finger« schauten. So konnten die einen weiter unter Missachtung von Auflagen, Vorschriften und Gesetzen großartige Geschäfte machen – und die anderen profitierten daran mit.

Auch unser Unternehmen wurde regelmäßig kontrolliert. Es gab heftige Diskussionen, sogar rechtliche Auseinandersetzungen vor dem Arbeitsgericht, in denen es um Kündigungen, verhältnismäßige Lohnzahlungen, um Arbeitszeiten und Arbeitsplatzgestaltung ging. All das hätte auf dem »chinesischen Weg«, also mit kleinen Aufmerksamkeiten oder etwa mit einem von der Firma finanzierten Wochenendausflug für den Arbeitsrichter und seine Familie, lautlos geregelt werden können, wie man mir zu verstehen gab. Aber ich wollte nicht verstehen und beschritt den Rechtsweg.

Bei der Korruption handelte es sich um kein individuelles, sondern um ein gesellschaftliches Problem. Das sah auch die chinesische Regierung und ergriff Maßnahmen, darunter die Einführung eines »Arbeitsvertragsgesetzes« nach deutschem Vorbild. 2006 wurde ein Entwurf zur öffentlichen Diskussion vorgelegt, es gab 191 847 Kommentare und Änderungsanträge, 2008 wurde das Gesetz verabschiedet.

Bei den ersten Antikorruptionsbemühungen ging man vor allen auf der unteren Ebene gegen »Unregelmäßigkeiten« vor, mittlere und höhere Partei- und Staatsfunktionäre und -institutionen schien man zu schonen. Unter Staatspräsident Hu Jintao wurde seit 2006 gegen die aktive und passive Korruption von Parteimitgliedern gekämpft. Jedoch traf es dabei nur einzelne hochrangige Kader und Parteimitglieder auf Provinz- oder Ministerialebene. Es kam zu Ausschlüssen aus der KP Chinas und zu Freiheitsstrafen. 2012/13 erfolgte eine Zäsur. Seither geht man konsequenter und härter vor, ohne Rücksicht auf Funktion und Ansehen der Person.

Anlass war ein Skandal in Chongqing, der mit über dreißig Millionen Einwohnern größten Stadt der Welt, flächenmäßig so groß wie Österreich. Deren Parteichef Bo Xilai gehörte dem Politbüro an und wurde 2012 zunächst aus der Führung und dann auch aus der Partei ausgeschlossen. Ihm wurden Bestechung, Unterschlagung und Amtsmissbrauch vorgeworfen. In einem Gerichtsverfahren wurde er zu lebenslanger Haft verurteilt und sein Vermögen eingezogen. Seine Frau, der man wegen Mordes den Prozess machte, erhielt eine »bedingte Todesstrafe«. (Gewöhnlich wird eine bedingte Todesstrafe nach einigen Jahren in eine lebenslange Haftstrafe umgewandelt.)

Ich erfuhr von dem Skandal im Februar 2012, als Bo Xilai ehemaliger Polizeichef von Chongqing im US-Konsulat um Asyl nachsuchte. Im März tauchten erste Gerüchte in den sozialen Medien auf, dass der Polizeichef den Tod eines englischen Geschäftsmannes hatte aufklären wollen, was ihm aber untersagt worden sei, weil die Frau von eben jenem Bo Xilai vermutlich in dieses Gewaltverbrechen involviert war. Aus Furcht vor Bo Xilai, der wie ein Kaiser in der Region herrschte, habe er sich ins amerikanische Konsulat geflüchtet, hieß es.

Dieser erste Korruptionsprozess gegen ein Politbüromitglied erregte Aufsehen. Bo Xilai war ein »Prinzling«, sein Vater einer der engsten Weggefährten von Mao und einer der acht »Unsterblichen Führer« des neuen China. Im Westen hieß es gleich, dass es sich um einen Machtkampf im 25-köpfigen Politbüro handele, bei dem Xi Jinping obsiegt habe. Das war blanker Unsinn. Es ging um den konsequenten Kampf gegen die Korruption als gesellschaftliche Erscheinung, der nun forciert wurde. Über hundert hochrangige Funktionäre in höchsten Parteiämtern und in Provinzministerien wurden ihres Amtes enthoben und meist auch aus der Partei ausgeschlossen. Hunderttausende Funktionäre, Beamte und Staatsangestellte auf allen Ebenen wurden überprüft und belangt, sofern sie sich schuldig gemacht hatten.

Dieses Vorgehen stärkte einerseits die Glaubwürdigkeit der Partei und das Vertrauen in die Führung, es führte zu einer Verbesserung der administrativen Arbeit. Andererseits machte sich damit die Führung durchaus auch Feinde, denn an jedem gestürzten »Fürsten« hing in der Regel ein Hofstaat, der Nutznießer des bis dahin »ersten Manns« gewesen war. Viele verloren ihren warmen Platz an den Fleischtöpfen und waren folglich nicht gut auf die harte Obrigkeit zu sprechen.

Es heißt, dass bis Mitte 2015 Vermögenswerte von umgerechnet rund sechs Milliarden Euro eingezogen wurden von Personen, die wegen Korruption bestraft worden waren.

Bis Oktober 2016 ermittelten die Strafverfolgungsbehörden gegen rund eine Million Chinesen wegen Korruption, Parteimitglieder wurden überdies von der zentralen Disziplinarkommission zur Rechenschaft gezogen.

Von Dezember 2012 bis August 2016 wurden die Fälle von 187 409 Parteifunktionären untersucht, 91 913 Mal wurden Strafen ausgesprochen. In 26 172 Fällen soll es um die unerlaubte Benutzung von Dienstfahrzeugen für persönliche Ausflüge oder um die Anschaffung zu teurer Dienstfahrzeuge gegangen sein. 13 826 Mal waren Angestellte geschmiert und bestochen worden, in 12 934 Fällen waren Ausgaben für Hochzeiten oder Beerdigungen als überzogen geahndet und 9978 Mal das unerlaubte Speisen auf Dienstkosten moniert worden. In 11 015 Fällen waren Geschenke angenommen worden, was ebenfalls nicht zulässig war.

2017 wurden mehr als 159 000 Personen wegen Korruption und Verstößen gegen die Parteidisziplin bestraft, gab die Disziplinarkommission bekannt.

Im März 2018 wurde der ehemalige Stellvertretende Bürgermeister von Luejiang, Zhang Zhongsheng, wegen passiver Bestechung und wegen der Annahme von Vorteilen mit schweren Auswirkungen auf die örtliche Wirtschaft zum Tode ohne Aufschub verurteilt. Zhang wurden achtzehn Korruptionsfälle vorgeworfen, in denen er von 1997 bis 2013 eine Gesamtsumme von 1,04 Milliarden RMB erhalten haben soll. Die Strafe wurde wegen der außergewöhnlich großen Summe, aber auch zur Abschreckung verhängt, hieß es.

Die konsequente, rigorose Korruptionsbekämpfung scheint die chinesische Gesellschaft in dieser Hinsicht sehr sensibilisiert zu haben.

Nahe unserer Wohnsiedlung im Süden Pekings befand sich eine herrliche Parkanlage mit einem großen Spa-Hotel, das über eine tropische Badelandschaft mit Wasserrutschen, Wellenbecken, Sauna und Massage-Abteilungen unter tropischen Palmen verfügte. Für das leibliche Wohl sorgten mehrere Restaurants mit verschiedenen Küchen. Gleich nach der Eröffnung, das war um 2010 herum, wollte ich die Einrichtung nutzen, um mich nach meinen Trainingsläufen zu entspannen. Ich müsse erst Klubmitglied werden, erklärte man mir. Ich habe einen einmaligen siebenstelligen Betrag zu entrichten, dazu käme noch ein Jahresbetrag in sechsstelliger Höhe. Das überstieg meine Möglichkeiten.

Trotzdem lief ich in den folgenden Jahren regelmäßig durch den weitläufigen Park. Die Wächter kannten mich vom Sehen und hielten mich für einen ausländischen Dauergast. Schon bald wurde es in der Anlage ruhiger. Jetzt ist sie geschlossen. Die geforderten exorbitanten Preise waren keine marktüblichen, sondern wurden illegal aus staatlichen Fonds abgezweigt und für private Vergnügungen missbraucht. Zu viele wollten dort verdienen und hatten zu hoch gepokert.

Eine gute Freundin meiner Frau betrieb in einer normalen Wohngegend ein kleines Teehaus. Sie hatte Stammkunden und auch Laufkundschaft. Insbesondere vor den chinesischen Feiertagen boomte ihr Geschäft durch die Laufkundschaft, deren Kaufverhalten mir unverständlich war. Sie fragten nach den aktuell teuersten Teesorten, verzichteten auf die Verkostung, kauften gleich in großen Mengen und zahlten bar. Unsere Freundin stellte sich darauf ein: Im hinteren Raum wurden nur die besseren Teesorten angeboten, die in den höheren und höchsten Preislagen wurden in gut klimatisierten Schränken gelagert. Kam ein solcher Kunde, wurde er diskret in den Raum gebeten und mit dem Angebot überwältigt. Geld spielte keine Rolle. Inzwischen kommen diese Kunden, die auf Firmenkosten oder mit Staatsgeldern sich solche »Geschenke« genehmigten, nicht mehr.

Wie überhaupt der Handel mit Luxusartikeln eingebrochen ist. Uhren, Lederwaren, Kosmetik oder Schmuck, Weine und Lebensmittel aus Europa laufen schlecht, Luxusrestaurants und -bars machen dicht oder werden der normalen Bevölkerung zugänglich gemacht. Natürlich kann sich auch die »Mittelschicht« den Besuch dort leisten, man muss nicht superreich sein, um in gehobenen chinesischen Restaurants zu verkehren, wie man sie auch in den Metropolen der Welt findet. Bezahlt wird mit selbst verdientem Geld. Auch das ist eine Nebenwirkung des Kampfes gegen die Korruption. Nach meiner Beobachtung hat sich in ganz

China das gesellschaftliche Leben verändert. Selbst die Ende eines jeden Jahres erfolgte Beschenkungsarie gibt es nicht mehr. Firmen verteilten teure Kalender und überboten sich gegenseitig mit Präsenten. Heute ist alles bescheidener, Größe, Ausstattung und Zahl der Kalender haben das Niveau erreicht, das inzwischen auch in westlichen Staaten herrscht. Alles ist ein paar Nummern kleiner.

Die *South China Morning Post* konstatierte 2020, dass die Kampagne gegen Korruption in ganz China sehr positive Ergebnisse gezeigt habe. Sie untersuchte aber auch den Handel und die Spekulation mit Bodennutzungsrechten, bei denen Vetternwirtschaft in großem Stil zu beobachten gewesen war. Die Journalisten werteten über eine Millionen Transaktionen aus, die in diesem Markt zwischen 2004 und 2016 liefen. Staatliche Institutionen veräußerten an sogenannte »Prinzlings-Firmen« Nutzungsrechte und räumten diesen Rabatte von 55 bis 60 Prozent ein, also gaben sie zum halben von den üblichen Marktpreisen ab. 2012 wurden diese Rabatte gestrichen – zufällig in jenem Jahr, als die Verfolgung der Korruption intensiviert wurde.

Ein weiteres Ergebnis der Studie zeigte, dass im Staats- wie im Parteiapparat entgegen dem meritokratischem Prinzip Günstlings- und Vetternwirtschaft auf allen Ebenen anzutreffen war. Posten wurden nicht nach Leistung, sondern nach entsprechenden Zusagen und Verabredungen vergeben, Karrieren wurden mit bestimmten Erwartungen gefördert oder beendet. Und die Erwartungen wurden eingefordert, wenn der Aufstieg erfolgt war.

Um diese Art der Korruption zu beenden, entschied das Ständige Komitee des Politbüros, die Immunität solcher Kader aufzuheben und sie von der Zentralkommission für Disziplinarkontrolle überprüfen zu lassen. Natürlich zielte das zunächst auf die unmittelbare Beseitigung von Missständen in der Partei, um diese zu stärken und ihre Glaubwürdigkeit zu erhöhen. Strategisch jedoch dient diese Anti-Korruptionskampagne der Gesundung der gesamten Gesellschaft.

Transparenz, Offenheit und Ehrlichkeit versteht nicht nur Xi Jinping, mit dessen Namen diese Auseinandersetzung verbunden ist, als wesentliche Merkmale des »Sozialismus chinesischer Prägung«. Man werde die Macht in den Käfig des Regelwerks sperren, hatte er im Januar 2013 erklärt. Die »Führungskader aller Ebenen« sollten sich bewusst sein, dass niemand über dem Gesetz steht. Es gelte, »die obersten Verantwortlichen einer schärferen Kontrolle zu unterziehen«. »Führungskader in hohen Positionen (dürfen) sich keine Befugnisse anmaßen und trotz großer Macht nicht nach persönlichen Vorteilen streben.«

Die Korruption, meine ich, ist keineswegs bereits überwunden, aber sie ist weitgehend eingeschränkt und gefährdet insofern die Stabilität des Staates nicht mehr. Der Kampf geht weiter. Das scheint mir auch einer der Gründe für die wiederholte Bestätigung Xi Jinpings in der Funktion des Generalsekretärs zu sein und warum 2018 die Amtszeitbegrenzung für den Staatspräsidenten aufgehoben wurde. Damit kann Xi über das Jahr 2023 hinaus amtieren. In seiner Person sehen die meisten Chinesen die Garantie für die Fortsetzung der Anti-Korruptionskampagne und die Erfüllung des chinesischen Traums.

Grünes China

In der zweiten Hälfte der achtziger Jahre begann ich über lange Strecken zu laufen. Beruflich gab es Stress, gleichzeitig arbeitete ich an meiner externen Dissertation. 1987 lief ich meinen ersten Marathon. Seitdem stand der Friedensmarathon, später auch der Berlin-Marathon, in meinem Kalender. Ich bestritt auch den ersten Neujahrslauf durchs Brandenburger Tor mit dem Stempel der DDR-Grenztruppen auf der Startnummer.

Anfang April 1990 zog ich dann nach Peking. Wo sollte ich laufen? Die Luft war zwar noch nicht so verschmutzt, wie die es einige Jahre später sein würde, aber die Straßen waren mit vielen Menschen und mit noch mehr Fahrrädern verstopft. Hinzu kamen gelegentlich die berüchtigten Sandstürme.

In den ersten Monaten wagte ich mich nicht zum Joggen auf die Pekinger Straßen. Als »Langnase«, dazu noch in Laufkleidung, wäre ich zum Spektakel geworden. Dann kam der Sommer, es war zu warm zum Laufen. Ich erkundete mit dem Auto die Außenbezirke und entdeckte einen idealen Weg entlang eines Kanals, der den See des Neuen Sommerpalastes speiste. Allerdings musste ich bis dorthin eine halbe Stunde mit dem Auto fahren. Also auch keine Lösung.

Im folgenden Jahr begannen die Arbeiten an der vierten Ringstraße. Das war die ideale Laufstrecke, nur wenige Minuten von meinem Hotel entfernt. Zwanzig Kilometer bis zur Autobahn, die zum Airport führte. In den ersten Wochen lief ich auf unbefestigtem Boden, nach wenigen Monaten auf gutem Untergrund und später auf Straßenbelag. Natürlich stellten die Baumaschinen eine Herausforderung dar, und die Arbeiter sahen mich ungern. Aber als Ausländer wurde mir gewissermaßen Narrenfreiheit zugestanden. Keiner nahm hörbar daran Anstoß, wenn ich durch die abgesperrten Baustellen lief.

Im Winter musste ich mein Lauftraining einstellen, die Luft war zu schmutzig. Von Jahr zu Jahr wurde es unangenehmer, Sport an der frischen Luft zu treiben.

1995 nahm ich erstmals am Pekinger Marathon teil. Nach den 42 km schmerzte der Hals. Wegen der weiteren Verschlechterung der Luftqualität pausierte ich einige Jahre, strich den Marathon aus meinem Kalender. Erst 2009 versuchte ich mich erneut, da wegen der Olympischen Sommerspiele 2008 die Pekinger Stadtverwaltung die größten Umweltverschmutzer geschlossen hatte. 2013 startete ich zum dritten Mal beim Peking International Marathon. Die Luft war zwar besser, trotzdem waren meine Bronchien nach dem Lauf angegriffen.

Wie konnte es zu einer derart extremen Umweltverschmutzung in der Hauptstadt kommen?

Seit Gründung der Volksrepublik war die Führung be-
strebt, für die stetig wachsende Industrie und die Bevölkerung ausreichend Energie zur Verfügung zu stellen. Am
raschesten ließen sich Kohlekraftwerke errichten, zumal
Steinkohle in ausreichender Menge vorhanden war. Nir-
gendwo auf der Welt dachte man damals an Kohlendioxid-
emissionen und Erderwärmung, in den Industriestaaten wie
in den Entwicklungsländern machte man sich, wie es in der
Bibel hieß, die Erde untertan. Man beutete sie aus und achtete nicht darauf, dass sie Schaden nehmen würde. Erst in
den siebziger, achtziger Jahren griff die Erkenntnis Raum,
dass die Menschheit dabei war, ihre Lebensgrundlagen zu
zerstören. Aus dieser Erkenntnis wurde aber keineswegs Ein-
sicht, dass die Art des Wirtschaftens grundlegend geändert
werden müsste. In der Volksrepublik versuchte man – gemäß den Ende der siebziger Jahre eingeleiteten Wirtschafts-
reformen – die Produktivität zu steigern, nachzuholen, den
Vorsprung zu den kapitalistischen Staaten zu reduzieren. Die
wirtschaftliche Entwicklung verlangte nach noch mehr Energie, also wurden noch mehr Kohlekraftwerke errichtet und
noch mehr CO_2 und Schmutz in die Atmosphäre geblasen.
2018 lag der Anteil Chinas an der globalen Kohlendioxid-
Emission bei 29,7 Prozent (der der USA bei 13,9 Prozent), auch
wenn der Anstieg seit 2011 deutlich geringer war als in den
Jahren zuvor. Aber selbst wenn man eine andere Statistik
nimmt – bekanntlich lässt sich mit Statistiken alles beweisen,
was man zu beweisen wünscht –, so bleibt es eine Tatsache:
Die Volksrepublik bleibt der größte Umweltverschmutzer
(wozu im Übrigen auch die EU indirekt beitrug, indem sie
Abfallprodukte nach China exportierte. Was sich nicht recy-
celn ließ, wurde in Müllverbrennungsanlagen ohne Filter in
China durch den Schornstein gejagt).
     Laut einer anderen Statistik fallen nämlich im volksreichs-
ten Staat der Erde 7,95 Tonnen CO_2 auf jeden Kopf, womit die
VR China auf Platz 8 kommt – hinter den USA mit 16,1 Tonnen
und Deutschland mit 9,1 Tonnen.

Im Winter, wenn die zwanzig Millionen Einwohner Pekings ihre Öfen heizten und die Kraftwerke mit voller Kraft fuhren, konnte man kaum hundert Meter weit sehen. Husten und andere Atembeschwerden stellten sich ein. Die Feinstaubbelastung überstieg an manchen Tagen die 300 Mikrogramm pro Kubikmeter, das Zehnfache von dem, was die Weltgesundheitsorganisation bereits als gesundheitsschädlich einstuft.

Die Pekinger Bevölkerung protestierte, auf allen Handys wurden Apps installiert, die täglich die Belastung der Luft mit Schadstoffen anzeigten. Die Führung musste reagieren. Und sie handelte. Langsam, aber stetig, wuchs das Umweltbewusstsein. Auch wenn in China – nicht anders als in anderen Staaten – aus der Wirtschaft die Warnungen kamen, dass die Kosten für den Umweltschutz nicht nur den Gewinn der Industrie aufzehren, sondern die Umwelt-Auflagen das Wachstum stoppen würden. Dem setzte man die Losung entgegen: »Jīnshān yín shān bùrú lǜ shuǐ qīng«, was soviel hieß wie: »Grüne Berge, saubere Flüsse sind besser als Berge von Gold und Silber.«

Nach der Jahrtausendwende beschloss die Regierung ein Programm für eine ökologische Zivilisation. Im ersten Schritt wurden Umweltverschmutzer wie Stahl- und Kohlekraftwerke in Pekings unmittelbarer Umgebung stillgelegt, die verarbeitende Industrie pausierte Wochen vor den Olympischen Spielen. Nach den Spielen nahmen diese Betriebe die Produktionen wieder auf, der Autoverkehr erreichte schon bald wieder das frühere Niveau. Die Luftverschmutzung nahm erneut zu. 2011/12 gab es jedoch eine Wende: Die mit Kohle betriebenen städtischen Heizkraftwerke wurden stillgelegt oder auf andere Energieträger umgestellt. Wenn man nun das Stadtgebiet verließ und die umliegenden Orte passierte, atmete man wieder den stechenden Geruch der billigen Presskohle. Ich wohnte in jener Zeit etwa vierzig Kilometer außerhalb der dritten Ringstraße in einem relativ abgelegenen Dorf, umgeben von Wald und einem seeartigen

Fluss, doch auf dem Weg zur Arbeit musste man die Fenster des Autos und die Belüftung gut verschließen.

2012 erklärte die Regierung das Konzept der ökologischen Zivilisation zur Entwicklungsstrategie des ganzen Landes und leitete eine Reihe von Reformen und administrativen Maßnahmen ein. Sie sahen die Umstellung der Energieproduktion auf »grüne Energien« vor, zu denen neben Wasser, Wind und Sonne auch die Kernenergie zählte. Alte Kraft- und Stahlwerke sollten geschlossen und neuere umgerüstet werden, um den CO_2-Ausstoß merklich zu reduzieren. Unrentable Kohlegruben würden geschlossen und der Import von Müll aus kapitalistischen Industriestaaten beendet werden. Beim Verkehr sollten mehr Gütertransporte von der Straße auf die Schiene verlagert und bei den Fahrzeugen strengere Abgaswerte durchgesetzt werden. Als Alternative zum Fliegen wollte man ein Netz von Hochgeschwindigkeitszügen aufbauen. Gleichzeitig nahm man umfangreiche Aufforstungsprogramme in Angriff. Und der weiteren Verstädterung sollte mit der Entwicklung der ländlichen Regionen wirksam begegnet werden.

Seit 2015 wurde es in der Tat nicht nur in Peking besser. Die vielen Maßnahmen wirkten sich spürbar aus. Bei meinem letzten längeren Aufenthalt in China 2019 war die Luftqualität in Peking schon mit der in europäischen Großstädten vergleichbar – eine gewaltige Verbesserung der Lebensqualität.

Die Bewohner in den Dörfern belasteter Regionen mussten von einem Winter zum anderen die Heizungen umstellen. Dafür gab es finanzielle Zuwendungen. Erfüllte eine Familie die Auflage nicht rechtzeitig, saß sie im folgenden Winter ohne Heizung in der kalten Wohnung. Da war man ganz konsequent.

Trotzdem ist China noch immer der größte Umweltsünder. Das wird gern in den Ländern und Medien kolportiert, die China nicht wohlgesonnen sind. Außerdem lenkt man so von den eigenen Versäumnissen ab.

Dabei wird verschwiegen, dass die Volksrepublik in den vergangenen Jahren die größten Anstrengungen von allen

Staaten unternommen hat, das Weltklima zu retten. Inzwischen ist jedes zweite Kohlekraftwerk stillgelegt worden, und die neuen Kohlekraftwerke sind lediglich als Notreserve konzipiert, d. h. sie emittieren kein CO_2. China werde noch vor 2060 klimaneutral sein, hat Chinas Staats- und Parteichef Xi Jinping vor der UNO-Vollversammlung 2020 angekündigt.

Seit 2013 geht die Kohleförderung zurück, der Anteil der Kohle bei der Verstromung liegt inzwischen unter sechzig Prozent. Der Anteil fossiler Energieträger bei der Stromerzeugung sank binnen drei Jahren um zwanzig Prozent, 2019 fiel er unter siebzig Prozent. In der gleichen Zeit stieg der Anteil von Wind- und Solar-Energie von fünf auf neun Prozent, bei Hydro-Energie von vier auf achtzehn Prozent und bei Atomstrom von 1,9 auf drei bis fünf Prozent

Der Entwicklung der Energieproduktion und der Anteil der einzelnen Branchen sieht laut einschlägigen Energieportalen so aus (Angaben in Prozent):

	2019	2050
Kohle, Öl, Gas	70	24
Wind/Solar	9	39
Hydro	18	25
Nuklear	3	12

Die chinesische Energiepolitik fördert mittels spezieller Einspeisungstarife in die Versorgungsnetze die primäre Nutzung der erneuerbaren Energien und limitiert die Einspeisung von Strom aus der Kohleverbrennung, damit erhöhen sich die Stillstandszeiten der Kohlekraftwerke, was zu einer Verringerung des Bedarfs an Kohle führt.

Bei dieser Energie-Transformation ist das größere Problem wohl die Veränderung auf dem Arbeitsmarkt. Millionen von Arbeitsplätzen werden in der Kohleindustrie verschwinden. Zwar entstehen neue in der grünen Energieindustrie, allerdings liegen viele dieser Betriebe in ganz anderen Regionen des Landes.

Schon heute sieht man an den Berghängen um Peking, aber auch in den Wüsten Gobi und Taklamakan riesige Solarstrom- und Windkraft-Anlagen. Allein auf den Dächern der Hauptstadt wird heute schon mehr Solarenergie erzeugt als in ganz Deutschland. In Shanghai stand ich auf der Aussichtsplattform eines Wolkenkratzers und konnte die Solaranlagen auf den Dächern nicht mehr überschauen.

Diese Umstellung auf nichtfossile Energieträger schließt den Ausbau der Nuklearkraftwerke ein. Neue Atommeiler werden auf der Basis der von Frankreich entwickelten Technologie errichtet. Gegenwärtig sind zwei AKW im Bau, zwei weitere sind geplant. 2019 wurden 42,8 Gigawatt Atomstrom erzeugt, in den nächsten Jahren sollen es mit Inbetriebnahme der geplanten Werke 108 GW sein, womit die Kapazitäten der USA überholt werden. Bis 2030 sollen weitere sechs Reaktoren in Betrieb genommen werden, meldete am 6. September 2020 die *South China Morning Post*.

Die CO_2-arme Wirtschaft, *Chinas Low Carbon Policy* (CLCP), zur Reduzierung der Umweltbelastungen hat Vorrang vor dem ökonomischen Wachstum. Die Einhaltung der sich daraus ergebenden Regeln und Vorschriften erhöht zwar die Produktionskosten in der Industrie, zwingt sie damit aber zur Entwicklung und zum Einsatz energiesparender Innovationen und Technologien. Umweltverstöße werden hart bestraft, was bis zur Schließung von Unternehmen geht, und die verantwortlichen Manager werden im Rahmen des Sozialkreditsystems mit Sanktionen belegt.

Auch im Straßenverkehr vollzieht sich eine tatsächliche Wende, sie ist rigoroser und fundamentaler als in Deutschland. In den Städten wächst der Anteil der Elektroautos täglich. Ende 2019 verkehrten bereits etwa 3,8 Millionen Elektrofahrzeuge auf chinesischen Straßen, mehr als doppelt so viele wie im Autoland USA. Allein in jenem Jahr wurden 1,2 Millionen neue Fahrzeuge zugelassen, was mehr als die Hälfte aller weltweit zugelassenen E-Fahrzeuge bedeutete. Die Taxis in den Großstädten fahren elektrisch, in einigen Städten auch die Busse. Neunzig Prozent aller auf der Welt verkehrenden E-Busse rollen in China. Die Elektro-Ladestationen müssen durch die Fahrzeughersteller installiert werden.

Die Zulassung von Verbrennungsmotoren wird bis 2030 beschränkt, schon jetzt fahren keine dieselgetriebenen PKW mehr auf Chinas Straßen.

Bis 2035 soll der Anteil der elektrogetriebenen Fahrzeuge bei mindestens 50 Prozent liegen. Dabei hat die Regierung nicht nur die Einsparung von Kraftstoff im Auge, sondern die gesamte CO_2-Bilanz.

Um die Umweltbelastung durch Herstellung und Recycling der Batterien zu minimieren, forschen die Chinesen bereits an sogenannten intelligenten Straßen: Dort soll die Energiezufuhr für die Fahrzeuge über Induktionsschleifen erfolgen. Erste Versuchsstrecken befinden sich bereits im Betrieb.

Die einseitige Orientierung auf Elektroautos wurde inzwischen korrigiert, mittlerweile fördert der Staat die Entwicklung von Fahrzeugen mit Brennstoffzellen und reduziert die Subventionen beim Kauf von E-Fahrzeugen.

Der Güterverkehr über längere Distanzen wird schrittweise von der Straße auf die Bahn verlegt, wobei er auf separaten Gleisen abgewickelt wird. Dadurch gibt es keine Überschneidungen mit dem Personenverkehr. Das Hochgeschwindigkeitsnetz erschließt mittlerweile ganz China und reicht bis nach Urumqi in der Provinz Xinjiang im Westen. Inlandflüge werden durch das Reisen mit den Highspeed-Zügen ersetzt. Ich kann bestätigen, dass eine Reise von Peking nach Shanghai mit dem Zug bequemer ist und nicht länger dauert als ein Flug mit An- und Abfahrt zum und vom Airport.

Auf allen Autobahnen gibt es ein Tempolimit: entweder 100 oder 120 km/h.

Seit mehr als zwanzig Jahren wird das Aufforstungsprogramm realisiert, es ist – neben der Umstellung auf erneuerbare Energien – die zweite wichtige Säule für einen wirksamen Klimaschutz. Am Rande der Wüste Gobi wurden bereits siebzig Milliarden Bäume auf 45 Millionen Hektar gepflanzt – eine Fläche größer als Deutschland. Bis 2050 soll ein 4500 km langer und 100 km breiter grüner Schutzwall entstehen. Damit werden gleichzeitig für 313 Millionen Menschen Arbeitsplätze geschaffen.

Alle Autobahnen sind eingefasst mit neuen Baumpflanzungen. Ganze Siedlungen werden als »grüne Städte« entwickelt und umgebaut. Nördlich der Stadt Liuzhou entstand bis Ende 2020 eine Waldstadt, in der dreißigtausend Menschen unter vierzigtausend Bäumen und einer Million anderer Pflanzen leben werden.

2018 bewarben sich 138 Städte in China um den Titel »Waldstadt«, weil sie eine bestimmte Menge neu angelegter Grünflächen und Parkanlagen vorweisen konnten.

Am 28. Oktober 2020 veröffentlichte die *BBC* einen wissenschaftlichen Bericht über die Entwicklung der Biomasse in China, die Kohlendioxid bindet. Die Forscher analysierten Daten, die aus dem Orbit von Satelliten gewonnen worden waren und zeigten sich positiv überrascht über die Auswirkungen der Neuanpflanzungen. *(https:www.bbc.co.uk/news/science-environment-54714 692)*

Und: Hatte man noch 2013 mehr als eine halbe Million Tonnen Abfall aus der EU übernommen, wurde schon im darauf folgenden Jahr der Müllimport gestoppt. Ein Drittel davon konnte weder recycelt noch auf Deponien abgekippt, sondern musste verbrannt werden. Auch dieses Kapitel wurde geschlossen.

Im nächsten Fünfjahrplan soll die chinesische Wirtschaft auf die »duale Zirkulation« umstellen. Das ist deren Neuausrichtung von einer export- und investitionsgetriebenen hin zu einer sich stärker auf die Binnennachfrage konzentrierenden Wirtschaft.

Dieser Prozess ist schon etwa seit einem Jahrzehnt im Gange. Seit der globalen Finanzkrise 2008/09 hat sich die Ökonomie auf die Ausweitung der Binnennachfrage orientiert. »Offiziellen Daten zufolge trugen Chinas Konsumausgaben im vergangenen Jahr 57,8 Prozent zum BIP-Wachstum bei, verglichen mit 35,3 Prozent im Jahr 2008«, hieß es am 7. September 2020 auf *german.xinhuanet.* »Die inländische Zirkulation und die internationale Zirkulation sollten sich gegenseitig ergänzen und verstärken, da sie keine Entweder-Oder-Beziehung darstellen«, erklärte dazu Wei Yuanchun, Vizepräsident der chinesischen Renmin-Universität. Das werde sich auch positiv auf den Energiehaushalt und den Klimaschutz auswirken.

2020 wurde der Geologe Huang Runqiu, Jahrgang 1963, zum Minister für Umwelt und Ökologie berufen. Er ist, das aber nur nebenbei, der dritte Minister seit Beginn der Reformen Ende der siebziger Jahre, der nicht der KP angehört. Huang Runqiu gehört der Jiusan Society an, eine von acht kleinen chinesischen Parteien, deren Existenz im Westen gern verschwiegen wird. China hat eben kein Ein-Parteien-System. Die Ernennung eines Politikers mit dem erforderlichen Fachwissen zeigt, wie ernst es der chinesischen Führung mit der Verwirklichung ihrer Umweltverpflichtungen ist. Wie eben auch Konfuzius' bedeutendster Nachfolger Mengzi (370–290 v. u. Z.) schon Hinweise auf ökologisches Handeln und eine Absage an den Raubbau erteilte: »Verbietest du den Gebrauch feingeknüpfter Netze in großen Teichen, dann werden dort mehr Fische und Schildkröten sein, als die Menschen essen können. Erlaubst du Äxte und Hacken im Wald nur zur richtigen Saison, dann wird es dort mehr Holz geben, als die Menschen nutzen können.«

Die Neue Seidenstraße

**Das größte Infrastrukturprojekt der Geschichte –
eine neue Strategie der Globalisierung?**

Mein ganzes Arbeitsleben lang transportierte ich Waren mit der Transsibirischen Eisenbahn – die heute der »One Belt, One Road«-Initiative zugerechnet wird. In den siebziger Jahren beförderte ich Hopfen aus Thüringen über die Transsib nach Japan, in den achtziger Jahren holte ich über diesen Weg elektronische Güter aus Japan nach Westeuropa. Ich besorgte den Transport von Transformatoren aus Dresden nach Kabul, in den neunziger Jahren den von Maschinenanlagen und Textilien aus China nach Russland. Dann kehrte relative Ruhe ein.

2011 rollte der erste Containerzug aus China nach Deutschland: zwölftausend Kilometer in vierzehn Tagen – schneller als jedes Schiff. Inzwischen treffen am Endpunkt – präziser: an einem der Endpunkte – der Neuen Seidenstraße, nämlich dem größten Binnenhafen der Welt, 35 Züge in der Woche ein. Von Duisburg in Nordrhein-Westfalen aus werden die Container dann in ganz Westeuropa verteilt. Der staatsnahe *Deutschlandfunk* berichtete im Frühjahr 2019: »Duisburg profitiert vom China-Handel«, wobei die Stadt im Ruhrgebiet nur ein Beispiel sei: »Die Seidenstraße ist ein chinesisches Mega-Projekt, das den Welthandel verändern könnte. Über mehrere Routen baut China ein globales Netz aus Häfen, Eisenbahn- und Straßenverbindungen auf«, hieß es weiter. Und Deutschland wolle »dazu beitragen, dass die Strecke noch schneller gemacht wird – zehn Tage Fahrzeit von China bis nach Duisburg, das ist das Ziel«.

Für mich als Ökonom stand immer die Frage, wie die Transportverbindung »Seidenstraße« konkurrenzfähig kann gegenüber dem hochentwickelten Containerverkehr über See gemacht werden. Schon in meiner Diplomarbeit an der Wilhelm-Pieck-Universität Rostock verglich ich die See- mit den Landtransportsystemen. Von 1980 bis 1984 arbeitete ich als Vertreter der Deutschen Reichsbahn in einer internationalen Eisenbahngesellschaft in der Schweiz, die in Konkurrenz zum Straßenverkehr stand. Meine Aufgabe dort war, den Vor- und Nachlauf zur Transsibirischen Eisenbahn ökonomischer zu gestalten. 1986 promovierte ich mit dem Thema des Wettbewerbs zwischen Landtransport-Brücken mit der Containerschifffahrt am Beispiel der Transsibirischen Eisenbahn. Ich kam damals bei meinen Untersuchungen zum Ergebnis, dass die Landtransport-Brücken aus rein wirtschaftlichen Erwägungen nicht konkurrenzfähig seien.

Vier Jahre später erhielt ich das Angebot, die Repräsentanz einer (west-)deutschen Spedition in der Volksrepublik China zu übernehmen, welche Eisenbahntransporte über die Transsibirische Eisenbahn organisierte. Damals sprach noch niemand von der Neuen Seidenstraße, aber sie sollte mein Lebensinhalt werden.

Woher stammt überhaupt dieser Begriff?

Der deutsche Geograph Freiherr Ferdinand von Richthofen veröffentlichte 1877 einen fünfbändigen Reisebericht über seine mehrjährigen Forschungsreisen nach und durch China. Dabei verwandte er erstmals dieses Wort. Er bezeichnete damit Wege (nicht nur einen), über die chinesische Seide fast vierhundert Jahre lang aus dem Han-Reich (206 v. u. Z. bis 220 u. Z.) nach Zentralasien transportiert worden war.

Andere Forscher und Wissenschaftler, chinesische Historiker eingeschlossen, übernahmen diese von einem Deutschen kreierte Bezeichnung für das Geflecht von Handelsrouten zwischen Asien und Europa. »Seidenstraße« wurde in der Folgezeit so etwas wie eine Metapher für den sagenhaften Reichtum im Osten, für die Verbreitung von Religionen und auch für politische und militärische Allianzen, die im Bereich dieser Handelsstraßen entstanden. Das heißt, »Seidenstraße« bezeichnete nicht eine konkrete Verkehrsverbindung, sondern schon immer eine komplexe, vielgestaltige Wirtschafts-, Handels- und Infrastruktur.

Erste archäologische Belege für den Handel mit Seide zwischen China und dem heutigen Europa datieren von 1200 vor unserer Zeit. Schriftliche Aufzeichnungen über den Verlauf der Routen stammen von Zhang Qian, der im zweiten Jahrhundert vor unserer Zeit im Auftrag des chinesischen Kaisers nach Zentralasien reiste, um mit – im heutigen Raum von Usbekistan und Afghanistan lebenden – Nomadenstämmen Allianzen gegen die »Hunnen« zu schließen. (Über die zentralasiatischen Reitervölker, die mit diesem Sammelbegriff bezeichnet werden, weiß die Forschung bis heute im Übrigen sehr wenig.)

Aus Zhang Qians Berichten ist bekannt, dass der Handel damals nicht direkt erfolgte, sondern über viele Stationen lief, Oasen-Städte und kulturelle, religiöse und politische Zentren. Daher wird vermutet, dass mancher Ballen Seide mehrere Jahre unterwegs war und zwischendurch den Eigentümer mehrmals wechselte, ehe er am Ende des Weges beispielsweise in Rom einen »Endkunden« erreichte.

Die traditionelle Han-Dynastie-Route verlief von der damaligen chinesischen Hauptstadt Chang'an (heute Xi'an) über Wuwei, durch den Hexi-Korridor am Fuß des Qilian-Gebirges, weiter über Dunhuang und Turpan in der Wüste Gobi nach Urumqi (in der heutigen Provinz Xinjiang). Dann ging es durch das kasachische Grasland. In der Oasenstadt Dunhuang teilte sich die Route in einen südlichen und in einen nördlichen Arm, um die Wüste Taklamakan zu umrunden. Über die Oasen Turpan oder Kuche zogen die Karawanen über Kaschgar, Samarkand und Buchara weiter nach Persien. Von Teheran führte die Route nach Bagdad bis nach Rom, später auch nach Venedig.

Eine andere Route ging über Kaschgar (gelegen im heutigen Uigurischen Autonomen Gebiet Xinjiang) und das Karakorum-Gebirge des Himalaya nach Islamabad im heutigen Pakistan.

In der vier Jahrhunderte währenden Han-Dynastie entwickelte sich der Handel zu einem Instrument der Außenpolitik. Die Chinesen tauschten mit ihren Nachbarn und weiter entfernt lebenden Völkern nicht nur Seide, Jade und andere Waren, sondern auch Waffen, Gold, Silber und Pferde aus Europa. Auf diesem Wege kam auch die Wassermelone, die in China »Xigua« heißt, was mit »Westmelone« übersetzt werden kann, und die Tomate. Sie nennt man in China noch immer »Xihongshi«, die »Westrote Frucht«, denn sie stammt schließlich aus dem Westen.

Die alte Seidenstraße führte durch große Reiche und verband diese miteinander, und die Herrscher schützten die Händler auf ihren Wegen. Doch mit dem Verschwinden der Reiche erledigten sich auch die Handelsrouten, denn sie wurden unsicher. Marodierende Stämme und Banden sorgten dafür, dass die Händler ihr Ziel nicht erreichten oder mit leeren Händen ankamen.

Gleichwohl zeigten jedoch die funktionierenden Passagen, dass sie mehr waren als nur Handelswege. Über sie wurden nicht nur materielle Güter befördert, sondern auch Immaterielles: Ideen, Kultur, Wissen. Vom Westen nach Osten zogen die griechischen Götter und die persischen Religionen, auch der Buddhismus, das Christentum und der Islam breiteten sich über diese Wege aus. Und von Osten nach Westen expandierte das Gedankengut chinesischer Philosophen. Aber auch Fertigkeiten, etwa wie man Papier oder Schwarzpulver herstellte.

Nachdem das Römische Reich und die Han-Dynastie untergegangen waren, veröderten die Seidenstraßen. Sie wurden erst mit dem Aufschwung der Tang-Dynastie (618–907) wieder belebt. Die Tang-Kaiser waren bemüht, mit Verträgen und dem Handel die Kontrolle über Zentralasien zu erlangen.

Gleichzeitig förderten sie den kulturellen Austausch. Dazu trug erheblich die Reise eines chinesischen Mönches bei. Xuanzang war von 629 bis 645 unterwegs und blieb einige Jahre in Indien, von dort kehrte er per Schiff nach China zurück. Der Tang-Kaiser Taizong unterstützte den Mönch finanziell, so dass er mehrere Dutzend Schriften aus dem Sanskrit ins Chinesische übersetzen konnte. Sie trugen maßgeblich zur Ausbreitung des Buddhismus in China bei.

Dann erschienen die Araber und der Islam auf der Weltbühne. Die ursprünglich von der Arabischen Halbinsel stammenden Nomaden errichteten im westlichen Teil der Seidenstraße verschiedene Kalifate, die sich zwar gegenseitig bekämpften, aber dennoch den interkulturellen Warenaustausch förderten. Im 8. Jahrhundert fand eine weltpolitische Entscheidungsschlacht statt, die allerdings keinen Eingang in die Geschichtsbücher der damaligen Chronisten fand, weil deren Bedeutung erst Jahrhunderte später erkennbar wurde.

Im Rahmen der islamischen Expansion drängte damals eine Allianz aus Arabern und mit ihnen verbündeter Stämme gen Osten. Die chinesische Armee unterlag am Talas bei Taras (heute Kasachstan), womit der Islam bei den Turkvölkern einzog und Zentralasien seitdem islamisch beherrscht ist. (Beim Thema Uiguren werde ich darauf noch einmal zu sprechen kommen.) Mit dieser Schlacht 751, die den Höhepunkt jahrzehntelanger chinesisch-arabischer Konfrontation in Zentralasien darstellte, fielen die Würfel. Die Folgen wirken bis heute nach. Die unmittelbaren jedoch waren: Der Handel erlahmte erneut für Jahrhunderte in dieser Region.

Mit der Herrschaft von Dschingis Khan (1162–1227) und der Festigung seines Mongolenreiches erlebte die Seidenstraße eine Renaissance. In jener Zeit kamen europäische Händler wie Marco Polo oder Francesco Pegolotti, Missionare und Forschungsreisende wie Johannes de Plano Carpini und Wilhelm von Rubruk, die erstaunliche Berichte zurück nach Europa brachten. Ihre Darstellungen produzierten bis heute existierende Bilder von einer »Straße in den Orient«, die durch Oasen führte, vorbei an goldenen Tempeln und Moscheen, wo unter Palmen die staubigen Reisenden von schönen Haremsdamen verwöhnt wurden.

Während der Yuan-Dynastie (1279 bis 1368) ließen sich viele Europäer im mongolisch beherrschten China dauerhaft nieder. Die damalige Gesellschaft war hierarchisch in vier Klassen eingeteilt: in Menschen mit farbigen Augen, in Mongolen sowie in Nord- und in Südchinesen.

Die Ming-Dynastie, die der Mongolen-Herrschaft folgte, wandte sich mehr dem seeseitigen Handels- und Diplomatieaustausch zu. Unter Zhu Di (1402–1424), dem zweiten Ming-Kaiser, stießen die Dschunken-Flotten des Admirals Zheng He bis nach Afrika vor. Sie knüpften diplomatische Kontakte und organisierten Handelsverbindungen mit (den heutigen) Malaysia, Sri Lanka, Bangladesh, Indien, Pakistan und Iran. Auf seinen sieben Reisen befehligte Zheng He eine gewaltige Armada. Bei der ersten Reise zählte die Flotte weit mehr als ein halbes Hundert Schiffe mit fast dreißigtausend Seeleuten und Soldaten. Diese diplomatischen Missionen verschlangen derart viel Geld, dass die zur Finanzierung erhobenen Steuern die Chinesen aufmucken ließen. Die Unruhen und Aufstände beendeten die auswärtigen Ambitionen. Die Ming-Kaiser zogen es fortan vor, sich hinter die Große Mauer zurückzuziehen, die zu jener Zeit massiv ausgebaut wurde, und schotteten sich vom Rest der Welt ab.

Die nächste Renaissance der Seidenstraße

In der zweiten Hälfte des 20. Jahrhunderts kam der Großraum-Behälter auf: der nach internationalem Standard (ISO) gebaute Container. Es gab ihn in verschiedenen Größen, bis man sich auf wenige verschiedene Standards einigte. Heute werden zwei Drittel des grenzüberschreitenden Warenverkehrs mit Fracht- und Schiffscontainern abgewickelt. Aufgrund der genormten Maße können sie auf See- und Binnenschiffen, mit der Eisenbahn und auf LKW befördert und schnell umgeschlagen werden. Mit der Globalisierung gegen Ende des Jahrhunderts kam es auch zu einer Neubelebung der landseitigen Verkehrs- und Handelsverbindungen über die Transsibirische Eisenbahn. In diese Entwicklung war ich aktiv eingebunden.

Die rund zwanzigtausend Kilometer lange Seestrecke von Japan und China nach Westeuropa durch den Suezkanal konnte um einige tausend Kilometer und etliche Tage reduziert werden, beförderte man die Container über Land. Hinzu kamen Kriege im arabischen Raum, die die Passage des Suezkanals unsicher, eine Zeitlang sogar unmöglich machten. Dadurch gewann die Eisenbahnverbindung an Attraktivität – sowohl für Peking als auch für Moskau, das natürlich am Transport über russisches Territorium verdiente.

Der chinesischen Führung ging es bei der Wiederentdeckung der alten Handelsrouten jedoch nicht ausschließlich um die Reanimierung einstiger Transportwege wie der »Seidenstraße« im Norden, die einst Marco Polo bereist und die im Süden über See Admiral Zheng He gebahnt hatte. Das als »Belt and Road Initiative« (BRI) bezeichnete Konzept bezog den gesamten asiatischen, europäischen und afrikanischen Raum großzügig und sehr komplex mit ein. Das Gesamtprojekt betrifft nach Schätzungen mehr als sechzig Prozent der Weltbevölkerung und etwa ein Drittel der Weltwirtschaft. Der Handel entlang der Neuen Seidenstraße könnte bald knapp vierzig Prozent des gesamten Welthandels umfassen, wobei ein Großteil auf den Seeweg entfällt, heißt es.

2013 präsentierte Staats- und Parteichef Xi Jinping »die Initiative zum gemeinsamen Aufbau von Wirtschaftsgürteln entlang der Seidenstraße« auf dem Land und dem Wasser und bezeichnete dies als »die zwei Flügel des asiatischen Aufstiegs«. Drei Jahre später ergänzte er, indem er die Intentionen ausführte, die Peking damit verbindet: »Die antike Seidenstraße war eher ein Weg der Freundschaft denn ein Handelsweg. Im Laufe des freundschaftlichen Umgangs der chinesischen Nation mit anderen Völkern hat sich der Geist der Seidenstraße herausgebildet, der durch Frieden und Kooperation, Offenheit und Toleranz, gegenseitiges Lernen sowie gemeinsamen Nutzen gekennzeichnet war. Mit der Initiative unter den neuen historischen Beziehungen zielen wir darauf ab, den Geist der Seidenstraße zu übernehmen und ihn weiterzuführen, sowie die Entwicklung Chinas mit der anderer Länder, die an der Initiative beteiligt sind, und den Chinesischen Traum mit den Träumen anderer Völker zu verbinden und dadurch der antiken Seidenstraße neues Leben einzuhauchen.«

Das war die politisch-ideologische Begründung, warum Peking dieses globale Wirtschaftsprojekt »als Initiator und Förderer« gestartet hatte.

Natürlich machen auch die Chinesen nichts aus Altruismus, aber sie wissen, dass jeder einzelne Teilnehmer vom Aufschwung aller profitiert. Also auch sie. »Schlaue Doppelstrategie« überschrieb die Hamburger *Zeit* ihren Beitrag über den »Seidenstraßen-Gipfel« im Mai 2017 in Peking. Daran nahmen Staatsoberhäupter und Regierungschefs, Leiter internationaler Organisationen und Fachleute teil, insgesamt anderthalbtausend Entscheider aus mehr als hundert Ländern. »China will ganz Eurasien und Teile Afrikas mit Straßen und Schienen für Hochgeschwindigkeitszüge verbinden, in Häfen, Containerterminals und Flughäfen investieren, ebenfalls in Kraftwerke, Pipelines und Computernetzwerke. Sollte die chinesische Regierung wirklich alles verwirklichen, was ihr vorschwebt, wird nach Ansicht der *Asian Development Bank* (ADB) bis 2030 ein Investitionsvolumen von mehr als 24 Billionen Euro nötig sein. Einen Großteil davon wollen die Chinesen übernehmen. Tritt das tatsächlich ein, würde China damit das größte Konjunkturprogramm der Menschheitsgeschichte stemmen.« So die *Zeit*.

Kritik kam von den USA und der EU, die nur als Beobachter am Nachfolge-Gipfel 2019 teilnahmen. »Es bestehe die Gefahr, dass arme Staaten in die Schuldenfalle tappen, was

China zu seinem Vorteil nutze. Wie im Fall des Hafens von Sri Lanka, den Peking auf diesem Weg für 99 Jahre leasen konnte. China verletze mit vielen Projekten soziale, arbeits-, menschenrechtliche und Umweltstandards«, warnte besorgt *Die Welt* am 26. April 2019.

Die Schuldenfallen-Behauptung ist ein ideologischer Kampfbegriff, den die USA in die Welt brachten. Im März 2019 erhob US-Außenminister Pompeo den Vorwurf, China vergebe aus geostrategischen Interessen gezielt Kredite an mittellose Länder, die sie nicht zurückzahlen könnten, um sie dadurch abhängig zu machen. Als Beweis für diese These – es ist das einzige Beispiel, sonst würde dieser Fall nicht immer wieder zitiert, sondern auch mal durch einen anderen ersetzt werden – gilt der Hafen Hambantota auf Sri Lanka.

Sri Lanka überschrieb im Dezember 2017 China die Nutzungsrechte für 99 Jahre, weil es seine Verbindlichkeiten nicht mehr bedienen konnte. Die Idee für den Hafenneubau kam jedoch nicht aus China, sondern war Bestandteil des offiziellen Entwicklungsplanes Sri Lankas. Zur Finanzierung lieh sich der Inselstaat Gelder bei chinesischen Staatsbanken, doch aufgrund der anfänglichen Unwirtschaftlichkeit des Hafens und anderer Fehler und Irrtümer konnte das Land die Kredite nicht mehr bedienen, weshalb trotz verschiedener Umschuldungsversuche am Ende nur eine Option blieb: die Übertragung der Nutzungsrechte an China.

Die Rhodium Group – ein in den USA ansässiges und unabhängiges Unternehmen, das seit Jahrzehnten Wirtschaftsdaten analysiert – untersuchte danach vierzig Fälle, in denen Kredite chinesischer Staatsbanken nachverhandelt worden waren. »Nachverhandlungen« gelten immer als Indiz für Unregelmäßigkeiten bei Finanztransfers und der laufenden Tilgung von Verbindlichkeiten. Die Forscher urteilten nach akribischer Untersuchung, dass die Übernahme von Vermögenswerten durch China, wie in Sri Lanka geschehen, »ein sehr seltener Vorgang« sei.

In sechzehn der vierzig von der Rhodium Group analysierten Fälle hatte China die Schulden abgeschrieben, elf Mal die Rückzahlungsfristen verlängert und in jeweils vier Fällen eine Refinanzierung, eine Neuverhandlung der Konditionen oder einen Abbruch der Zahlungen vereinbart. »Das weist einerseits darauf hin, dass Peking sich durchaus gesprächsbereit zeigt, wenn Länder in Zahlungsschwierigkeiten geraten. Andererseits zeigt die hohe Zahl an Nachverhandlungen, dass die von China finanzierten Projekte sich häufig als wirtschaftlich nicht tragfähig erwiesen haben«, kommentierte die *Frankfurter Allgemeine Zeitung* am 6. Mai 2019 die Befunde der Amerikaner.

Von Wirtschaft, das kann man unterstellen, verstehen die Chinesen inzwischen ein wenig. Wenn sie also ihre auf dem Weltmarkt verdienten Devisen in Projekte stecken, die sich nicht rechnen, kann wohl kaum Profitstreben und das ihnen unterstellte Kalkül sie zum Handeln veranlasst haben. Was also dann?

Prof. Deborah Brautigam von der Johns Hopkins University in Baltimore/USA untersucht ebenfalls seit Jahren die chinesischen Finanzströme. In einem Beitrag in der *New York Times* (»Is China the World's Loan Shark?« – »Ist China der Kredithai der Welt?«, 26. April 2019) widersprach auch sie der Behauptung, die Chinesen würden vorzugsweise in unwirtschaftliche Projekte investieren, um dadurch strategische Vorteile zu erlangen. Von den siebzehn afrikanischen Staaten, die derzeit in einer Schuldenkrise steckten, stünden lediglich drei vornehmlich bei den Chinesen in der Kreide ...

Also die Behauptung einer Schuldenfallen-Politik, vorzugsweise mit dem von den Chinesen verfolgten interkontinentalen Infrastrukturprojekt »Neue Seidenstraße« penetriert, erweist sich bei genauer Betrachtung als Schimäre.

Aus dem gleichen antichinesischen, antikommunistischen Geist speisen sich die anderen »Warnungen«, etwa jene, dass von der Initiative nur staatliche chinesische Unternehmen profitieren würden. Neben der Verletzung der sozialen, arbeits-, menschenrechtlichen und Umweltstandards wird auf die angeblich gewachsene »militärische Aggressivität« hingewiesen.

Die Routen des chinesischen Seehandels führen durch die Südchinesische See, durch die Straße von Malakka, vorbei am südlichen Zipfel des indischen Subkontinents, am Horn von Afrika und nach Europa durch den Suezkanal – über achtzig Prozent des chinesischen Handels mit Europa und Afrika passieren diese Seewege. Das erklärt einmal, weshalb die Seemacht China diese Wege auch militärisch abzusichern versucht (auch gegenüber der US-Flotte, die in diesen Gewässern und fernab der Heimat unterwegs ist), und zum anderen, warum die Volksrepublik die Bahnverbindungen durch Russland und Kasachstan nach Europa subventioniert und mit günstigen Krediten den Ausbau der Bahnstrecken fördert.

Ende 2011 erklärte US-Präsident Barack Obama vor dem australischen Parlament die Neuausrichtung der Außenpolitik Washingtons: »Als Pazifiknation werden die USA eine größere und langfristigere Rolle in der Gestaltung dieser Region und ihrer Zukunft spielen.« Als einen der ersten Schritte dieser »Pivot to Asia« bezeichneten Politik kündigte er den Ausbau der US-Streitkräfte in Australien an. »Wir sind hier, und wir werden hier bleiben.« Angeblich hätten sich auch Länder wie Japan und Korea für ein stärkeres Engagement der USA in der Region ausgesprochen.

Nach meinem Verständnis war es spätestens zu diesem Zeitpunkt für die chinesische Führung zwingend, Alternativen zum Seeverkehr aufzubauen und sich um den Schutz des eigenen Handels zu bemühen. Diese These bestätigt sich in Anbetracht der verstärkten Anti-Chinapolitik, des von den USA entfachte Handelskriegs und der Präsenz von US-Flottenverbänden in der Südchinesischen See – angeblich zum Schutz der freien Schifffahrt.

Die VR China schenkte seit ihrer Gründung 1949 der engen Zusammenarbeit mit afrikanischen und anderen asiatischen

Ländern eine hohe Beachtung, sie investierte in diese Länder. Aber diese internationalen Kooperationen wurden nie propagandistisch ausgespielt, sogar bewusst heruntergespielt – »low key policy« nannte Peking das, eine zurückhaltende Politik. Xi Jinping sprach Ende März 2014 in der Körber-Stiftung in Berlin die Motive an: »Die fünftausend Jahre alte chinesische Kultur ist schon immer eine Friedenskultur gewesen. Das Streben nach Frieden, Eintracht und Harmonie ist Chinesen in Fleisch und Blut übergegangen. So lautet ein alter chinesischer Aphorismus: ›Ein kriegslustiges Reich, möge es auch noch so stark sein, ist zum Untergang verurteilt.‹«

»Kommunistische Staatskapitalisten wollen die Welt beherrschen!«

Im Einzugsbereich der Neuen Seidenstraße liegen Rohstoffe in gigantischen Mengen, sie werden für die Produktion in den kommenden Jahrzehnten benötigt. Der Öl-Konzern BP schätzt, dass fast siebzig Prozent der weltweiten Erdölreserven und über sechzig Prozent der nachgewiesenen Erdgasvorkommen im Mittleren Osten, in Russland und Zentralasien liegen. Zwei Drittel aller Silizium-Vorkommen befinden sich in Russland und China, auch die wichtigsten Vorkommen der Seltenen Erden sind in diesem Raum. Gewaltige Flächen Russlands und Zentralasiens können zudem für die landwirtschaftliche Nutzung erschlossen werden, aber auch für die Aufforstung. Das hat Bedeutung fürs Wachstum der Erdbevölkerung, die ernährt werden muss, aber auch fürs globale Klima. In Eurasien leben etwa siebzig Prozent der Weltbevölkerung, dreißig Prozent des Welthandels erfolgten zwischen Asien und China.

Die Stan-Länder Zentralasiens sind jene Staaten, die vorwiegend von indo-iranisch- und turksprachigen Völkern besiedelt werden und deren Namen auf »stan« enden: von Afghanistan bis Usbekistan. Sie haben ein gemeinsames

Problem: Die einst in das Wirtschaftsgefüge der UdSSR integrierten Sowjetrepubliken Kasachstan, Kirgisien, Tadschikistan, Turkmenien und Usbekistan fielen in ihrer Entwicklung nach Erlangung der Unabhängigkeit deutlich zurück. Lediglich Kasachstan konnte sich aufgrund seiner Bodenschätze langsam erholen. Die anderen Stan-Länder mit der einseitig orientierten Wirtschaft, auch monokultureller Landwirtschaft, stagnierten oder wurden, wie etwa Afghanistan, durch Kriege zurückgeworfen.

Das Erstarken Chinas, Indiens, des Irans und Pakistans, Russlands Wiedererlangung seines nationalen Selbstbewusstseins durch Präsident Putin, die politische Entwicklung in den zentralasiatischen Stan-Ländern signalisieren, dass weltpolitisch bedeutende Entscheidungen nicht wie bis dahin ausschließlich in den westlichen Metropolen getroffen werden, sondern auch in Peking, Moskau, Teheran, Neu Delhi oder Islamabad.

Der seinerzeitige sowjetische Außenmister Eduard Schewardnadse hatte bereits 1990 auf einer internationalen Konferenz in Wladiwostok den Wiederaufbau der alten Seidenstraße angesprochen. Auch das neue Russland wünsche sich eine Freihandelszone von Lissabon bis Wladiwostok, so Präsident Putin 2001 im Deutschen Bundestag. Das hatte damals Westeuropa abgelehnt, weil es der Strategie der USA widersprach. Seit Jahrzehnten schon versuchten die Amerikaner zu hintertreiben, dass sich westeuropäisches Knowhow mit den russischen Ressourcen verbündete, um einen mächtigen eurasischen Konkurrenten zu verhindern. Diese US-Strategie ist unvermindert gültig. Aus diesem Grunde wurde auch ein intensiver Kampf auf allen Feldern gegen die Erdölpipeline Nordstream 2 geführt.

Das US-Repräsentantenhaus formulierte 1999 einen – nie verabschiedeten – Gesetzentwurf, den man mit Seidenstraßenstrategie (»Silk Road Strategy Act«) umschreiben kann. Darin wurden die Interessen der USA in Zentralasien (vorwiegend im sogenannten postsowjetischen Raum) klar definiert. Unter dem Vorwand der »Verbreitung von Souveränität, Unabhängigkeit, demokratischen Regierungsformen, Respekt für die Menschenrechte« ging es um Absatzmärkte und Rohstoffquellen. Nach der Invasion der USA im Irak forderten US-Diplomaten die Reaktivierung der alten Verbindungen von Süd- und Zentralasien. Die Festigung der Demokratie in Afghanistan sei ein erster Schritt.

2011 sprach US-Außenministerin Hillary Clinton während eines Besuchs in Indien von einer neuen Seidenstraße als der »Vision für das 21. Jahrhundert«. Diese Aussagen basierten auf Empfehlungen von ehemaligen US-Sicherheitsberatern wie Henry Kissinger und Zbigniew Brzeziński oder Politikwissenschaftlern wie John J. Mearsheimer. Anders als etwa die Chinesen verbanden die US-Strategen mit der Seidenstraße jedoch ganz andere Intentionen. Es ging und geht ihnen um die Erhaltung und Festigung der amerikanischen Dominanz auch in dieser Region mittels Stärkung ihrer Verbündeten, so dass Washington nur kontrollieren und lediglich dann militärisch intervenieren müsse, wenn die herrschenden Regimes zu schwach würden. Dieses strategische Konzept nannten sie »Offshore Balancing«. Es erlaubt den USA, ohne die Kosten militärischer Einsätze ihre Macht und ihren Einfluss in den für sie drei wichtigsten Regionen der Welt zu erhalten: in Europa, um den Persischen Golf und in Nordostasien. Was außerhalb dieser Regionen liegt, interessiert Offshore Balancer weniger.

Der Volksrepublik China wird vorgeworfen, mit der Seidenstraßen-Initiative ein solches »Offshore Balancing« zu verfolgen. Was für eine Heuchelei!

Bezeichnend ist jene Anekdote, dass sich 2012 der US-Immobilien-Tycoon und (nachmalige) Präsident Donald Trump für Immobilien und Hotels entlang der Neuen Seidenstraße in Zentralasien »Trump« als Marke eintragen und schützen ließ. Bereits 2007 ließ er sich auch seinen Namen für einen Wodka eintragen. Vermutlich kopierte er damit Wodka Gorbatschow.

Die Seidenstraßen-Initiative ist also weder eine Schnaps-idee noch eine genuin chinesische Vision. Auch andere versuchten diese historische Infrastruktur neu zu beleben. Aber aus ganz anderen Gründen.

Die Routen

Das Projekt Neue Seidenstraße besteht aus einem Netzwerk von Transportverbindungen über Land und auf See. Das sind einmal traditionelle Eisenbahnverbindungen über Nord- und Ostchina nach Chita in Sibirien und weiter über Moskau nach Mitteleuropa oder über die chinesisch-mongolische Grenze nach Irkutsk und von dort via Moskau nach Zentraleuropa. Eine dritte Route durch Mittel- und Westchina geht über die chinesisch-kasachische Grenze und dann weiter durch Russland, eine vierte auf der gleichen Passage, die aber nicht nach Russland, sondern nach Usbekistan geht. Von dort führt sie weiter nach Afghanistan, Turkmenistan und in den Iran.

Wie überall an den russischen Grenzübergängen muss »umgespurt« oder die Ware umgeladen werden. In China beträgt wie in Europa die Spurbreite 1435 mm, die in Russland und in der Mongolei 1520 mm. Nach Süden ist es nicht anders.

Die dortigen Eisenbahnverbindungen fußen auf den von der französischen Kolonialmacht angelegten (und modernisierten) Strecken. 1910 wurden die Gleise von Kunming nach Hanoi verlegt und in den dreißiger Jahren bis nach Saigon verlängert. Auch diese Bahn hat eine vom chinesischem Normalspur-Netz abweichende Spurbreite. An den Grenz-übergängen bestehen die gleichen Anforderungen wie an der russischen, mongolischen und kasachischen Grenze. Der weitere Ausbau im Rahmen der Seidenstraßen-Investitionen läuft bereits, es geht über Vientiane und Bangkok und Kuala Lumpur bis nach Singapur.

Zum Netz der Landverbindungen gehören auch Autobahnen und Straßen, so von Kunming in Südchina nach Bangladesh oder von Khorgas in Westchina nach Kasachstan (mit Anbindung an den Iran und weiter bis zur Türkei), nach Tadschikistan und nach Pakistan. Die Straßen von Westchina und Südchina wurden an das chinesische Highway-System angeschlossen, so dass schwere Lastzüge von allen Landesteilen die Knotenpunkte erreichen.

Problematisch sind lediglich die Straßenverbindungen durch die Provinz Xinjiang im Westen Chinas, da wegen der latenten Terrorgefahr aufgrund religiöser und ethnischer Konflikte besondere Sicherheitsbedingungen gelten. Sowohl Straßen- wie auch Eisenbahnverbindungen und Pipelines, die durch Xinjiang führen, sind für die Provinz und für das ganze Land von besonders großer wirtschaftlicher und politischer Bedeutung.

Erwähnenswert ist der Karakoram Highway zwischen China und Pakistan. Die 1300 km lange Route führt über bis zu 4714 Meter hohe Pässe, durch tiefe Täler und entlang steiler Felsenschluchten. Durch einen gewaltigen Erdrutsch 2010 wurde der Highway für mehrere Jahre unpassierbar. Im Rahmen des China Pakistan Economic Corridor (CPEC) begann 2012 der Neubau einer zwei Dutzend Kilometer langen Strecke mit Brücken und Tunneln zur Umgehung des damals entstandenen Sees.

Als wichtige Straßenverbindung zwischen China und dem Hafen Gwadar in Pakistan wird gegenwärtig der gesamte Highway auf mindestens dreißig Meter Straßenbreite ausgebaut. Parallel zur Straße wird auch eine Eisenbahnlinie angelegt. Das geschieht ebenfalls aus geostrategischen Überlegungen. Denn sollte die Schifffahrt in der Straße von Malakka behindert werden, verfügt China mit dieser Route über einen Zugang zum Indischen Ozean.

China sichert einen großen Teil des Energie-Importes aus Russland und Kasachstan durch Pipelines. Dennoch kommen etwa zwei Drittel – aktuell etwa acht Millionen Barrel pro Tag – auf dem Seeweg ins Land. Darum wurden im Rahmen des Seidenstraßenprojektes drei weitere Leitungssysteme angelegt. So die dreitausend Kilometer lange »Power of Siberia Gas Pipeline« nach Nordostchina, eine weitere aus Kasachstan von den Ölfeldern am Kaspischen Meer über die Provinz Xianjing und eine dritte parallel zum Karakorum Highway. Diese Erdölleitung ist im Hafen Gwadar auch an die Iran-Pakistan-Pipeline angebunden, so dass im Falle einer Blockade der Straße von Hormus oder von Malakka China von dort arabisches Öl beziehen kann.

Über die Seeverbindungen wickelt China 98 Prozent seines Handels mit Europa ab, zu 100 Prozent den mit Afrika. Die Volksrepublik verfügt inzwischen über die größte Containerflotte der Welt. Die Seehäfen in China und entlang der Seidenstraßenrouten werden darum systematisch ausgebaut und neue Ports erschlossen. Im Westen spricht man von »String of Pearls«, von einer Perlenkette.

Dass mit der Erweiterung der Hafenkapazitäten und der Entwicklung des Handels auch Chinas Sicherheitsinteressen wachsen, liegt auf der Hand. Peking befestigt darum Inseln im Südchinesischen Meer und bezog 2017 am Horn von Afrika einen Militärstützpunkt, Chinas erste und einzige Marinebasis außerhalb des Landes. Das Geschrei im Westen war und ist darüber groß. Gern wird dabei verschwiegen, dass in Djibouti, gelegen an einer der wichtigsten Verkehrsadern der Schifffahrt, die USA seit 2002 einen ständigen Stützpunkt unterhalten, und dass auch Frankreich (seit 1977), Japan (seit 2011), Italien und Spanien ebenfalls schon lange dort präsent sind. Sogar die Bundesrepublik Deutschland ist in Djibouti vertreten. Natürlich nur mit einem kleinen Kontingent, wie es heißt. China investierte überdies 370 Millionen Dollar in den Bau einer unmittelbar neben dem Hafen gelegenen Freihandelszone und verlegte zudem 752 Kilometer Gleis, so dass man nun von Djibouti bis nach Addis Abeba in Äthiopien mit der Bahn reisen kann. Dort steht übrigens das zweihundert Millionen Dollar teure Hauptquartier der

Afrikanischen Union. Unnötig zu erwähnen: ein Geschenk Chinas.

Auch sei daran erinnert, dass seit Beginn des »Arabischen Frühlings« 2010 – von den USA forcierten Regime-Wechseln – China fast 36000 Landsleute aus Libyen und 2015 einige Hundert Chinesen aus Jemen evakuieren und in Sicherheit bringen musste. Und ferner sei an eine Aussage des seinerzeitigen deutschen Bundespräsidenten Horst Köhler erinnert, die dieser – auf dem Rückflug von Afghanistan – 2010 in das Mikrofon des *Deutschlandradios* sprach: »Ein Land unserer Größe mit dieser Außenhandelsorientierung und damit auch Außenhandelsabhängigkeit« müsse wissen, dass »im Notfall auch militärischer Einsatz notwendig ist, um unsere Interessen zu wahren, zum Beispiel freie Handelswege«. Quod licet Iovi, non licet bovi: Was Deutschland, den USA, Frankreich, Italien, Spanien und Japan erlaubt ist, ist China noch lange nicht erlaubt.

Dabei hatte um 2015 herum, als die Piratenakte vor der afrikanischen Küste zunahmen, Washington von Peking verlangt, dass es seine Schiffe gefälligst mit eigenen Marine-Verbänden schützen solle. Was sie auch taten.

Und China entwickelt seine Marine stetig weiter, baut U-Boote und Flugzeugträger. In Qingdao – vor dem Ersten Weltkrieg kaiserlich-deutscher Marinestützpunkt, welch Ironie der Geschichte – präsentierte die chinesische Volksbefreiungsarmee im Januar 2020 den Zerstörer »Nanchang«. Mit 112 Raketensilos soll er das stärkste Tarnkappenschiff der Welt sein.

Mombasa ist der wichtigste Seehafen Ostafrikas, das Tor für den Handel mit afrikanischen Staaten. In den Jahren 2014 und 2016 errichtete China dort zwei Containerterminals und modernisierte die Hafenanlagen, gleichzeitig baute es die fünfhundert Kilometer lange Straßenverbindung zur kenianischen Hauptstadt Nairobi aus. Die bereits bestehende Eisenbahnverbindung nach Nairobi und nach Uganda wurde mit chinesischem Kapital modernisiert. China nutzt Mombasa als Basishafen für die eigene Handelsflotte und sichert schon damit eine hohe Auslastung sowie dessen wirtschaftliche Rentabilität für Kenia.

Die USA dagegen nutzen den Hafen lediglich als Basis für ihre Flottenaktivitäten am Horn von Afrika und knüpfen damit an dessen ursprüngliche Nutzung an: die koloniale Ausbeutung des afrikanischen Kontinents.

Daressalam, keine vierhundert Kilometer von Mombasa entfernt, ist das wirtschaftliche Zentrum des benachbarten Tansania. Der dortige Hafen hat Bedeutung für Tansania wie auch für Sambia und Sansibar. 1978 besuchte Deng Xiaoping Tansania und gab den Startschuss für die wirtschaftliche Kooperation zwischen beiden Ländern. 2018, auf der 8. China-Afrika-Konferenz, stellte China sechzig Milliarden Dollar für spezielle Projekte bereit. Ein nicht geringer Teil floss in den Ausbau der Häfen in Daressalam und Bagamoyo. In der unweit von Daressalam gelegenen Kleinstadt wurde ein Transportzentrum für die ostafrikanische Region errichtet.

Im Rahmen des sogenannten EU-Rettungspaketes nach der Finanzkrise wurde Griechenland aufgefordert, den Hafen von Piräus zu privatisieren. China übernahm auf eine entsprechende Anfrage aus Athen 51 Prozent der Anteile mit der Option auf weitere 16 Prozent.

Piräus besitzt aus Sicht Chinas eine herausragende Bedeutung für die europäische Transportlogistik. Der Seeweg vom Suezkanal zu diesem europäischen Hafen ist der kürzeste, und von Piräus aus ist Ost- und Zentraleuropa per Schiene und Straße bestens, weil auf kürzeste Distanz, zu erreichen. Die Transportzeit im Vergleich zu den Nordsee-Häfen reduziert sich um mehrere Tage. Damit steht der Hafen Piräus in direkter Konkurrenz zu den bisher für die mitteleuropäische Wirtschaft wichtigen Häfen an der Nordsee.

Mit der besonders von Deutschland und Frankreich kritisierten neuen Eisenbahnverbindung Piräus-Budapest, die China baut, werden Ungarn, Bulgarien, Rumänien und Österreich direkt bedient, und die Strecken von den nordeuropäischen Häfen verlieren an Bedeutung. Gleichzeitig generieren die nunmehr anderen Transitländer Frachteinnahmen.

Piräus wurde außerdem durch den von China geförderten Hafenausbau inzwischen auch der bedeutendste Passagierhafen Europas.

Die EU-kritische Regierung in Italien erkannte ebenfalls die enorme Bedeutung der europäischen Südhäfen und vereinbarte während des Besuches von Xi Jinping im April 2019 als erstes G7- und EU-Mitglied einen Rahmenvertrag für die Beteiligung an der »Neuen Seidenstraße« – die Häfen in Triest und Genua sollen, wie schon Piräus, zum großen Umschlagplatz für chinesische Exporte nach Europa ausgebaut werden.

Neben den genannten Hafenprojekten beteiligt sich China seit 2016 an insgesamt 46 Container-Terminals in Europa. Schon zwei Jahre zuvor übernahm die staatliche chinesische Reederei COSCO 35 Prozent vom Rotterdamer Terminal.

Organisation des Projektes »Neue Seidenstraße«

Jedes Zusammenwirken von Staaten und Institutionen bedarf einer Struktur und einer Organisation, das gilt erst recht für das größte Infrastrukturprojekt der Geschichte. Ich erspare mir die Details, es würde zu sehr ausufern und den Rahmen dieses Buches sprengen. Ich biete nur eine grobe Übersicht.

Eine Schlüsselstellung hat die Asiatische Infrastrukturinvestment Bank (AIIB), die auf Initiative Chinas im Sommer 2015 ins Leben gerufen worden ist. Namentlich die USA versuchten dies zu verhindern – Banken aus 57 Staaten ließen sich davon nicht beeindrucken. Inzwischen sind weitere Staaten und Banken beigetreten, darunter auch Finanzinstitute aus Deutschland, Italien und Großbritannien. Diese multilaterale Entwicklungsbank AIIB wurde »im Wettbewerb« zur Weltbank, zum Internationalen Währungsfonds und zur Asiatischen Entwicklungsbank gebildet. Die Bundesregierung begründete Anfang 2016 ihren Schritt damit, dass sie sich deshalb engagiere, damit sich »auch deutsche Banken und Unternehmen« an Projekten in Asien beteiligen können. »Das Gesamtkapital des Finanzinstituts wird sich auf 100 Milliarden US-Dollar belaufen. Der deutsche Kapitalanteil wird aller Voraussicht nach rund 900 Millionen US-Dollar betragen, verteilt über den Zeitraum 2016 bis 2019, und rund 3,6 Milliarden US-Dollar Gewährleistungen ab 2016.«

»Damit ist Deutschland nach China, Indien und Russland der viertgrößte Anteilseigner mit 4,1 Prozent der Stimmen.« So die Bundesregierung damals.

Bislang wurden bereits rund vierzig Infrastruktur-Projekte im Bereich erneuerbarer Energie und der Bewässerung in der Landwirtschaft, im Verkehr, für die Kommunikation und im Tourismus finanziert. Kredite werden von der AIIB vorzugsweise in chinesischer Währung ausgegeben.

Zu den Strukturelementen gehört auch der lose Zusammenschluss von fünf aufstrebenden Staaten: Brasilien, Russland, Indien, China und Südafrika, meist als BRICS bezeichnet, die gemeinsame Interessen koordinieren, insbesondere gegenüber Investoren aus Drittstaaten. Seit 2009 treffen sich die Staatschefs einmal jährlich. 2014 gründeten die fünf Staaten die BRICS New Development Bank als Alternative zu Weltbank und IWF. Deren Kreditvolumen beträgt 50 Milliarden Dollar, für wirtschaftliche Turbulenzen sollen Sonderrücklagen in doppelter Höhe gebildet werden. Trotz der sich verändernden Investitionsbedingungen, des Verfalls der Rohstoffpreise und aufgrund politischer Veränderungen in den einzelnen BRICS-Staaten verlor die Organisation kaum an Einfluss.

Bereits 2001 – im Vorgriff auf eine ins Auge gefasste eurasische Wirtschaftsunion – wurde die Shanghaier Organisation für Zusammenarbeit (Shanghai Cooperation Organisation, SCO) mit Sitz in Peking ins Leben gerufen. Neben China waren daran Russland, Tadshikistan, Kasachstan, Kirgisistan und Usbekistan beteiligt, 2017 kamen Indien und Pakistan dazu. Afghanistan, Belorussland, Iran und die Mongolei sind als Beobachter dabei, als »Dialogpartner« werden Aserbaidshan, Armenien, Kambodscha, Nepal, die Türkei und Sri Lanka geführt. Alle zusammen vertreten vierzig Prozent der Weltbevölkerung. Die SOC hat seit Dezember 2004 einen Beobachterstatus bei den Vereinten Nationen.

Das ursprüngliche Gründungsziel waren Sicherheitsfragen in den Grenzregionen der zentralasiatischen Staaten. Auf dem SOC-Gipfel in Qingdao im Juni 2018 verabschiedeten die Mitglieder ein Programm zur gemeinsamen Bekämpfung von »Terrorismus, Separatismus und Extremismus«. Zunehmend jedoch erstreckt sich die Kooperation auch auf die wirtschaftliche Zusammenarbeit im Rahmen der Belt and Road Initiative (BRI).

Die SOC ist inzwischen eine Plattform für eine umfassende wirtschaftliche, technische, wissenschaftliche und kulturelle Zusammenarbeit sowie für Sicherheitsfragen. Jährlich finden Gipfeltreffen auf den Ebenen der Staatsoberhäupter und der Regierungschefs statt. Daneben werden Arbeitstreffen der verschiedenen Bereiche organisiert. Arbeitsorgane der SOC sind ein Sekretariat in Peking und das Antiterrorismus-Büro in Taschkent.

Die Koordinierung der Beziehungen zwischen Afrika und seinem größten Handelspartner erfolgt durch das 2000 gegründete Forum für China-Afrika Kooperation (Forum on China-Africa Cooperation, FOCAC). Bis auf Swaziland (seit 2018 »Königreich Eswatini«) gehören dem Forum alle Staaten des Kontinents an. Das FOCAC besorgte 2019 die Einrichtung der Afrikanischen Freihandelszone (African Continental Free Trade Agreement, AfCFTA), auf deren Grundlage ein kontinentaler Binnenmarkt entstehen soll.

Auf dem 8. FOCAC Treffen im September 2018 in Peking bekräftigte Staatspräsident Xi Jinping Chinas umfassende strategische und kooperative Partnerschaft mit Afrika. Laut einer Information der *China Daily Global* vom 14. Januar 2020 haben bereits 3700 chinesische Firmen direkt in Afrika investiert. Und die Volksrepublik verlegte auf rund sechstausend Kilometern Straßen und Schienen und engagierte sich bei der Modernisierung von zwanzig Häfen und rund achtzig Kraftwerken auf dem Kontinent.

In Lateinamerika wurde 2010 die Gemeinschaft der Lateinamerikanischen und Karibischen Staaten (Comunidad de Estados Latinoamericanos y Caribeños, CELAC) als Gegenentwurf zur Organisation Amerikanischer Staaten (Organization of American States, OAS) gegründet. Die OAS wird von den USA dominiert und betrachten sie als ein Instrument, um gegen missliebige und opponierende Staaten vorzugehen. Der CELAC gehören alle Staaten Lateinamerikas und der Karibik an – ohne USA und Kanada.

Am 8./9. Januar 2015 fand erstmals ein gemeinsamer Gipfel aller 33 Staaten der CELAC mit den Spitzen der VR China in Peking statt. Man besprach, wie die wirtschaftliche, politische und kulturelle Zusammenarbeit zum Nutzen der beteiligten Staaten aktiv gefördert werden könne. China kündigte die Investition von rund 250 Milliarden Dollar in dieser Region im kommenden Jahrzehnt an. Das wechselseitige Handelsvolumen werde sich verdoppeln.

Da die wirtschaftlichen und politischen Verhältnisse in den einzelnen CELAC-Mitgliedsstaaten sehr unterschiedlich und ständigen Veränderungen unterworfen sind, entwickelt sich dieses Programm nicht im geplanten Maße. Die Kooperation mit China ist bisher dort allenfalls marginal.

Eine weitere Organisation ist die auf Initiative Chinas 2012 in Budapest ins Leben gerufene »Kooperation zwischen China und mittel- und osteuropäischen Ländern«, kurz 17+1-Gipfel (Cooperation between China and Central and Eastern European Countries, China-CEEC). Es handelt sich um jährlich stattfindende Treffen des chinesischen Ministerpräsidenten mit den Regierungschefs mittel- und osteuropäischer Länder, um die geschäftlichen Beziehungen auszubauen und Investitionsmöglichkeiten für chinesische

Unternehmen zu erschließen. Bei dieser Staatengruppe handelte es sich um ehemalige Länder des Realsozialismus. Sie teilen die Erfahrung des gescheiterten Aufbaus einer antikapitalistischen Gesellschaft unter sowjetischer Führung.

Die Ergebnisse nach fast zehn Jahren Existenz des Gremiums sind allerdings gering. Das Gesamtvolumen der chinesischen Investitionen in den einstigen Ostblockstaaten belief sich bis 2018 auf etwas mehr als sieben Milliarden Dollar. (In den elf »westlichen« EU-Staaten investierte China hingegen 125 Milliarden Dollar.) Nach Angaben der UNCTADstat wickeln die CEEC-Länder im Durchschnitt nur 1,2 Prozent ihres Außenhandels mit China ab. (Zum Vergleich: Deutschland 6,3, Großbritannien 4,4 und Frankreich 3,5 Prozent.) Von der bewussten »Spaltung« der EU, vor der in den hiesigen Medien gelegentlich gewarnt wird, kann also kaum die Rede sein.

Insgesamt blieben die realen Zahlen hinter den Planungen zurück. Der Handel mit der EU sollte im vergangenen Jahrzehnt ein Volumen von 100 Milliarden Dollar erreichen, bis 2016 schaffte man gerade einmal 58 Milliarden, wobei die Bilanz unausgeglichen ist: China exportierte mehr, als es geliefert bekam.

Der Vollständigkeit halber sei auch die Eurasische Wirtschaftsunion (EAWU) genannt, die von fünf Staaten (Kasachstan, Russland, Belorussland, Kirgisistan und Armenien) 2015 als Zollunion gegründet wurde. Ziel ist es, den Austausch von Waren, Kapital, Dienstleistungen und Arbeit zu erleichtern. Außerdem wollen die fünf Länder nach dem Vorbild der Europäischen Union Teile ihrer Wirtschaftspolitik koordinieren. Durch die Infrastrukturprojekte der Seidenstraße entstehen neue Transportverbindungen zwischen den Ländern der EAWU und den südasiatischen Ländern der ASEAN-Gruppe.

Zurück in Deutschland

Nach 27 Jahren in China und Indien kehrte ich nach Deutschland zurück. In der Zeit davor besuchte ich mindestens einmal im Jahr die Hauptstadt, um am Berlin-Marathon teilzunehmen. Ich segelte auch in der Ost- und Nordsee, aber ich war nicht Teil der Veränderungen in der deutschen Gesellschaft seit 1990. Die Idee zur Rückkehr hatte Wei Lan. Während einer der ruhigen Nächte auf dem Atlantik überraschte mich meine chinesische Frau mit diesem Vorschlag. Was doch solche Nächte bei ruhigem Passatwind und klarem Sternenhimmel, wenn die Takelage leise knarzt und das Wasser an der Bordwand rauscht, mitunter für wunderliche Gedanken hervorbringen, dachte ich.

Ich hatte mich schon vor Jahren entschieden, den Rest meines Lebens in China zu verbringen. Meine Frau allerdings wollte, wie sie mir nun offenbarte, insbesondere während der Wintermonate wegen fehlender sozialer Kontakte immer eine gewisse Unruhe, gar Unzufriedenheit bei mir bemerkt haben. – Anderthalb Jahre später packten wir unseren Container in Deutschland aus und trugen die Möbel in das neue Haus am Rande eines Waldes bei Wandlitz.

War das aber »mein Deutschland«, das ich vor 27 Jahren verlassen hatte? Die Landschaft und die Hunde waren unverändert. Aber sonst! Ich sprach meine Muttersprache, hatte aber Mühe, meine Landsleute zu verstehen. Die Gespräche mit den neuen Nachbarn, mit alten Freunden, selbst mit Verwandten endeten oft damit, dass ich taxiert wurde. Man versuchte mich in die Konsumgesellschaft einzuordnen. Wie war mein soziales Ranking? War ich vermögend? Fast jedes

Gespräch kreiste um materielle, nicht um menschliche Fragen. Nicht um Ideelles oder gar Politisches. Alles drehte sich am Ende ums Geld. Kauft ihr etwa bei Aldi oder bei Rewe ein, tragt ihr Markenartikel oder Kleidung aus dem Massenangebot, wohin reist ihr im Urlaub? Habt ihr AIDA gebucht oder doch etwas Exklusiveres?

Solche Kriterien besaßen offenkundig einen sehr hohen Stellenwert, um uns beurteilen zu können. Mit dieser Elle wurden alle anderen auch gemessen, wie ich merkte, nachdem ich zuerst angenommen hatte, dass dies nur deshalb gefragt wurde, weil ich fremd war für die einen und fremdgeworden war für die anderen, die ich von früher kannte. Ich hatte inzwischen ja fast die Hälfte meines Lebens in einem anderen Kulturkreis zugebracht, und man wünschte festzustellen, wie sehr mich das verändert hatte. Bis ich merkte: Nicht ich hatte mich verändert, sondern die Personen, die ich einst zurückgelassen hatte.

Das Gemeinschaftsgefühl, das ich in der DDR so sympathisch und angenehm fand, die gegenseitige Wertschätzung, die Achtung von Fähigkeiten und Charaktereigenschaften – weg. Die Wärme, mit der wir uns einst begegnet waren, schien Geschichte. Es zählten nur noch materielle Dinge. Die gesamte Bevölkerung schien eingeteilt in verschiedene Konsum- und Verträglichkeitsgruppen. Wobei mir dieses Verhaltensmuster bei den Westdeutschen noch ausgeprägter schien als bei den Ostdeutschen. Daran konnte man sie noch immer unterscheiden. Die einen hatten es nie anders kennengelernt, die Ossis mussten sich anpassen und kopieren. Ich fand die meisten meiner Landsleute egozentrischer und egoistischer, kühler und oberflächlicher, als sie es früher waren. Das also hatte der Neoliberalismus aus ihnen gemacht.

Spannungsfeld zwischen dem Westen und China

Auch die Chinesen sind seit vierzig Jahren mit dieser Lebensweise konfrontiert. Die Öffnung des Landes bescherte nicht nur ökonomisches Wachstum, sondern veränderte auch Ansprüche und Bedürfnisse sowie soziale Umgangsformen. Die Umweltveränderungen erfolgten nicht so dramatisch und kurzfristig wie etwa im Osten Deutschlands, eher schleichend, aber stetig. Die Wirkung war spürbar und ähnlich. Ein chinesischer Bekannter, der seit drei Jahren in einem Pekinger Hochhaus lebte, sagte mir, dass er von den zehn »Parteien«, die mit ihm auf einer Etage leben, acht nicht kennt. Sie habe er noch nie getroffen, weder im Fahrstuhl noch auf dem Flur. Das läge gewiss auch daran, dass er viel unterwegs sei, manchmal tagelang, und oft erst spät am Abend nach Hause käme. Man säße auch nicht mehr wie einst vor dem Haus. (Wie auch: In einem Hochhaus leben so viele Menschen wie früher in einem ganzen Dorf.) Die Industriegesellschaft führt objektiv zu einer Entfremdung: Es leben nicht mehr mehrere Generationen unter einem Dach, das erlaubt schon die Größe der Wohnungen nicht, und jeder in der Familie arbeitet zu anderen Zeiten und an verschiedenen Orten, deshalb gibt es auch keine gemeinsamen Tagesabläufe mehr, wodurch die Familienbande lockerer werden und damit auch das Zusammengehörigkeitsgefühl. Mangels Gemeinsamkeit lebt man anonym nebeneinander, das Verantwortungsgefühl füreinander schwindet. So kann es geschehen, das ein Mensch in seiner Wohnung stirbt, ohne dass es vom Nachbarn bemerkt wird. Das Gemeinschaftsgefühl verliert sich, wenn es nicht aktiv gepflegt, als wichtiges Gut behandelt und darum am Leben gehalten wird.

Die Volksrepublik China vermochte es, sich binnen weniger Jahrzehnte nicht nur von den Fesseln feudaler Vergangenheit zu befreien, sondern einige hundert Millionen Menschen aus der Armut zu holen – während weltweit immer mehr Menschen in eben diese Armut sinken. Das geschah aber nicht, indem man die gnadenlose Ausbeutergesellschaft, die global vorherrscht, einfach kopierte, sondern weil sich die Chinesen auf ihre eigene Geschichte besannen, in der das Wohl der Mehrheit immer Vorrang hatte vor den individuellen Freiheiten des Einzelnen. Sie haben den Einfluss von außen nur soweit zugelassen, wie es der eigenen gesellschaftlichen Entwicklung dienlich war.

Das chinesische Volk entschied sich für eine säkulare und auf meritokratischen Prinzipien fußende Regierungsform, die bereits von Konfuzius vor mehr als zweieinhalbtausend Jahren begründet und etwa von Voltaire als revolutionär empfunden worden war: Nicht qua Geburt und Herkunft wurde einer zur Herrschaft bestimmt, sondern durch Charakter (»Tugend«) und Qualifikation. Wer in China aufsteigen wollte, musste erst eine Vielzahl von Prüfungen bestehen. Das ist seit mehreren Tausend Jahren schon so ...

Die Führung in Peking gab auch nicht dem Druck der Weltbank oder dem des Internationalen Währungsfonds nach, widerstand allen Bestrebungen, die bürgerliche (westliche) Demokratie mit ihrer neoliberalen Wirtschaft in China zu etablieren. Sie vermochte es, das Wachstum der Bevölkerung zu begrenzen, eine robuste Wirtschaft aufzubauen und allen Chinesen eine friedliche Zukunft ohne Hunger zu garantieren. Keinem vergleichbaren Land war das bisher gelungen. Die westlichen neoliberalen Länder durchlaufen eine Krise nach der anderen, verwickeln sich in Kriege, die Lebensbedingungen verbessern sich allenfalls ungleich. Die Armen werden ärmer, nur wenige Reiche werden immer reicher. Dennoch bleiben Erscheinungen wie die Entfremdung und Isolation auch in der chinesischen Gesellschaft nicht gänzlich aus; ich denke, dass die Partei mit ihrer Re-Ideologisierung des gesellschaftlichen Lebens gegenzusteuern versucht.

Erst verstand »der Westen« China nicht. Das Unwissen ist nicht geringer geworden, aber inzwischen ist aus dem belächelten Außenseiter ein ernstzunehmender Konkurrent und wegen seiner messbaren Fortschritte auch ein existenzieller

Gegner geworden. Er ist ein vorzeigbarer Gegenentwurf zum siechen Neoliberalismus. Der europäische Sozialismus hatte sich selbst abgeschafft, weil das sowjetische Modell sich auf Dauer als nicht lebensfähig erwies. Nach sieben Jahrzehnten implodierte er (auch weil die Gegenseite alles unternommen hatte, dass es so kam. Sie hatte die Sowjetunion erfolgreich zu Tode gerüstet.) Die Volksrepublik China feierte ihren 70. Geburtstag in einer Verfassung, um die sie nur beneidet werden konnte. 1,4 Milliarden Menschen leben in einem bescheidenen Wohlstand, und die von ihr aufgebaute und betriebene Volkswirtschaft ist die zweitstärkste in der Welt. Allen Unken- und Kassandrarufen aus der westlichen Welt zum Trotz.

Regelmäßig auftretende Proteste wegen Machtmissbrauchs oder der Verletzung des Arbeitsrechts werden in den westlichen Medien ausgeschlachtet und in einen Kampf für bürgerliche Freiheit, Demokratie und Menschenrechte umgedeutet. Tatsächlich wächst das Vertrauen der chinesischen Bevölkerung in ihre Führung. Sie erlebt die stete Verbesserung des Lebensstandards. Die Chinesen haben positive Erfahrungen mit ihrer Regierung, mit ihrer Gesellschaft gemacht.

Darauf werde ich noch eingehen wie auf die Gäule, die die westliche Propaganda in ihrem Kalten Krieg gegen die Volksrepublik sattelt. In der Regel wird übersehen, dass man sich selbst damit schadet. Einmal mehr erlebe ich, dass deutsche Medien nicht unbedingt patriotisch sind. Siemens und VW, um zwei Beispiele zu nennen, stiegen zu den führenden ausländischen Unternehmen in China auf. Sie halfen den Chinesen und damit sich selbst. Ohne den chinesischen Markt sähe es daheim nicht so gut für diese Konzerne aus. Chinesische Investitionen in Deutschland halfen und helfen angeschlagenen Unternehmen zu überleben, Geld aus Fernost belebt den deutschen Wirtschaftsstandort und sichert Arbeitsplätze. Nicht nur hier. Ein chinesischer Autokonzern kaufte die PKW-Sparte des schwedischen Unternehmens

Volvo und lässt seit Ende 2018 in einem neu errichteten Auto-
werk in Charleston/USA Volvo Cars produzieren. Mit einer
Investition von etwa 1,1 Milliarden Dollar aus China entstanden rund viertausend Arbeitsplätze für Amerikaner. Das ist
nur ein Beispiel für Globalisierung unter aktiver Beteiligung
Chinas. Schwedisch an dem Auto sind vielleicht nur noch die
winzigen Fähnchen, die in die Vordersitze eingenäht sind.

Die in China vertretene ausländische Wirtschaft nutzt sehr
wohl ihre Chancen zur profitablen Kapitalverwertung in der
immer stabiler werdenden chinesischen Gesellschaft. Die ist
so robust, dass sie selbst eine Pandemie nicht von ihrem Er-
folgskurs abbringt. Die ausländischen Wirtschaftsvertreter,
von denen ich einige kenne, hatten und haben keine Angst
vor China. Eher das Gegenteil ist der Fall.

Stattdessen warnen hierzulande nicht wenige Medien vor
der »gelben Gefahr«. China kaufe die deutsche Wirtschaft
auf, wir müssten uns auf eine chinesische Vormundschaft
einstellen. Angst macht sich in Deutschland breit, wie ich
innerhalb kurzer Zeit, nachdem ich wieder »zu Hause« war,
lesen und hören musste und täglich neu erfahre.

Zur Klaviatur antichinesischer – im Kern antikommunistischer – Propaganda gehört auch das Pfeifen auf dem Fried-
hof, mit dem man sich Mut macht. China habe in den letzten Monaten Verständnis und Rückhalt in der Welt verloren,
schrieb die *Neue Zürcher Zeitung* am 13. Oktober 2020 nach
einer Umfrage des US-Meinungsforschungsinstituts Pew Research Center. Die Mehrheit der Befragten in vierzehn Industrieländern habe ein negatives Bild von China, welches
sich im Vergleich zu den Vorjahren wesentlich verschlechtert
hätte, hieß es. Im Durchschnitt trauten gerade einmal noch
neunzehn Prozent der Befragten Peking zu, bei globalen Fragen die richtigen Entscheidungen zu treffen. Im Vergleich
mit anderen Staatschefs genoss nur noch der amerikanische
Präsident Trump eine schlechtere Reputation als der chinesische. Im Bezug auf die wirtschaftlichen Stärke Chinas zeigte
sich jeder Zweite besorgt. Also lieber tot als rot (oder gelb).

Nun, es ist bekannt, dass die »öffentliche Meinung« der veröffentlichten Meinung folgt. Auch repräsentativ Befragte plappern vorzugsweise nach, was man ihnen vorgeplappert hat.

Die Chinesen, die ihre Meinung nicht aus den (westlichen) Medien haben, sondern aus dem täglichen Leben, urteilen anders. Die Führung unter dem im Ausland geschmähten Xi Jinping hat höchste Zustimmungswerte. Das Pandemie-Management mit den drastischen Einschränkungen wird anerkannt, die antichinesische Politik der USA und der EU nicht verstanden. Die große Mehrheit der Chinesen nimmt sie als zwingendes Argument, die bisherige Politik der schnellen Stärkung Chinas, der Verwirklichung des Chinesischen Traums, weiter intensiv zu verfolgen. Der »Westen« will spalten und erreicht damit genau das Gegenteil. In den sozialen Medien las ich: »Chuan jian guo.« Das kann man frei übersetzen mit: »Trump macht unser Vaterland stark!«

2012 war Xi Jinping auf dem XVIII. Parteitag als Generalsekretär der Kommunistischen Partei und 2013 als Staatspräsident der Volksrepublik China gewählt worden. Auf dem XIX. Parteitag bestätigte man ihn nicht nur in seinen Funktionen, ihm wurde auch das Mandat erteilt, ohne eine begrenzende Frist die erfolgreiche Politik der Parteiführung fortzusetzen. Daraus wurde in den hiesigen Medien gemacht, Xi sei auf Lebenszeit inthronisiert worden, nun sei er »mächtiger als Mao« *(Deutsches Institut für Politik und Sicherheit, 25. Oktober 2017)*. Und seine »geradezu schwärmerischen Versprechen zur Zukunft Chinas« – das Land bis 2050 zur ersten modernen sozialistischen Weltmacht zu machen: politisch, kulturell, ethisch, sozial, ökonomisch und ökologisch – hätten »in krassem Widerspruch zu vielen anderen Aussagen und auch zur zunehmenden Kritik ausländischer Wirtschaftskammern am Reformstau in Peking« gestanden. So *Die Welt* am 18. Oktober 2017. Teil der Strategie der sozialistischen Weltmacht sei aber nicht nur wirtschaftliches Wachstum, sondern auch Rüstung. »Wir wollen es zu unserer Aufgabe machen, dass die Modernisierung unserer Landesverteidigung und unserer Streitkräfte bis 2035 im Wesentlichen abgeschlossen ist‹, sagte Xi. ›Wir werden bis Mitte des 21. Jahrhunderts unsere bewaffneten Kräfte vollkommen auf Weltklasseniveau transformiert haben.‹«

Damit war alles gesagt, was der verschreckte Bundesbürger wissen sollte.

Die dreißig NATO-Außenminister – zugeschaltet waren auch ihre Amtskollegen aus Australien, Japan, Neuseeland und Südkorea – berieten Anfang Dezember 2020 und befanden, dass China die Welt bedrohe, darauf müsse man reagieren. Man werde, so zitierte die *Deutsche Presseagentur* NATO-Generalsekretär Stoltenberg, noch im nächsten Jahr mit der Überarbeitung des strategischen Konzepts der NATO beginnen. »So sollten unter anderem alle Aktivitäten Chinas besser überwacht werden, die sich auf die kollektive Verteidigung, die militärische Einsatzbereitschaft oder die Abwehrfähigkeiten auswirken könnten«, meldete die *dpa* am 1. Dezember 2020.

Bereits zwei Wochen zuvor hatte der US-Marineminister gefordert, eine neue Flotte zwischen dem Indischen und Pazifischen Ozean zu stationieren, um auf »die wachsenden geopolitischen Ambitionen Chinas« angemessen zu reagieren. Der Sprecher des chinesischen Außenministeriums Zhao Lijian reagierte am 19. November sehr souverän und überzeugend darauf, wie ich fand. Er erinnerte daran, dass nicht China, sondern die USA das meiste Geld fürs Militär ausgeben und Militärstützpunke auf der ganzen Welt unterhielten. Und: »In ihrer über 240-jährigen Geschichte haben die USA nur sechzehn Jahre lang keinen Krieg geführt.« Und Zhao nannte es »eine absurde Logik«, wenn ausgerechnet die Vereinigten Staaten von Amerika sich von anderen bedroht fühlten. »Chinas Entwicklung ist eine Chance und keine Bedrohung, denn sie wird die Kraft der Welt für den Frieden stärken«, erklärte der Außenamtssprecher und forderte die USA auf, die »Denkweise des Kalten Krieges« aufzugeben.

Dieser Appell richtet sich an alle, die sich inzwischen wieder in die Schützengräben des Kalten Krieges zurückgezogen haben, die sie kurzzeitig nach 1990 verlassen hatten. Die Reflexe von einst funktionieren wieder.

Schauen wir sie uns der Reihe nach an.

China ist aggressiv

Weihnachten 1990 verbrachte ich auf der Insel Hainan im ·Südchinesischen Meer. Palmen, warmes klares Meerwasser, Korallen, tropische Fische, weiße Strände und keine Touristen. Damals. 2011 und 2013 segelte ich mit einer Pekinger Mannschaft die Küstenregatta »Rund um Hainan«. Im Hafen Sanya und auf See sahen wir moderne chinesische Marine-Einheiten. Ich begann mich für diese Schiffe mit dem weltweit gebräuchlichen grauen Farbanstrich zu interessieren, warum sie in auffällig großer Zahl das Südchinesische Meer durchpflügten. Hainan, das zum besseren Verständnis, bezeichnet eine Gruppe von Inseln, deren größte so heißt und den Beinamen »Hawaii von China« trägt. In der Fläche ist sie so groß wie der dritte Teil der DDR oder wie Taiwan, die andere große Insel Chinas.

Die beiden Gewässer vor der Küste der Volksrepublik, das Ostchinesische und das Südchinesische Meer, werden von der sogenannten Ersten Inselkette vom Pazifik getrennt. Diese reicht von Japan im Norden bis zu den Philippinen im Süden. Drei Schifffahrtswege führen durch sie hindurch. Die großen Handelsschiffe und Tanker müssen diese Meerengen zwingend passieren, um zu den Überseerouten zu gelangen. Im Norden, zwischen Japan und Südkorea, ist das die Tsushimastraße, eine neunzig Meter tiefe Meeresdurchfahrt. Zwischen dem chinesischen Festland und Taiwan führt eine der am stärksten befahrenen Wasserstraßen der Welt. Die Passage ist einhundertachtzig Kilometer breit und oft Schauplatz militärischer Provokationen. Die dritte Passage, schon ganz weit im Süden, ist die Straße von Malakka. Sie führt zwischen der Malaysischen Halbinsel und der Nordküste von Sumatra hindurch, die täglich von etwa zweitausend großen Frachtern und Containerschiffen passiert wird.

Der gesamte Seehandel der Volksrepublik China muss also durch diese drei Wasserstraßen; durch das Südchinesische Meer geht ein Drittel der gesamten weltweiten Seefracht. Deshalb haben diese Passagen nicht nur wirtschaftliche, sondern auch geostrategische Bedeutung. Diese Seewege müssen aus Sicht der Volksrepublik unter allen Umständen offen bleiben.

Der Bedeutung des Schiffsweges nach Süden war sich schon Admiral Zheng He bewusst, jener erste große chinesische Seefahrer, der im frühen 15. Jahrhundert sieben bemerkenswerte Expeditionen in den Indischen Ozean und in den Pazifik unternahm und bei der Navigation den bereits Jahrhunderte zuvor in China erfundenen Kompass nutzte. Seit jener Zeit betrachtet China das Südchinesische Meer gleichsam als sein Hoheitsgewässer. Und an dieser Überzeugung hält man fest. 1947 fixierte China – damals noch nicht Volksrepublik – mit einer sogenannten Neun-Strich-Linie auf der Karte seine Ansprüche auf das Seegebiet. Gleich einem großen U ging die Linie an der Küste Vietnams entlang, schlug im Süden den Bogen vor Malaysia und Brunei und führte dann hinauf an die Küste vor den Philippinen. In diesem so markierten Seegebiet – etwa achtzig bis neunzig Prozent des Südchinesischen Meeres – befanden sich unzählige Felsen, Inseln und unbewohnbare Inselchen, die seinerzeit ohne jeglichen Wert waren, weshalb sich niemand für sie interessierte.

Diese Markierung wurde später von der Volksrepublik in politische Karten und Dokumente eingeführt, niemand nahm daran Anstoß. Bis 1982, als das Gewohnheitsrecht zum Streitfall wurde. Es kollidierte mit den Festlegungen des von den Vereinten Nationen getragenen internationalen Seerechtsübereinkommens. Nicht nur, dass nunmehr der zu jedem Staatsgebiet gehörende Festlandsockel von drei auf zwölf Seemeilen erweitert wurde (zuzüglich einer Anschlusszone von ebenfalls zwölf Seemeilen). Jedem Land wurde zudem vor seiner Küste eine 200 Seemeilen weite Wirtschaftszone zugestanden. Bereits die Regelung der Zwölf-Meilen-Zone führte überall zu internationalen Konflikten – ich erinnere, dass selbst die DDR bis 1989 mit ihrem Nachbarn Polen ein ungeregeltes Grenzproblem hatte: In der Pommerschen Bucht überlappten sich die beiden nationalen Zonen, die Zufahrt zum Stettiner Hafen führte seit 1982 durch Territorialgewässer der DDR. Jahrelang wurde ergebnislos verhandelt, ehe Honecker und Jaruzelski quasi par ordre du mufti das Problem lösten.

Auch im Südchinesischen Meer trafen nunmehr nationale Interessen der Anrainer – auch die Volksrepublik China war einer von ihnen – auf jahrhundertealte Gewohnheitsrechte. Das musste und konnte friedlich-schiedlich gelöst werden. Allerdings verschärfte sich das Problem, als nun nicht mehr nur um Fische und Fangquoten gestritten wurde, sondern auch um Öl und Gas. Allerdings: Die nach 2013 durchgeführten Untersuchungen der US-Energiebehörde ergaben, dass die Vorkommen nur elf Milliarden Barrel Öl und fünf Billionen Kubikmeter Gas ausmachen – so viel, wie die Volksrepublik Chinas in nur drei Jahren verbraucht.

Im Kern aber ging und geht es weniger um Rohstoffe und Felsen im Meer, sondern um den politischen und propagandistischen Sprengstoff, den Chinas Gegner und Konkurrenten dort glauben entdeckt zu haben.

China erhebt einen legitimen Anspruch auf die freie Schifffahrt durch die chinesischen Meere sowie auf die Inseln und Felsenriffe und die Gewässer ringsum. Dort fischten Chinesen gemeinsam mit Fischern anderer Ethnien seit Jahrhunderten gemeinsam, das wollen sie auch weiterhin so halten. (Wie kompliziert dieses Thema ist, konnte man erst jüngst bei den Brexit-Verhandlungen zwischen Großbritannien und der EU erleben.)

Die Volksrepublik ist der UN-Seerechtskonvention beigetreten und akzeptiert damit die Festlegung, reklamiert aber auch Wünsche sowohl auf die Seegebiete der Neun-Strich-Linie als auch auf Verträge mit den Anrainern, um bilateral einvernehmlich die Grenzen und Ansprüche wechselseitig zu formulieren. Das betrifft zunächst die Paracel-Inseln – 22 Inseln, acht Sandbänke und zehn versunkene Atolle, Riffe und Erhebungen, die nur bei Ebbe manchmal kurzzeitig trocken liegen. Die beiden Archipele liegen 330 Kilometer südöstlich von Hainan und 400 Kilometer östlich von Vietnam. Seit etwa 1400 Jahren siedeln dort Chinesen. Allerdings reklamieren Vietnam und Taiwan die Paracel-Inseln als Staatsgebiet.

Ferner geht es um die Spratly-Inseln, über hundert weit verstreut liegende Riffe, Atolle und kleine Eilande, deren größtes – Taiping Dao – eine Fläche von knapp einem halben Quadratkilometer umfasst. Die höchste Erhebung aller Inseln, auf die gleich sechs Staaten Ansprüche erheben, beträgt vier Meter. Mitte des 19. Jahrhunderts entdeckte der britische Kapitän Richard Spratly den Archipel und schlug ihn der Krone zu (woraus heute die ehemaligen britischen Kolonien Malaysia und Brunei ihre territorialen Ansprüche ableiten). Von 1933 bis 1955 betrachtete Frankreich die Inselgruppe als Teil seiner Indochina-Kolonien, obgleich während des Weltkrieges die Japaner einen U-Boot-Stützpunkt dort errichteten. Nach der Niederlage Frankreichs im Indochina-Krieg erhoben sowohl Süd- als auch Nordvietnam Ansprüche – wie eben auch Taiwan, das einige Inseln beim Rückzug der Guonmindang vom Festland besetzt hatte. Die Volksrepublik, die Taiwan als Teil Chinas betrachtet, reklamiert folgerichtig ebenfalls Ansprüche. 1978 erklärte die philippinische Regierung unter Präsident Ferdinand Marcos etwa 60 Prozent der westlich von Palawan gelegenen Inseln zu philippinischem Hoheitsgebiet. 1990 besetzten malaysische Streitkräfte drei südlich gelegene Inseln.

Aus chinesischer Sicht ist die gesamte Inselgruppe Teil der Provinz Hainan.

Aktuell kontrolliert Vietnam sechs Inseln, sechzehn Riffe und sechs Sandbänke, auf einigen sind Soldaten stationiert. Taiwan hält das Zhongzhou-Riff und die größte Insel – 46 Hektar – mit sechshundert Soldaten besetzt und betreibt dort einen Militärstützpunkt mit einer Landebahn. Die Volksrepublik China ist auf 21 Inseln, Riffen und Sandbänken präsent. Die Philippinen halten kein Dutzend Eilande besetzt, Malaysia ebenso, Brunei erhebt seit 2013 Ansprüche auf das Louisa-Riff, das ihnen von Malaysia abgetreten worden war.

Dritter Konflikt-Herd ist das Scarborough-Riff, neunzehn Kilometer breit und dreizehn Kilometer lang, drei Meter überm Meeresspiegel, achthundert Kilometer südöstlich von Hainan und zweihundertfünfzig Kilometer westlich der Philippinen gelegen. Die Volksrepublik betreibt dort eine unbemannte meteorologische Station. Taiwan erhebt seit 1995 Ansprüche, die Philippinen seit den sechziger Jahren, als man das Riff für Bombentests nutzte.

1992 verpflichteten sich die Mitgliedsländer der Vereinigung der Südostasiatischen Staaten (ASEAN), mit der VR China, Südkorea und Japan die Rohstoffe, die um die Inselgruppen vermutet wurden, gemeinsam auszubeuten und eventuelle Konflikte friedlich zu lösen. Seit 2002 verhandelte die VR China erneut mit den ASEAN-Staaten über die gemeinsame Ausbeutung von Rohstoffvorkommen und Fischereibeständen im Südchinesischen Meer.

Auf Antrag der Philippinen konstatierte 2016 der Internationale Seegerichtshof – eine selbstständige Organisation im UN-System zur Einhaltung des Seerechtsübereinkommens der Vereinten Nationen –, dass sich aus der Neun-Punkte-Linie keine historischen Rechte ableiten ließen.

Die Volksrepublik China akzeptierte diesen Spruch nicht und beharrte auf bilateralen Verhandlungen mit den Anrainerstaaten. Sie strebte unverändert in der Region eine Machtbalance mit den Anrainerstaaten an, die einerseits den legitimen Sicherheitsinteressen aller Staaten in gleicher Weise Rechnung trüge und anderseits die ökonomische Entwicklung der Region insgesamt fördern würde. Allerdings wurden alle bilateralen und kollektiven Lösungen von den USA stets hintertrieben, weshalb die Gespräche unter Ausschluss der Vereinigten Staaten erfolgten. Wie ich in der *South China Morning Post* am 22. Juli 2020 las, sollen 2021 die Verhandlungen im Rahmen der ASEAN abgeschlossen werden. In diesem Zusammenhang sehe ich auch das Mitte November 2020 auf dem 37. ASEAN-Gipfel in Hanoi geschlossene Abkommen einer umfassenden Wirtschaftspartnerschaft in der Region (RCEP). Vierzehn Staaten – inklusive Australien, Neuseeland, Japan und Südkorea – hatten acht Jahre ohne die USA miteinander verhandelt. »Mitten im Handelskrieg mit den USA hat China mit 14 asiatisch-pazifischen Staaten das größte Freihandelsabkommen der Welt abgeschlossen«, schrieb *dpa*. »»RCEP wird die wirtschaftliche und strategische Landkarte des Indo-Pazifiks neu zeichnen‹, sagte Jeffrey Wilson vom Australischen Strategischen Politik-Institut (ASPI).«

Das Zustandekommen einer derartigen Vereinbarung unterstrich nicht nur die partnerschaftliche, kooperative Haltung der Volksrepublik, gemeinsam mit ihren Nachbarn nach konstruktiven Lösungen zu suchen, die die Interessen aller gleichermaßen berücksichtigen. Es zeigte auch deren Friedensfähigkeit. Wer redet und verhandelt, schießt nicht.

Umso unglaubwürdiger darum die Begründung des wachsenden militärischen Engagements der USA in dieser Region.

Die militärische Hegemonie der USA im asiatisch-pazifischen Raum besteht seit 1945. Sie wurde initiiert mit dem Abwurf der Atombomben auf Hiroshima am 6. August und drei Tage später auf Nagasaki sowie mit der Kapitulation des faschistischen Japan am 2. September 1945. Im Kalten Krieg schmiedeten die USA Militärallianzen mit allen antikommunistischen Staaten in dieser Region, inzwischen sind etwa sechzig Prozent der US-Streitkräfte in diesem Raum disloziert. Das hatte 2011 der Friedensnobelpreisträger Barack Obama so entschieden. Zur Sicherung der Freiheit der internationalen Schifffahrt und der Anrainer, wie es hieß. US-

Präsident Obama erklärte das Südchinesische Meer zu einer Region von nationalem Interesse, obwohl es doch etwa 6500 Seemeilen, also fast zwölftausend Kilometer, von den USA entfernt liegt.

Ein deutscher Verteidigungsminister wollte die deutsche Demokratie am Hindukusch verteidigen, die USA beabsichtigen dies im Südchinesischen Meer zu tun.

Im *Wallstreet Journal* erklärte John Ratcliffe am 3. Oktober 2020: »China ist die nationale Sicherheitsbedrohung Nr. 1.« Der Republikaner und Koordinator der siebzehn Nachrichtendienste in der US-Regierung war der Überzeugung: »Peking will die USA und den Rest des Planeten wirtschaftlich, militärisch und technologisch dominieren. Viele der wichtigsten öffentlichen Initiativen Chinas und prominenter Unternehmen sind nur die Tarnung für die Aktivitäten der Kommunistischen Partei Chinas.«

Dieser Falke, beherrscht vom Geist des Kalten Krieges, hat Freunde auch in der deutschen Bundesregierung, die ebenso denken. »Unsere Partner im Indo-Pazifischen Raum – allen voran Australien, Japan und Südkorea, aber auch Indien –«, so die Bundesverteidigungsministerin in einer Grundsatzrede vor der Universität der Bundeswehr in München, »wünschten sich ein klares Zeichen der Solidarität für geltendes Recht, für unversehrtes Territorium und für freie Schifffahrt. ›Es ist Zeit, dass Deutschland auch ein solches Zeichen setzt, indem wir mit unseren Verbündeten Präsenz in der Region zeigen‹«, zitierte der Berliner *Tagesspiegel* Annegret Kramp-Karrenbauer in der Ausgabe vom 7. November 2019. »Die CDU-Chefin legte erneut ein Bekenntnis zu einer aktiveren Außen- und Sicherheitspolitik Deutschlands in der Welt ab. ›Ein Land unserer Größe und unserer wirtschaftlichen und technologischen Kraft, ein Land unserer geostrategischen Lage und mit unseren globalen Interessen, das kann nicht einfach nur am Rande stehen und zuschauen.‹«

Die USA unterhalten auf der China umschließenden Inselkette im Ost- und im Südchinesischen Meer eigene Militärstützpunkte, und sie haben die Option auf militärische Nutzung bestehender nationaler Basen. Auch in Vietnam, auf den Philippinen, in Thailand und Singapur. Allein in Japan verfügen die USA über fünfundzwanzig größere Stützpunkte, in Südkorea über fünfzehn.

Die 7. Flotte der US Navy, die größte Frontflotte der USA, operiert ständig in ostasiatischen Gewässern – mit fünfzig bis sechzig Schiffen, dreihundertfünfzig Flugzeugen und einem Flugzeugträger. Die USS »Ronald Reagan« (USS = United States Ship) ist der einzige permanent außerhalb der USA stationierte Flugzeugträger. Regelmäßig werden Manöver durchgeführt, meist an der Grenze zu den chinesischen Hoheitsgewässern, gern in der Straße von Taiwan. Zum Repertoire gehören Provokationen der chinesischen Streitkräfte.

Im August 2017 musste der Kommandeur der 7. Flotte abgesetzt werden, nachdem der Lenkwaffen-Zerstörer »John S. McCain« unweit von Singapur in der Straße von Malakka einen Tanker gerammt hatte. Es starben zehn amerikanische Soldaten, das Schiff wurde schwer beschädigt. Zwei Monate zuvor war das Schwesterschiff des Zerstörers mit einem philippinischen Containerschiff im Ostchinesischen Meer zusammengestoßen, dabei wäre es fast gesunken. Wieder starben Menschen.

Reuters meldete am 23. August 2017: »Die Schiffsunfälle ereigneten sich in einer Zeit hoher Spannungen in der Region. Die ›John S. McCain‹ hatte erst kürzlich die Zwölf-Meilen-Zone einer künstlichen chinesischen Insel im Südchinesischen Meer durchfahren, um damit Stärke gegenüber der Regierung in Peking zu demonstrieren. Die USA werfen China Bestrebungen vor, das strategisch wichtige Gewässer unter seine Kontrolle zu bringen. China kritisiert die Patrouillen der US-Kriegsschiffe in der Gegend seinerseits als Provokation.«

Und die *Neue Zürcher Zeitung* erinnerte am 21. August 2017 daran, dass dies bereits »der dritte Unfall innerhalb eines Jahres« mit einem Schiff der 7. US-Flotte gewesen sei.

Brauchte es weitere Belege für die Beantwortung der Frage, wer in dieser Region die »freie Schifffahrt« gefährdet, wer dort den Handel bedroht?

Die Volksrepublik China ist, auch das sollte man bei diesem Geschrei bedenken, quantitativ und qualitativ bei weitem kein ebenbürtiger militärischer Gegner. 2019 gab China fürs Militär 261 Milliarden Dollar aus, die USA 732 Milliarden. Die europäischen NATO-Staaten ließen mit 279 Milliarden noch die Chinesen hinter sich. Die Ausgaben der NATO (inklusive USA) liegen somit mindestens viermal höher als die Chinas.

China lehnt, im Unterschied zu den USA, den atomaren Erstschlag ab, es bekennt sich zur »No First Use«-Doktrin. Die Amerikaner verfügen über rund 1400 Atomsprengköpfe, China hat weniger als ein Fünftel davon.

Chinas Außenpolitik ist bestimmt von den Prinzipien der Nichteinmischung und der Anerkennung der Souveränität anderer Staaten, seine Militärpolitik zielt auf die Sicherung der territorialen Souveränität und Integrität des Landes. In den mehr als hundert Jahren zwischen dem ersten Opium-Krieg (1840/42) und der Gründung der Volksrepublik war China häufig Schauplatz von Kriegen, militärischen Konflikten und ausländischen Invasionen. Allein die japanische Aggression im Kontext des Zweiten Weltkrieges kostete mindestens 20 Millionen Chinesen das Leben. Das hat sich fest in das kollektive Gedächtnis der Chinesen eingebrannt. »Kein Land sollte darauf spekulieren, dass wir die bittere Pille der Verletzung unserer Souveränität, Sicherheit und Entwicklungsinteressen schlucken werden«, hatte Xi Jinping am 28. März 2014 in Berlin erklärt. »Chinas Bekenntnis zum friedlichen Entwicklungsweg ist keine Notlösung, erst recht keine diplomatische Floskel, sondern eine Schlussfolgerung aus einem objektiven Urteil über Geschichte, Gegenwart und Zukunft; es stellt eine organische Einheit von Vertrauen in Gedanken, die wir vertreten, und selbstbewusster Umsetzung dar.«

Die USA hingegen verfolgen ihre nationalen Interessen offensiv. Mit dieser Vorwärtsstrategie begründen sie die Präsenz ihres Militärs in aller Welt, auch an den Seegrenzen Chinas. Man stelle sich die Reaktion in Washington vor, wenn Chinas auf Hainan 2019 in Dienst gestellter Flugzeugträger »Shandong« ständig vor Los Angeles und San Francisco kreuzte. Oder die vier atomar bestückten U-Boote Chinas lägen in der Karibik – zum Schutz Kubas und Venezuelas und der Sicherung der freien Schifffahrt durch Strait of Florida, die Floridastraße ...

»America First« heißt Hegemonie statt Harmonie

Wesentliches Element des westlichen Propaganda- und Informationskrieges ist die Denunziation legitimer Verteidigungsanstrengungen eines potenziellen Gegners. Die souveräne Selbstbehauptung wird wahlweise entweder als unbegründet und überzogen bezeichnet oder zur Rechtfertigung eigener Hochrüstung benutzt. »Aggressiv« sind stets die anderen.

Dabei sind die militärischen Anstrengungen der Volksrepublik im Südchinesischen Meer ausschließlich Reaktionen auf die gesteigerten militärischen Aktivitäten der USA in diesem Raum. Die militärischen Niederlagen der Vereinigten Staaten in Korea und in Vietnam scheinen vergessen, zumindest ohne nachhaltige Wirkung in der Militär- und Außenpolitik der USA.

Trotz ungeklärter und damit unsicherer Rechtslage errichtet China Hafenanlagen, Versorgungsstationen und Landebahnen auf den Spratly- und den Paracel-Inseln sowie auf dem Scarborough Riff. Auf den Spratlys schüttet China sieben Inseln auf. Das sind nicht nur unsinkbare Flugzeugträger und Marinestützpunkte, sondern vornehmlich Knotenpunkte der militärischen Kommunikation, Cyber Communication genannt, auf der China vorgelagerten Inselkette. Die elektronische Überwachung der Schiffsbewegungen der

7. US-Flotte hat inzwischen einen extrem hohen Stellenwert für die freie Schifffahrt und die nationale Sicherheit Chinas.

Die USA begründet die Notwendigkeit ihrer Anwesenheit neben dem Schutz der freien Schifffahrt auch mit der kollektiven Abwehr von oder dem Schutz vor Naturkatastrophen in dieser Region. Tatsächlich kommt es in diesem Teil der Welt immer wieder zu Erd- und Seebeben, von Korea bis Indonesien verläuft ein Teil des sogenannten Pazifischen Feuerrings. Nach der verheerenden Tsunami-Katastrophe 2004 vereinbarten die USA mit Japan, Australien und Indien ein informelles strategisches Forum (Quadrilateral Security Dialogue, QSD, auch Quad genannt). Allerdings ging es beim Vierseitigen Sicherheitsdialog weniger um ein Frühwarnsystem bei Naturkatastrophen, sondern vornehmlich um eine gemeinsame Militärallianz »als Antwort auf die zunehmende chinesische Wirtschafts- und Militärmacht«. Die *Washington Times* berichtete am 5. Oktober 2020 von weiteren diplomatischen Bemühungen der USA, QSD zu einer »asiatischen NATO« zu entwickeln. Gegen wen sich diese richtet, ist auch klar, auch wenn man die Intentionen im Nebel lässt: die Mitglieder der Gruppierung verfolgten »gemeinsame Sicherheits- und geopolitische Ziele«, hieß es.

Um diese Allianz zu schmieden, bedarf es einer gewissen Überzeugungsarbeit bei den Anrainerstaaten. Auf Indien wurde und wird massiver wirtschaftlicher und politischer Druck ausgeübt, damit sich der Subkontinent aus einer wirtschaftlichen Abhängigkeit von China löse. (Wir kennen die Argumentation zur vermeintlichen Abhängigkeit Westeuropas von russischem Gas.) Dabei wird der schwelende Grenzkonflikt zwischen Indien und China im Kaschmir weidlich genutzt, vielleicht sogar provoziert, um China als Aggressor erscheinen zu lassen.

Desgleichen die Philippinen, die ehemalige Kolonie der Vereinigten Staaten. »Die USA unterstützten die Sicherheit der Philippinen zwischen 2016 bis 2019 mit 500 Millionen Dollar« (*Tagesschau* am 11. Februar 2020). Doch nachdem das

Land den Vertrag über »Truppenbesuche« kündigte und die militärische Zusammenarbeit mit den USA infrage stellte, ist in den Medien nur noch vom »brutalen Duterte-Regime« die Rede. Duterte hatte »die Sicherheitspolitik der USA scharf kritisiert, die von Russland und China dagegen gelobt«, hieß es in dem gleichen *Tagesschau*-Bericht. Ähnliches kam aus Laos und Kambodscha, weshalb im Oktober 2020 ein Ex-Diplomat Singapurs, der der US-Administration gelegentlich als Sprachrohr dient, den Ausschluss dieser beiden Staaten aus dem Verband Südostasiatischer Nationen (ASEAN) vorschlug. Laos und Kambodscha unterhielten enge wirtschaftliche Beziehungen zu China, zu enge, sagte er.

Aus dem Pentagon kam auch der Vorschlag – so die *South China Morning Post* am 29. November 2020 –, die I. US-Flotte zu reanimieren und diese im Indischen Ozean ständig zu stationieren, weil doch durch die Straße von Malakka achtzig Prozent der chinesischen Erdölimporte transportiert würden. Die I. Flotte ging aufgrund der Neustrukturierung der US Navy 1973 »unter«. Als nunmehr 3. Flotte (mit vier Flugzeugträgern) operiert sie im östlichen Pazifik und ist in Pearl Harbor auf Hawaii stationiert. Mit einem Wort: Die USA sollten eine ganz neue Flotte aufbauen und mit dieser die maritime Einkreisung Chinas durch die 7. Flotte verstärken.

Ein wichtiger Baustein bei diesen geostrategischen Überlegungen ist Taiwan. Washington hält zwar an der »Ein-China-Politik« fest, die zu Beginn der siebziger Jahre US-Präsident Nixon mit Mao in Peking auf Initiative Kissingers vereinbart hatte, weshalb Taiwan seinen Sitz in der UNO und im UN-Sicherheitsrat an die Volksrepublik hatte abgeben müssen. Während in den neunziger und in den ersten Jahren des 21. Jahrhunderts die Beziehungen zwischen Taiwan und China sich zu normalisieren begannen, der kulturelle und wirtschaftliche Austausch rapide wuchs, verschlechterte sich unter Präsident Obama jedoch das Verhältnis. Washington forciert wieder die von den Falken auf Taiwan angestrebte Unabhängigkeit diplomatisch, wirtschaftlich und militä-

risch. Im Oktober 2020 wurde die Lieferung von neuen Rake-
tenwaffen, Drohnen und Kampfjets im Wert von 1,8 Milliarden Dollar vereinbart. China reagierte darauf mit Sanktionen
gegen US-Unternehmen und begann in den auf dem Festland
gegenüber Taiwan liegenden Provinzen veraltete Raketen
gegen neue Hypersonic-Raketen auszutauschen. Daraufhin
hieß es, Peking bereite einen militärischen Überfall auf Taiwan vor.

Es ist wie in den Hochzeiten des Kalten Krieges gegen die
Sowjetunion: Ursache und Wirkung werden nicht mehr benannt. Auch damals wurde stets nur »nachgerüstet«, nie pro-
vozierende Maßnahmen vorgenommen, auf die die andere
Seite reagierte. Dies setzte eine sich wechselseitig herausfor-
dernde Eskalation in Gang.

Die USA wollen erkennbar die Volksrepublik militärisch
einhegen. China lässt sich dies nicht gefallen. Es fordert Verhandlungen für ein System kollektiver Sicherheit mit allen
Anrainern, setzt Harmonie den Hegemoniebestrebungen
der Amerikaner entgegen. So lange sich die USA nicht aus
dem Südchinesischen Meer zurückziehen, wird dieses Seegebiet ein Konfliktherd bleiben. Das sehen auch die meisten
ASEAN-Staaten inzwischen so.

China hält es mit Sunzi, der vor mehr als zweieinhalbtausend Jahren lebte und ein Buch hinterließ, das als das
älteste der Welt zur Militärstrategie gilt, es hieß: »Die Kunst
des Krieges«. Die wichtigste These darin lautet: »Einen Krieg
gewinnt man, indem man ihn gar nicht führt.«

Die Uiguren-Frage

Am 6. Oktober 2020 gab der deutsche UNO-Botschafter,
Christoph Heusgen, eine kollektive Stellungnahme ab. In
der von Deutschland initiierten gemeinsamen Erklärung
wurde Peking aufgefordert, »die Menschenrechte zu respektieren, insbesondere die Rechte von Angehörigen religiöser

und ethnischer Minderheiten, besonders in Xinjiang und Tibet«. Heusgen war stolz darauf, fast vierzig Mitgliedsstaaten für eine solche Petition gewonnen zu haben. (Botschafter Heusgen, der 2020 seine Tätigkeit bei den Vereinten Nationen beendete, wurde laut *FAZ* vom 24. Dezember 2020 vom chinesischen und vom russischen Vertreter mit den Worten verabschiedet, es sei »gut, dass Sie gehen«. Deutschlands Abgesandter habe als nichtständiges Mitglied des Sicherheitsrates die Arbeitsatmosphäre mit bösartigen Angriffen vergiftet. »Aus tiefstem Herzen: ein Glück, dass wir Sie los sind«, zitiert die Zeitung Geng Shuang auf der letzten planmäßigen Sitzung des UN-Sicherheitsrates im Jahr 2020.)

Als Reaktion auf Heusgens Papier verlas Pakistans Vertreter eine von 55 Staaten einschließlich China unterzeichnete Erklärung, in der davor gewarnt wurde, die Lage in Hongkong als Vorwand für eine Einmischung in Chinas innere Angelegenheiten zu nutzen. Und der chinesische Botschafter bei der UNO, Zhang Jun, warf Deutschland, den USA und Großbritannien Heuchelei vor. Auf der einen Seite würden sie angeblich gegen den internationalen Terrorismus vorgehen, der sich vornehmlich aus einem islamistischen Fundamentalismus speise. Auf der anderen Seite geißelten sie die Anstrengungen Chinas, etwa mit Bildung gegen die islamistische Radikalisierung vorzugehen, als Verletzung der Menschenrechte.

Die Nachrichtenagentur *AFP* schrieb in diesem Zusammenhang: »Nach Angaben von Menschenrechtsorganisationen und Forschern sind in Xinjiang mehr als eine Million Uiguren und andere Muslime in hunderten Haftlagern eingesperrt. Sie werden dort nach Angaben der Aktivisten zur Aufgabe ihrer Religion, Kultur und Sprache gezwungen und teilweise auch misshandelt. Exil-Uiguren werfen Peking auch Morde, Verschleppungen, Folter und Zwangssterilisationen in der Region vor.«

Auch Kubas Vertreter meldete sich zu Wort. 45 Staaten – überwiegend muslimische – unterstützten die solidarische

Erklärung Havannas zu den chinesischen Maßnahmen zur Bekämpfung des Terrorismus und für die »De-Radikalisierung« ... Die Organisation für Islamische Zusammenarbeit (Organization of Islamic Cooperation, OIC), der 56 islamische Staaten angehören, verurteilte dagegen die USA und die europäischen Länder für deren Haltung gegenüber den islamischen Staaten. Im Jahresbericht 2019 lobte die Organisation die Sorge, die die VR China den muslimischen Bürgern gegenüber walten lässt.

In China leben heute etwa zwanzig Millionen Muslime – unter den 1,4 Milliarden Chinesen eine Minderheit von weniger als zwei Prozent. Trotzdem gehört damit die Volksrepublik zu den größeren »muslimischen Staaten«.

In China existieren zehn »muslimische« Ethnien (von insgesamt 56 im Lande), die Hui-Chinesen stellen mit über zehn Millionen die größte dieser Nationalitäten dar. Die Hui gelten als »chinesische Muslime«, da sie sich sprachlich und kulturell kaum von der chinesischen Mehrheitsgesellschaft unterscheiden. Diese weit über das Land verstreut lebende Volksgruppe wird, wie alle übrigen Minderheiten auch, von der Regierung unterstützt und gefördert. Die Absicht besteht darin, den Angehörigen den Aufstieg aus ihren häufig sozial und wirtschaftlich benachteiligten Verhältnissen zu erleichtern. Aber natürlich spielen auch außenwirtschaftliche Faktoren eine gewisse Rolle, die Haltung zu den Muslimen ist relevant für die Entwicklung der Beziehungen zu islamischen Ländern. Während meiner mehrfachen Besuche der Provinz Ningxia, wo die Mehreheit der Hui leben, konnte ich mich von der freien Ausübung der islamischen Religion und des Brauchtums überzeugen.

Nächst den Hui sind die Uiguren die größte muslimische Nationalität in China. Nahezu alle Angehörigen der turksprachigen Ethnie, die mehrheitlich im Uigurischen Autonomen Gebiet Xinjiang leben, gehören der Glaubensgemeinschaft des Islam an. Weltweit gibt es etwa fünfzehn Millionen

Uiguren, etwas mehr als acht Millionen davon leben in Xinjiang. Seit etwa Mitte des 18. Jahrhunderts gehört das Tarim-Becken, wo die Uiguren seit Jahrhunderten siedelten, zu China. In den dreißiger Jahren des vorigen Jahrhunderts gründeten uigurische Separatisten die Islamische Republik von Ostturkestan, die aber nur kurz – 1933/34 – existierte, sie ging im chinesischen Bürgerkrieg unter.

Im Norden der Region entstand mit sowjetischer Unterstützung 1944 die (zweite) Republik Ostturkestan, während der andere Teil unter Kontrolle der Guomindang verblieb. In den fünf Jahren ihrer Existenz wurde die Republik Ostturkestan von der Guomindang ständig attackiert, sie ließ den antisowjetischen, pantürkisch-nationalistischen Uiguren freie Hand und unterstützte sie in deren Bestreben, die Turk-Völker gegen die angrenzende Sowjetunion aufzubringen. Amerikanische Quellen berichteten, dass »uigurischer Mob« in den Oasen unterwegs war und die Landsleute aufforderte, nunmehr die »weißen Russen« aus Xinjiang zu vertreiben, nachdem man bereits die Han-Chinesen rausgeworfen habe. »Wir haben uns von den Gelben Männern befreit, jetzt müssen wir die Weißen zerstören«, lautete die Parole. Die gewalttätigen Auseinandersetzungen und die Republik Ostturkestan endeten im Sommer 1949, als die etwa 100 000 Soldaten der Nationalrevolutionären Armee der Guomindang zur Volksbefreiungsarmee überliefen und das Gebiet als »Uigurische Autonome Region Xinjiang« ins Staatsgebiet der neu gegründeten Volksrepublik China eingegliedert wurde.

Im Herbst 1991 reiste ich zum erste Mal in die Provinz Xinjiang, besuchte die Hauptstadt Urumqi und den im Juli 1991 eröffneten Eisenbahngrenzübergang Alashankou. Danach folgten viele weitere Dienstfahrten in die Hauptstadt mit ihren dreieinhalb Millionen Einwohnern. Ich eröffnete in Urumqi eine Repräsentanz und gewann viele neue Freunde, Geschäftskunden und auch Mitarbeiter unter den Uiguren wie auch unter den in Xinjiang lebenden Han-Chinesen. 2019 besuchte ich erneut die Provinz Xinjiang, dieses Mal aber als

Tourist. Ich hatte mich einer kleinen Gruppe chinesischer Buddhismus-Experten angeschlossen, die Tempel abseits der touristischen Routen aufsuchten.

Bereits bei meiner ersten Reise beeindruckte mich die Natur in dieser Region: Es gab Wüsten mit gelbem und schwarzem Sand, kalter und heißer Wind weht über Steine und hatte in Jahrmillionen bizarre Skulpturen geschaffen, ich sah »Sandgebirge« und nackte Felsen, grüne Oasen und alte Wüstengräber mit luftgetrockneten Mumien, buddhistische Tempel, Kamele, Pferde, Weintrauben, Rosinen und trank süßen Wein ...

Die ganze Provinz war Anfang der neunziger Jahre erkennbar arm und aus der Zeit gefallen. Wie vor tausend Jahren schon zogen die Halbnomaden, die zeitweise in primitiven Siedlungen hausten, mit ihren Viehherden über Land. Die meisten Uiguren konnten weder lesen noch schreiben, der Prozentsatz der Analphabeten war höher als der im Landesdurchschnitt. Einer meiner uigurischen Kunden, der Hopfen nach Europa exportierte, beklagte sich, dass er gezwungen sei, immer mehr »Inlandchinesen« beschäftigen zu müssen, weil seine ungebildeten Landsleute nicht seine Anforderungen erfüllten. Die Chinesen, monierte er trotzdem, würden den Uiguren die besser bezahlten Arbeitsplätze »wegnehmen«.

Diese Haltung des uigurischen Unternehmers war keineswegs singulär, sie wurde von vielen geteilt. Es handelte sich um einen unterschwelligen Chauvinismus, der zum Nationalismus tendierte. Statt über die tieferen Ursachen nachzudenken, woher diese Rückständigkeit kam und wie man sie überwinden könnte, machte man die Han-Chinesen dafür verantwortlich. Aus dieser diffusen Unzufriedenheit wuchsen Ärger und soziale Spannungen, sie schienen die nationalistischen Auseinandersetzungen der Vergangenheit fortzusetzen.

Sie hatten sich nach meiner Beobachtung in den vergangenen dreißig Jahren nicht gelegt, im Gegenteil. Obgleich doch die Zentralregierung den Minderheiten – inklusive der der Uiguren – viele Sonderrechte einräumte. So galt beispielsweise für die Uiguren nicht die Ein-Kind-Politik, weshalb die uigurische Bevölkerung von vormals 3,6 Millionen auf nunmehr über zwölf Millionen angewachsen war; die statistische Geburtenrate uigurischer Frauen lag mit 2,04 weit über dem Durchschnitt der Han-Chinesen (1,14) und dem der Hui (1,59).

Diese Tatsache wurde und wird jedoch von jenen ignoriert, die Pekings Nationalitätenpolitik aus Prinzip kritisieren und lieber mit absoluten Zahlen hantieren. Bei der Volkszählung 1953 hätten in der Provinz Xinjiang die Uiguren fünfundsiebzig Prozent der Bevölkerung ausgemacht und die Han-Chinesen lediglich sechs. Heute hingegen betrüge das Verhältnis 46 zu 40. Da sehe man doch, dass die Uiguren vorsätzlich »überfremdet« und an den Rand gedrückt werden sollen, heißt es.

Die Provinz Xinjiang grenzt an die Mongolei, Russland, Kasachstan, Kirgisistan, Tadshikistan und Afghanistan, woraus eine geostrategische Bedeutung für die Zentralregierung erwächst. Nicht nur, weil über Urumqi die Routen der Neuen Seidenstraße führen. Xinjiang ist das Tor nach Taschkent, Teheran und Istanbul und das nach Pakistan und zum Indischen Ozean. Zudem ist die Provinz reich an Bodenschätzen, die gewonnen und verarbeitet werden. Darum wird die Ansiedlung von Industrie gefördert, indem Sonderrechte wie etwa eine niedrigere Besteuerung oder Investitionszulagen gewährt werden. Peking möchte, dass die Region aufschließt, sich entwickelt, um eben die monierten sozialen Spannungen zu überwinden.

Alle diese Maßnahmen führten dazu, dass die jährlichen Zuwachsraten der Provinz beim Bruttoinlandsprodukt zwischen 2014 und 2019 mit 7,2 Prozent über dem Landesdurchschnitt lagen. Die Armutsrate sank laut Statistik in dieser Zeit von 19,4 auf 1,24 Prozent. Nicht nur die zugewanderten Han-Chinesen profitierten vom wirtschaftlichen Aufschwung, sondern eben auch die Uiguren. Er erfolgte nicht auf ihre Kosten, sondern mit ihnen gemeinsam.

Zu den Gewinnern gehörte beispielsweise Rebiya Kadeer, eine erfolgreiche uigurische Textilhändlerin, die es in Urumqi zu zwei Kaufhäusern brachte. Sie wurde zur Vorsitzenden der Handelskammer von Xinjiang und 1992 in die politische Konsultativkonferenz des chinesischen Volkes gewählt. Bald darauf wurde sie auch als Frauenrechtlerin aktiv und gehörte der Delegation der chinesischen Regierung an, die 1995 an der Weltfrauenkonferenz der Vereinten Nationen in Peking teilnahm. Später geriet Rebiya Kadeer jedoch »wegen Separatismus, Terrorismus und religiösem Fanatismus« ins Fadenkreuz der Justiz. 2005 verließ sie China und wurde im Jahr darauf zur Präsidentin des in München ansässigen »Weltkongresses der Uiguren« (WUC) gewählt. Die Organisation, 2004 aus dem Zusammenschluss eines »Weltkongresses der uigurischen Jugend« und eines »Ostturkestanischen Nationalkongresses« gebildet, reklamiert für sich, die Interessen der Uiguren in China zu vertreten (von denen die meisten aber nicht einmal Kenntnis von der Existenz ihrer vorgeblichen Exilregierung haben).

Der WUC fordert die Unabhängigkeit Ostturkestans, d. h. die Ausgliederung des Uigurischen Autonomen Gebietes Xinjiang aus dem Staatsgebiet der Volksrepublik China, sowie die »Gewährung von Demokratie, Menschenrechten und Religionsfreiheit für alle Uiguren«. Der WUC unterhält als militärischen Arm die Organisation »East Turkestan Islamic Movement« (ETIM), die unter anderem mit den Taliban und Al-Qaida verbündet ist und für die gewaltsame Trennung der Provinz Xinjiang von China kämpft. Bei seinen Aktivitäten erfährt der nationalistische Verein WUC, vorsichtig formuliert, freundliche Aufmerksamkeit deutscher Institutionen.

Westliche Terrorismusexperten machen die Exilbewegung für Pogrome in China sowie Terroranschläge im In- und Ausland verantwortlich – so etwa für einen Brandanschlag auf das chinesische Generalkonsulat in München 2009 oder das

Massaker in Urumqi Tage zuvor. Nach Aufrufen »uigurischer Exil-Gruppen im Internet zu Demonstrationen« (Bundeszentrale für politische Bildung vom 17. Dezember 2017) sei es dort »zu gewalttätigen Attacken gegen han-chinesische Passanten« gekommen.

Es handelte sich tatsächlich um das schlimmste Pogrom in der Geschichte der Volksrepublik: Mehrere Tausend Uiguren zogen im Juli 2009 einige Tage lang mordend und plündernd durch die Stadt, steckten hunderte Geschäfte und Fahrzeuge von Han-Chinesen in Brand. Mehr als zweihundert Menschen starben, eintausendsechshundert wurden verletzt.

Es folgten weitere Anschläge durch Uiguren. Am 28. Oktober 2013 erreichte der Terror auch die Hauptstadt Peking. »Mit einem mit 400 Litern Benzin beladenen Jeep fuhr eine dreiköpfige uigurische Familie in einer Amokfahrt und offenbaren Selbstmordattacke gegen einen Brückenpfeiler vor dem Tiananmen-Tor, dem Wahrzeichen Pekings. Bei der Brandexplosion starben insgesamt fünf Menschen, vierzig wurden verletzt. Die Pekinger Polizei nannte die Tat einen ›gewaltsamen Terrorangriff‹«, schrieb *Die Welt* am 2. März 2014.

Drahtzieher, so hieß es, seien exilierte Vertreter der »Islamischen Republik Ostturkestan« gewesen, die sich in der Türkei niedergelassen hatten. Dort leben auch die meisten Uiguren außerhalb Chinas. Erdogan, 1995 Bürgermeister von Istanbul, erklärte damals:»Ostturkestan ist nicht nur die Heimat der türkischen Völker, sondern auch die Wiege der türkischen Geschichte, Zivilisation und Kultur. Die Märtyrer Ostturkestans sind unsere Märtyrer.« (Im Internet verbreitet *Wikipedia* eine lange »Liste von Terroranschlägen in China« von 1989 bis zur Gegenwart ...)

Zwischenzeitlich hat der türkische Präsident Erdogan seine Meinung über die Aktivitäten der Exil-Uiguren geändert. Nachdem eine Delegation des Generalsekretariats der Organisation für Islamische Zusammenarbeit (OIC) auf Einladung von China die Provinz Xinjiang Anfang 2019 besuchte und sich von den positiven Maßnahmen zur Hebung der Lebensumstände der muslimischen Bevölkerung einschließlich der freien Ausübung ihres Glaubens überzeugt hatte, setzte auch die Türkei die ETIM auf die Liste der Terrororganisationen. Der 2017 vereinbarte Auslieferungsvertrag mit China wurde allerdings bis heute noch nicht ratifiziert.

Der in Deutschland aktive »Weltkongress der Uiguren« wird finanziell gefördert vom National Endowment for Democracy (NED), einer halbstaatlichen Organisation zur Unterstützung der US-Außenpolitik, weshalb das NED auch von der Regierung der USA finanziert wird. Das NED – von Experten auch als »öffentlicher Arm der CIA« bezeichnet – fördert nach eigenem Bekunden »über 1000 von Nichtregierungsorganisationen durchgeführte Projekte mit demokratischen Zielen in über 90 Ländern. Dazu gehört die Unterstützung politischer Parteien und Gruppierungen und deren internationale Vernetzung, Hilfe beim Aufbau demokratischer Strukturen z. B. durch Beratung zur Organisation von Wahlen, die Förderung von Vereinen und Verbänden der Zivilgesellschaft, Schulungen für Unternehmer und Gewerkschafter, Unterstützung unabhängiger Medien und anderes mehr«, heißt es im Internet. (Nicht ohne Grund untersagte Peking Ende November 2020 die Einreise des Asien-Direktors des NED in die Volksrepublik für immer – »wegen unzulässiger Einmischung in die inneren Angelegenheiten Chinas«.)

Rebiya Kadeer, das nur nebenbei, lebt in den USA im Exil und kämpft nun dort für die Freiheit der Uiguren.

Aus meinen Begegnungen mit den Uiguren im Lande weiß ich, dass religiöse und ethnische Momente für die meisten nicht einmal eine marginale Rolle spielen. Sie bewegt ihre soziale Lage, und die ist, trotz aller Bemühungen der politischen Kräfte vor Ort und der Zentralregierung, noch nicht überall so gut, dass alle damit zufrieden sein könnten. Gleichwohl steht die Mehrheit hinter der Pekinger Linie und trägt deren Kurs mit.

Allerdings gibt es auch unter den Uiguren religiöse Fanatiker, die als islamistische Gotteskrieger unterwegs sind.

Im April 1990 riefen Hunderte bewaffnete Uiguren in Baren, einem Ort in der Nähe zur afghanischen Grenze, erstmals zum Djihad gegen die Volksrepublik auf. In ihren Reihen marschierten aus Afghanistan zurückgekehrte Islamisten, die in Lagern von Al-Qaida gegen die Russen militärisch ausgebildet worden waren. Nach dem Abzug der sowjetischen Truppen waren sie »arbeitslos« geworden. Seit jener Zeit erfolgten laufend terroristische Anschläge von uigurischen Nationalisten und uigurischen Djihadisten in China. Immer wieder explodierten Bomben in Bussen, Einkaufszentren, Hotels, wurden Polizeistationen angegriffen. Zwischen 1990 und 2001 starben bei solchen Terrorattacken mindestens 162 Menschen, mehr als 440 wurden verletzt. Seit 2014 wurden von den chinesischen Sicherheitsbehörden 1588 terroristische Gruppen aufgelöst und 12 995 Terroristen verhaftet. 127 Einsatzkräfte wurden von Terroristen getötet.

Um die Jahrtausendwende begann die militärische Qualifizierung exilierter Uiguren durch die Taliban in Afghanistan, sie wurden für terroristische Einsätze in China vorbereitet, die sie als »East Turkestan Islamic Movement« (ETIM) verüben sollten. Die Ausbildung erfolgte im Wachankorridor, einem schwer zugänglichen Naturreservat, das als Rückzugsgebiet der islamistischen Terroristen gilt. Das ist jener schmale afghanische Gebirgsstreifen, der im Norden von Tadshikistan und im Süden von Pakistan begrenzt wird und der im Osten auf die chinesische Grenze stößt. Dahinter liegt die Provinz Xinjiang. 2002 setzte die US-Regierung die ETIM auf die Liste der Terroristischen Organisationen.

2001 schlossen sich auf Initiative Pekings Tadshikistan, Kasachstan, Kirgisistan, Usbekistan, Russland und China zu einer Antiterror-Vereinigung zusammen, die Shanghai Organisation Corporation (SOC), um gemeinsam der von Afghanistan ausgehenden Gefahr zu begegnen. Es war die eigene Antwort dieser Staaten auch auf »Nine eleven«. Nach dem Terroranschlag von Islamisten auf das Welthandelszentrum am 9. September 2001 hatte US-Präsident Bush den kollektiven »Krieg gegen den Terror« ausgerufen; die genannten Staaten suchten aber nach eigenen Lösungen, wollten beispielsweise nicht an gezielten Tötungen militärischer Führer und bei Drohnenanschlägen auf verdächtige Menschenansiedlungen mitwirken.

In jener Zeit schlossen sich tausende Mitglieder salafistischer Milizen – einer besonders konservativen, reaktionären Strömung des sunnitischen Islam – im Irak und Syrien zu einem Islamischen Staat (IS) zusammen. Kein Staat im klassischen Sinne, sondern eine Organisation, eine Bewegung, die mit Terror, Bürgerkrieg und Völkermord einen islamischen Gottesstaat, ein Kalifat, errichten wollte. Die Uiguren sind, wie die meisten Angehörigen der Turkvölker, Sunniten. Viele fühlten sich durch den Glauben mit den IS-Kämpfern verbunden, tausende junge Männer, mitunter ganze Familien, schlugen sich aus Xinjiang nach Irak und Syrien durch, um sich dem IS anzuschließen. Es heißt, dass die Türkei mindestens 50 000 Pässe für Uiguren ausstellte, die dann über die Türkei in Syrien einreisten, um dort für den Gottesstaat und gegen den syrischen Staat zu kämpfen.

Doch nicht nur im arabischen Raum wurden die uigurischen Islamisten aktiv, auch in anderen asiatischen Ländern mordeten und brandschatzten sie. In Indonesien wurde eine Gruppe festgesetzt und im November 2020 an China ausgeliefert.

Nach der militärischen Zerschlagung des IS verblieben etwa zehn- bis zwanzigtausend uigurische Kämpfer mit ihren Familien in Idlib, in dem von ihnen begründeten Dorf Az-Zanbaqi sollen noch immer etwa dreieinhalbtausend Uiguren leben. Andere gingen nach Afghanistan und schlossen sich dort den Taliban an, nicht wenige zogen weiter nach Libyen und kämpfen im dortigen Bürgerkrieg. Es heißt, dass diese Uiguren davon träumen, eines Tages nach China zurückzukehren, um die Volksrepublik in einen islamischen Staat zu verwandeln. Viele träumen nicht nur davon, sondern rufen im Ausland offen zum bewaffneten islamistischen

Kampf gegen China und für ein unabhängiges Ostturkestan auf. So wurde laut einem Bericht der *Neuen Zürcher Zeitung* der Islamgelehrte Aimadoula Waila nach einer entsprechenden Hass-Predigt in Saudi Arabien am 20. November 2020 von den dortigen Behörden verhaftet.

Die Volksrepublik nimmt die üblen Fantasien religiöser Fanatiker sehr ernst, sie unterschätzt nicht die reale Gefahr, die von ihnen ausgeht. Die chinesische Regierung sieht sich darum seit einigen Jahren einer gefährlichen Situation insbesondere in Xianjiang gegenüber: soziale Konflikte im Innern, die noch immer nicht hinreichend gelöst werden konnten, und eine terroristische Bedrohung von außen. Dagegen versucht sie mit einer Doppelstrategie vorzugehen. Auf der einen Seite soll der Lebensstandard der uigurischen Bevölkerung durch ein umfassendes Investitionsprogramm erhöht werden, dazu gehört auch eine Intensivierung der Ausbildung zur Hebung des Bildungsniveaus, und der Zuzug der Han-Chinesen wird nicht mehr gefördert. Auf der anderen Seite werden die aktiven Antiterror-Maßnahmen verstärkt.

Während meines Besuches in Xinjiang 2019 registrierte ich die Folgen dieser beiden Strategien. In den Dörfern und in kleineren Städten waren viele kommerzielle Einrichtungen zu sehen, neue Wohngebäude und Bauernhäuser mit modernem Standard waren errichtet worden. Überall, selbst in der Taklamakan-Wüste und den Ausläufern des Kunlun-Gebirges, war das 4G-Kommunikationsnetz verfügbar und der Internet-Zugang jederzeit möglich. Wie ich sah, wurde das World Wide Web auch stark genutzt.

Entgegen den in westlichen Medien verbreiteten Darstellungen waren Ausländer in ihrer Bewegungsfreiheit keineswegs eingeschränkt oder wurden am Reisen gehindert. Ohne besondere Genehmigungen reiste ich innerhalb der Provinz mit dem Zug und öffentlichen Verkehrsmitteln. Allerdings erfolgten in allen Hotels und in öffentlichen Gebäuden strenge Sicherheitskontrollen. Die Moscheen schienen uneingeschränkt allen Gläubigen offenzustehen.

Vor jeder Stadt und jedem Dorf standen Kontrollposten. Als Ausländer musste ich das Auto verlassen und in einem Gebäude meine Identität nachweisen – obwohl durch die Gesichtserkennung und die zentrale Registrierung meine Personalien bekannt waren. Ich musste mein Handy vorlegen, eine Absperrung durchschreiten und durfte dann wieder in das Auto einsteigen. Das Handy war nachweislich nicht ausgelesen worden.

Die Uiguren wurden, wie ich sah, der gleichen Prozedur unterzogen, wobei sie noch zusätzlich befragt wurden. Man wollte wissen, woher sie kamen und wohin sie reisten und zu welchem Zweck. Mich würde das ebenfalls frustrieren, aber geschah dies während des Corona-Lockdowns nicht auch an den Grenzen der deutschen Bundesländer?

In Urumqi und in den anderen von mir besuchten Städten war viel Polizei unterwegs. Meine Begleiter, die Buddhismus-Experten, erklärten mir das mit dem Schutz der Bevölkerung vor Terroranschlägen, was ich im Prinzip akzeptierte.

Aber wie verhielt es sich mit den Lagern?

In den einheimischen, also westlichen Medien wurde verbreitet, dass sich bis zu einer Million Uiguren in »Umerziehungslagern«, die mancherorts auch als Konzentrationslager bezeichnet wurden, und weitere zwei Millionen in Trainingscamps befinden würden. Das wären also bis zu dreißig Prozent der uigurischen Bevölkerung. Woher stammen überhaupt die Zahlen?

Eine Quelle ist das Network of Chinese Human Rights Defenders (NHRD), welches vom bereits erwähnten amerikanischen NED unterstützt wird. Die Menschenrechtsorganisation hat, wie ich recherchierte, in acht Dörfern jeweils acht Personen gefragt, ob und wie viele ihnen bekannte Personen in Lagern interniert seien. Die ihnen genannten Zahlen wurden hochgerechnet, so kam man zu dem Befund, dass zehn Prozent der Dorfbevölkerung zur Umerziehung interniert sei. Das wiederum wurde auf die Gesamtbevölkerung übertragen – und schon kam man auf eine Million Uiguren, die von Peking hinter Stacheldraht zusammengepfercht worden seien.

Eine andere Quelle ist der türkische Fernsehsender »Istiqlal TV«, der mit der islamischen Ostturkestan-Bewegung verbunden ist. Der dortige »Xinjiang-Experte« ist Adrian Zenz, ein bekennender Antikommunist und rechtsextremer christlicher Fundamentalist, der selbst nur im Internet recherierte, aber trotzdem gern von US-Außenminister Pompeo und anderen US-Politikern und -Medien zitiert wird. Zenz wiederum zitiert gern und oft *Radio Free Asia* (RFA), einen in den neunziger Jahren gegründeten Sender, der »demokratische Werte und Menschenrechte« verbreiten und vornehmlich gegen China und dessen Einfluss arbeiten soll. Finanziert wird die Einrichtung von den USA wie seinerzeit *Radio Free Europe/Radio Liberty,* also von der CIA, nach deren Vorbild *Radio Free Asia* in zehn Sprachen sendet. »Leitmedien« in der westlichen Welt übernehmen gern diese Berichte, weshalb diese – etwa die *New York Times* oder der *Economist* – dem Sender das Verdienst zuschreiben, die Verfolgung der Uiguren durch Peking publik gemacht zu haben. Berichte wie etwa die der *New York Times* am 31. Juli 2015 über einen Uiguren, der 1994 mit einem gefälschten Pass aus Xinjiang geflohen war, »nachdem er zwei Artikel in seiner uigurischen Muttersprache geschrieben hatte, die die lokalen Behörden empörten«. Dieser Shohret Hoshur berichtet seither »über Xinjiang aus der Ferne für *Radio Free Asia,* den Nachrichtendienst, der in Uigurisch auf Kurzwellenradio sendet«, so das Blatt. »Seine Berichte über Gewalt in seiner Heimat gehören zu den wenigen zuverlässigen Informationsquellen.«

Genau das aber bestreiten sehr viele tatsächliche Experten. Die Sendungen »stützen sich sehr stark auf Berichte von und über Dissidenten im Exil. Es klingt nicht nach Berichterstattung darüber, was in einem Land vor sich geht«, monierte schon 1999 Catharin Dalpino von der Brookings Institution, einem renommierten US-Think Tank.

Der Uiguren-Fachmann Adrian Zenz habe im Internet »recherchiert« und sei auf etwa eine Million internierte Uiguren gekommen, kolportierten unisono die Medien der freien Welt, aus denen sich dann die Politiker informierten.

Die BBC wollte Satellitenaufnahmen »ausgewertet« haben, dass es in der Provinz Xinjiang viele befestigte Gebäude gebe, die über eine Million Menschen aufnehmen könnten.

Das alles sind keine Beweise, sagte auch Jessica Bathke, die als Expertin für innenpolitische und soziale Angelegenheiten Chinas viele Jahre für das US-Außenministerium tätig war. Und auch sie ging der Frage nach dem Ursprung der Zahlen nach. Anfang 2019 publizierte sie ihre Feststellungen: »Eine Sitzung der Vereinten Nationen im August 2018 scheint die Zahl zunächst populär zu machen. Auf der Sitzung erklärte der Ausschuss für die Beseitigung der Rassendiskriminierung, er habe ›viele glaubwürdige Berichte‹ erhalten, dass eine Million ethnische Uiguren in China in Internierungslagern festgehalten würden, ohne jedoch die Quellen dieser Berichte zu nennen. In den folgenden Tagen wurde die Zahl in Geschichten in *The Wall Street Journal*, *Al Jazeera* und *Huff Post* wiederholt, die alle die UN-Sitzung zitierten. Eine Woche später veröffentlichte das US-Außenministerium eine öffentliche Erklärung, in der es seine bisherige Schätzung von Hunderttausenden Häftlingen auf eine Zahl ›möglicherweise Millionen‹ erhöhte.

Die Berichterstattung in den Monaten danach hat oft auf die Schätzung von ›eine Million‹ verwiesen; andere Berichte zitieren eine geringere Zahl von Häftlingen, wenn auch immer noch in den Hunderttausenden.« So Jessica Bathke auf *https://www.chinafile.com/reporting-opinion/features/where-did-one-million-figure-detentions-xinjiangs-camps-come*. Sie setzte sich auch mit den Behauptungen von Zenz, der NHRD und der BBC auseinander. Zwar seien viele Aussagen, auf die sich all diese Schätzungen stützten, »glaubwürdig«. Doch was beweise dies? »Schätzungen von einer Million Menschen, die in Xinjiangs ›Umerziehungslagern‹ festgehalten wurden, sind ziemlich glaubwürdig. Bedeutet das aber, dass sie recht haben?«

Von offizieller chinesischer Seite wird all diesen Aussagen widersprochen. Ebenfalls glaubwürdig.

Peking ist in einer misslichen Lage. Die chinesische Führung weiß, dass tausende islamistische Terroristen uigurischer Herkunft in Afghanistan, Syrien, Libyen und an vielen anderen Orten in der Welt aktiv sind. Sie warten auf den Zeitpunkt, um in ihre Heimat zurückkehren zu können, um auch dort für einen Gottesstaat zu streiten. Vor diesen Leuten kann sich die Volksrepublik außenpolitisch schützen. Sie muss es aber auch innenpolitisch tun, denn die uigurischen Muslime im Lande, zumindest ein Teil von ihnen, bilden den Resonanzboden. Die Sowjetunion siedelte nach dem Überfall Hitlerdeutschlands alle im europäischen Teil des Landes lebenden Deutschen um, damit sie nicht mit ihren Landsleuten in Wehrmachtsuniform kollaborieren konnten. Die USA internierten während des Zweiten Weltkrieges 120 000 in den Vereinigten Staaten lebende Japaner oder japanstämmige US-Bürger. Da wie dort war viel Ungerechtigkeit im Spiel, weil alle unter Generalverdacht gestellt wurden, und viele überlebten die Umsiedlung oder ihre Internierung nicht.

China setzt hingegen auf die Vernunft, auf die Aufklärung: Die Behörden versuchen die potenziell Anfälligen und Auffälligen zu bilden, sie setzen Wissen gegen eine religiöse Radikalisierung und einen politischen Extremismus. Die Führung hat die verheerenden Folgen des »heiligen Krieges« in anderen Regionen vor Augen.

Es gebe ja keinen Aufstand, heißt es im Westen, deshalb seien die Maßnahmen völlig überzogen. Sie nennen die Provinz Xinjiang einen »Polizei- und Überwachungsstaat«, verbreiten Horrorgeschichten von vermeintlichen oder tatsächlichen Zeugen. Sie setzen den Bemühungen der Volksrepublik zur Entschärfung eines zweifellos vorhandenen Konfliktes – der Harmonisierung der Gesellschaft und der Integration von Minderheiten – Propaganda und Hetze entgegen. Ja, »Lager« und »Internierung« haben nicht nur in Deutschland einen mehr als zweifelhaften Ruf: Man denke an Guantanamo, an El Gharib, an Srebrenica, an die Kriegsgefangenenlager auf den Rheinwiesen oder bei Winniza, an Buchenwald und Mauthausen, an Tuchola in Polen, wo zwischen 1919 und 1922 Zehntausende sowjetische Kriegsgefangene in polnischen Internierungslagern an Hunger und Seuchen zugrunde gingen ...

Deshalb benutzt man in der politischen Auseinandersetzung mit China im Westen gern solche Begriffe. Und ja, es ist zu bezweifeln, ob die Bildungsbemühungen – im Westen als »Umerziehung« bezeichnet – die gewünschten Resultate zeitigen. Möglicherweise bewirken sie das Gegenteil von dem, was angestrebt wird. Vielleicht aber funktioniert es. In China ist vieles anders, wie wir inzwischen wissen. Daher sollten auch dieses Problem die Chinesen selbst lösen, wir sollten uns mit besserwisserischen Ratschlägen und aus Vorurteilen gespeisten Hinweisen zurückhalten und China bei der Terrorbekämpfung unterstützen, statt gegen deren Maßnahmen zu polemisieren.

In jedem Fall ist der chinesische Weg, den Terrorismus durch deeskalierende Maßnahmen zu bekämpfen, besser, als ihn weiter zu befeuern, wie dies etwa durch den US-Außenminister geschah, indem er im Dezember 2020 die ETIM von der Liste der Terrororganisationen streichen ließ. Oder wenn die *ARD* dem »wiedergeborenen Christen« Adrian Zenz eine Bühne bietet, um gegen China zu hetzen.

Ordnung im Oberstübchen: Tibet, das Dach der Welt

Bevor die Uiguren Thema wurden, war es Tibet. 1995 bereiste ich vier Wochen lang das Hochland in Zentralasien, das – im Schnitt viereinhalbtausend Meter hoch – als »Dach der Welt« bezeichnet wird. Es ist mit über einer Million Quadratkilometern mehr als zehn Mal so groß wie die DDR, zählt aber nur rund vierzehn Millionen Menschen, wovon mehr als die Hälfte Han-Chinesen sind. Das einstige Königreich war im 7. Jahrhundert entstanden. Eine Zeitlang herrschten dort die Mongolen, immer mal wieder auch Chinesen. Im frühen 18. Jahrhundert übernahmen die Mandschu, eine Ethnie aus dem Nordosten Chinas, Tibet. Im ausgehenden 19. Jahrhundert machten die Briten den Landstrich de facto zur Kolonie und vertrieben das weltliche und geistige Oberhaupt, das den feudalen Staat seit Jahrhunderten regierte. Der 13. Dalai Lama flüchtete nach der Besetzung Lhasas in die Äußere Mongolei. 1907 regelten Großbritannien und Russland im Vertrag von St. Petersburg ihre Einflusszonen und Interessen in Zentralasien; Tibet wurde dabei China zugeschlagen, das das Land Jahre zuvor gegen die militärische Okkupation durch britische Kolonialtruppen, wenngleich erfolglos, verteidigt hatte. Mit dem Sturz des chinesischen Kaisers und der Errichtung der Republik China 1912 zogen dessen Truppen ab, und der zurückgekehrte Dalai Lama erklärte daraufhin Tibets Unabhängigkeit, die jedoch von keinem Staat der Welt anerkannt wurde. 1950 vertrieb die chinesische Volksbefreiungsarmee die britischen Kolonialtruppen aus Tibet und schloss es ans Mutterland an; zeitgleich wurde mit fünfzehn Jahren der 14. Dalai Lama als weltliches und kirchliches Oberhaupt inthronisiert. Um den »ungeklärten Rechtsstatus Tibets« zu überwinden – Großbritannien und Indien zeigten sich daran nicht interessiert –, handelten 1951 Vertreter der tibetanischen und der chinesischen Regierung ein »17-Punkte-Abkommen zur friedlichen Befreiung Tibets« aus. Es sicherte Tibet Autonomie und Religionsfreiheit zu, die Volksrepublik China übernahm die außenpolitische Vertretung. In Punkt 1 hieß es dort: »Das tibetische Volk kehrt in den Schoß der großen Familie der Volksrepublik China zurück.«

Schon bald wurden die USA in der Region aktiv. »In den fünfziger und sechziger Jahren bildete der US-Geheimdienst CIA Bauern, Mönche und Nomaden zu Widerstandskämpfern aus«, verriet der *Spiegel* am 9. Juni 2012. »Geschult wurden die Tibeter zunächst in Saipan im Westpazifik, dann in Camp Hale im bergigen US-Bundesstaat Colorado. Ihr Ausbilder: der amerikanische Geheimdienst CIA. Ihr Ziel: die Chinesen aus dem ›Land des Schnees‹ zu vertreiben, wie sie selbst ihre Heimat Tibet nennen – oder ihnen zumindest das Leben schwerzumachen.«

Die Operation hieß »ST Circus«, dafür gab die US-Regierung jedes Jahr rund 1,7 Millionen Dollar aus; der nach Indien exilierte Dalai Lama bekam von den Amerikanern monatlich 15 000 Dollar. Dies bestätigte fünfzig Jahre später der Dokumentarfilm »CIA in Tibet« von Lisa Cathey. »Tausende von tibetischen CIA-Guerilleros starteten später vom halbautonomen Himalaja-Reich Mustang ihre Einsätze. Unklar ist bis heute, wie viele von ihnen in Tibet ihr Leben ließen und wie viele chinesische Soldaten starben«, schrieb 2012 der *Spiegel*. Angeblich legten die letzten Terroristen 1974 die Waffen nieder. Seither plädiere der Dalai Lama für den »Mittelweg«: keine Gewalt, keine Unabhängigkeit Tibets. In einem Interview mit der *New York Times* 1993 bezeichnete der Dalai Lama die von den USA forcierte CIA-Operation als »nicht sehr gesund«, sie sei ausschließlich politisch motiviert gewesen und nicht aus »genuiner Sympathie« für das tibetische Volk erfolgt.

Trotzdem kam es in der Folgezeit bis in die Gegenwart immer wieder zu Protesten und Unruhen in Tibet, Ende der achtziger Jahre musste sogar der Ausnahmezustand verhängt werden. Separatisten fühlten und fühlen sich von den Chinesen unterdrückt, Menschenrechtsorganisationen im Ausland beklagen die Einschränkung von Religions- und Pressefreiheit und die vermeintliche Geburtenkontrolle durch China. Der deutsche Außenminister erklärte 1998 allerdings, die rot-grüne Bundesregierung stehe mit ihrer Chinapolitik in der Kontinuität der alten Regierung. Tibet werde als ein integraler Bestandteil Chinas betrachtet, alle Unabhängigkeitsbestrebungen würden als Separatismus angesehen und nicht unterstützt.

Die Vorgänge in Tibet bestimmten zwar nicht mehr die Schlagzeilen, als ich 1995 in Tibet unterwegs war, aber die Spannungen bestanden unverändert fort. Sie resultierten auch aus den Forderungen des Dalai Lama. Zum einen verlangte er, die außerhalb Tibets liegenden chinesischen Provinzen Sichuan, Gansu und Qinghai in die Autonomie und damit in seinen Einflussbereich einzubinden. Zum anderen sollte die frühere halbfeudale Regierungsform wieder hergestellt werden. Beides lehnte die Zentralregierung in Peking aus nachvollziehbaren Gründen ab.

Wir reisten damals zu viert: mit meiner Frau, einem Bergführer und einem Fahrer, der unseren Jeep über kaum passierbare Bergpisten bis zum chinesischen Basislager am Fuße des Mount Everest steuerte. Auf dem Weg dorthin besuchten wir unzählige buddhistische Klöster, trafen Touristen und noch mehr tibetische Pilger. In jenen vier Wochen sah ich nur einen kleinen Teil Tibets, gewann aber einen Eindruck vom Land und von den Menschen. Während meiner späteren Tätigkeit in Indien besuchte ich auch Dharamsala, den Bergkurort im Bundesstaat Himachal Pradesh, in welchem Tibets Exilregierung und auch der Dalai Lama residierten. Und in Neu Delhi sprach ich mit vielen Tibetern, die in einem ärmlichen, slumähnlichen Wohnviertel lebten. Meine Freunde vom Peking Foto Club unternahmen wiederholt Fotoreisen tief ins Innere Tibets und schossen tausende Bilder, die das Leben fernab der Städte und Touristenzentren zeigten. Selbst abseits gelegene einzelne Höfe und Hütten von Berghirten verfügten über elektrischen Strom, mobilen Internetzugang und Sanitäreinrichtungen. Dafür hatten die Chinesen gesorgt.

Dem standen die restaurativen und separatistischen Bewegungen entgegen, zumindest durch die Propaganda des Westens erfuhren und erfahren sie Aufmerksamkeit und Unterstützung. Dazu gehört auch die Verleihung des Friedensnobelpreises 1989 an den Mönch Tenzin Gyatso, der seit 1950 als 14. Dalai Lama auf Lebenszeit amtiert. »Seine Heiligkeit«

trat zwar 2011 von seinen politischen Ämtern zurück, aber er steht nach wie vor für den »Lamaismus« und gilt einigen als zweiter Mahatma Gandhi. Kritiker werfen ihm vor, dass er die früheren Zustände, als lamaistische Mönche zusammen mit einer kleinen Adelsschicht allen Grund und Boden in Tibet besaßen, heute noch idealisiert. Es gab damals Leibeigene und Sklaven, die von einer Mönchspolizei überwacht wurden. Auch verstümmelnde Körperstrafen seien häufig gewesen. »Gnadenloser Feudalismus, unmenschliche Strafen. Tibet unter dem Dalai Lama war ein Armenhaus«, hieß es beispielsweise am 20. November 1997 auf *NDR*.

Die Volksrepublik China versucht die Integration des Autonomen Gebietes durch dessen Modernisierung voranzutreiben, Peking verbessert die Infrastruktur und die Anbindung ans Mutterland etwa durch Eisenbahnverbindungen, die ins Seidenstraßenprojekt eingebunden sind. Die mittelalterlichen, feudalen und religiösen Lebensformen sollen aktiv überwunden werden – wozu auch die Einwanderung und Ansiedlung von Chinesen dient. Andererseits sollen die Tibeter durch eine Erhöhung des Lebensstandards, die Verbesserung der Bildungschancen und der Sozialleistungen von den Vorzügen der Zugehörigkeit zur Volksrepublik überzeugt werden.

Peking akzeptiert, dass die Tibeter sich nicht assimilieren lassen, sie sollen ihre eigene Kultur, Sprache und Religion beibehalten. Das wird von China sogar gefördert. Publikationen der traditionellen Texte erscheinen in tibetischer Sprache, und Klöster werden mit staatlichen Mitteln gepflegt, solange die dort tätigen Mönche keine Unabhängigkeit fordern. Diese Strategie scheint aus heutiger Sicht erfolgreich zu sein. Die Mehrheit der Tibeter begrüßt den durch sie erfahrenen Fortschritt in Gestalt besserer Lebensbedingungen. Tausende junge Tibeter studieren an den großen Universitäten und übernehmen Verantwortung im Autonomen Gebiet. Es bestehen keine Spannungen mehr zwischen den Han-Chinesen und den Tibetern.

Der entscheidende Unterschied zwischen Tibet und Xinjiang, zwischen den Tibetern und den Uiguren, besteht wohl in der Religion (wobei auch hier grundsätzlich deutlich wird, dass Religionen in der Weltgeschichte stets Ursache und Begleiter von Kriegen und Konflikten waren und sind). Die Tibeter pflegen den Lamaismus, einen tibetischen Buddhismus, der nach Frieden und Harmonie strebt. Religiöser Fanatismus oder gar Extremismus ist ihm fremd. Die friedliche Ausübung der Religion hat einen höheren Stellenwert als die gewaltsame Veränderung des politischen Status Quo. Anders bei den Uiguren, bei denen islamistische Extremisten breiten Raum haben und sehr aktiv sind, zumal sie »den Westen« hinter sich wissen.

Das erklärt auch den unterschiedlichen Umgang Pekings mit Tibetern und Uiguren, obgleich beide Religionen und Ethnien im Spannungsfeld der Auseinandersetzungen des Westens mit China existieren. Sie werden in diesem Konflikt instrumentalisiert und lassen sich auch instrumentalisieren, ob ihnen dies bewusst ist oder nicht.

Es sieht nicht so aus, dass sich dies ändern könnte. Erstmals besuchte Dr. Lobsang Sangay als Präsident der tibetischen Exilregierung auf Einladung des US-Außenministeriums die USA, Ende November 2020 war er im Weißen Haus. Sechzig Jahre lang war die offizielle Einreise von Mitgliedern der »Zentraltibetanischen Regierung« (CTA) und die Anerkennung dieser Exil-Regierung durch Washington verweigert worden. Sangay erklärte hinterher, dass er sich seit 2011 »mehr als ein Dutzend Mal« schon mit Regierungsbeamten getroffen habe, die Begegnungen hätten jedoch immer an unbekannten Orten stattgefunden. Der Empfang im Weißen Haus würde auf ein gesteigertes Interesse und auf eine Neuorientierung verweisen.

Nicht überraschend missbilligte Peking diesen Schritt, er trüge dazu bei, »die Entwicklung und Stabilität der Tibet-Region« zu stören. Ähnlich war die Reaktion, als US-Präsident Obama den Dalai Lama im Februar 2014 demonstrativ im Kartenraum des Weißen Hauses empfangen hatte.

Hongkong: eine schwärende Wunde?

1984 waren Großbritannien und die Volksrepublik China übereingekommen, dass 1997 die Kronkolonie Hongkong aufgegeben und an China zurückgegeben werde. In einer fünfzig
Jahre währenden Übergangszeit würden dort andere Regeln
gelten als auf dem Festland. Deng Xiaoping prägte die Formel
»Ein Land, zwei Systeme«. Offenkundig bestanden reichlich
zwanzig Jahre nach der Übergabe sehr unterschiedliche Vorstellungen im Westen und einer angeblichen Oppositions-
bewegung, was darunter zu verstehen ist. Denn als 2019 ein
Sicherheitsgesetz in Hongkong eingeführt werden sollte, regte
sich Protest, der – kaum unerwartet – im Westen nicht nur
Beifall, sondern auch breite mediale und politische Unterstützung fand. Der deutsche Außenminister empfing in Berlin
demonstrativ einen Studenten, der medial zum Anführer der
»Demokratiebewegung« hochstilisiert worden war. Die Visite
wurde wie ein Treffen mit einem hochkarätigen Politiker behandelt. Das wiederum verärgerte natürlich Peking – was
auch beabsichtigt worden war.

Um was ging es da?

Schauen wir uns einmal die Hintergründe an, weshalb
sich die Führung der VR China entschlossen hatte, dieses
offenbar umstrittene Sicherheitsgesetz für die chinesische
Sonderzone Hongkong innerhalb kürzester Zeit, ohne Ein-
beziehung eines parlamentarischen Prozesses der lokalen
Regierung, durchzusetzen, weshalb sich die ganze westliche
Welt künstlich entrüstete und Mitleid mit Menschen bekun-
dete, die offensichtlich wieder in koloniale Verhältnisse zurückkehren wollten.

Im 19. Jahrhundert okkupierte das britische Empire in der
Folge der imperialistischen Opiumkriege die Insel Hongkong
und anschließend – auf der Basis der sogenannten »Ungleichen Verträge« – auch angrenzende Gebiete auf dem Festland. Mit den »Ungleichen Verträgen« trotzten die westlichen Mächte Großbritannien, Frankreich, USA, Russland,

Japan und Deutschland in der Zeit vorm Ersten Weltkrieg dem Reich der Mitte Zugeständnisse ab, d. h. sie beschnitten den Chinesen die Souveränitätsrechte.

Großbritannien baute dieses Territorium zu einem seiner wichtigsten Militärstützpunkte und Warenumschlagsplätze in Ostasien aus. Aber auch zu einem Zentrum des modernen Sklavenhandels, nämlich dem Handel mit Arbeitskulis. Tausende billige Arbeitssklaven wurden aus China zwangsumgesiedelt, um in Hongkong und in anderen britischen Kolonien für das Empire zu schuften.

Während des Zweiten Weltkrieges, im Kampf gegen Japan, versprach Großbritannien der seit 1912 bestehenden Republik China, die Besitzungen aus den »Ungleichen Verträgen« und seine Privilegien an der chinesischen Küste aufzugeben. In historisch gewohnter Weise glaubte die Kolonialmacht ihre gegebenen Zusagen später nicht einhalten zu müssen, und so besetzte ein britisches Flottengeschwader zwei Jahre nach Abgabe dieses Versprechens, am 30. August 1945, das Territorium von Hongkong erneut.

Nach der Gründung der Volksrepublik 1949 zogen sich große Teile der nationalistischen Guomindang sowie deren Anhänger nach Hongkong zurück. Das führte dazu, dass sich die Kronkolonie sehr schnell zu einem Stützpunkt der antikommunistischen Kräfte – einheimischer wie auswärtiger – entwickelte, die der VR China feindlich gesonnen waren. In den fünfziger und sechziger Jahren wurde die Kolonie obendrein zu einem Zentrum der westlichen Geheimdienste (James Bond lässt grüßen), des illegalen Handels mit China, des Schmuggels, der Prostitution, aber auch zum Zentrum der westlichen Banken, die ihre asiatischen Head-Offices zunehmend dorthin verlegten. Hongkong stieg binnen kurzer Zeit dank der – gewiss nicht uneigennützigen – britischen und amerikanischen Hilfen zu einem bedeutenden Außenposten des internationalen Kapitals auf.

Allerdings wirkten sich die Anfang der fünfziger Jahre gegen die Volksrepublik verhängten US-Sanktionen und Embargobestimmungen negativ auch auf die Entwicklung der britischen Kronkolonie aus. Deshalb räumte man Hongkong Sonderrechte und Handelsprivilegien ein. Das war der Startschuss für die schnelle Entwicklung der lokalen Wirtschaft, die von ihrer Stellung als »Tor zu China« profitierte.

Die britische Kolonialgesetzgebung verhinderte jedoch jegliche soziale Entwicklung für die bis 1996 auf 6,4 Millionen Einwohner angewachsene Bevölkerung. Es herrschten dort unmenschliche Arbeitsbedingungen: Der Arbeitstag zählte zwölf Stunden, Kinderarbeit und extrem niedrige Löhne waren in den überwiegend den Briten gehörenden Betrieben üblich. Es existierten keinerlei Arbeitsrechte oder Arbeitsschutzbestimmungen, geschweige denn Presse- und Meinungsfreiheit oder freie Wahlen.

Die sozialen Spannungen in der Kronkolonie entluden sich erstmals 1967. Bei Straßenschlachten wurden mehrere Menschen von der britischen Polizei zu Tode geprügelt, einige Journalisten ermordet und an die fünftausend Demonstranten verhaftet, fast jeder zweite wurde auch verurteilt.

Die VR China, unter Führung des Premiers Zhou Enlai, vermied jegliche Einmischung. Allerdings bestand durchaus Interesse, die koloniale Unterdrückung der Landsleute zu lindern und überhaupt den anachronistischen kolonialen Zustand zu beenden. Nach langwierigen Verhandlungen fand man 1984 in einer Gemeinsamen Chinesisch-Britischen Erklärung die Formel für die Rückführung der Kolonie an China: »Ein Land, zwei Systeme« (one country, two systems). Die entscheidenden Passagen der Deklaration sicherten Hongkong eine große Unabhängigkeit, die Selbstverwaltung und eine kapitalistische Wirtschaft bis 2047 zu. Auf dieser Basis wurde das Hongkonger Grundgesetz (Hong Kong Basic Law) für die Zeit nach der Übergabe vereinbart.

Gemäß diesem Grundgesetz, so waren beide Seiten übereingekommen, sollten in den folgenden Jahren der gesetzliche Rahmen für die Ausgestaltung des sozialen Zusammenlebens in der Stadt ausgearbeitet und in Kraft gesetzt werden.

1994 verfügte der britische Gouverneur per Dekret ein künftig geltendes Wahlsystem. Die ersten freien Wahlen fanden dann im Vorlauf der Rückübertragung an die VR China 1997 statt.

Am 1. Juli 1997 gab Großbritannien, wenngleich widerwillig, die Kronkolonie Hongkong sowie die sogenannten New Territories an China zurück.

Artikel 23 jenes Basic Law sah vor, dass die Hongkonger Administration selbstständig auch ein Gesetz erließ, welches Verrat, Abspaltung, Aufruhr und Subversion gegen die Zentralregierung verbietet. 2003 sollte dieses Gesetz verabschiedet werden. Dazu kam es aber nicht, weil im Legislativrat – das ist die gesetzgebende Kammer der Sonderverwaltungszone, also das Parlament – die Auffassungen auseinandergingen.

Hinzu kamen soziale Proteste auf den Straßen.

Bis heute vermochte es das Regionalparlament also nicht – obgleich dazu der Verfassungsauftrag unverändert seit 1997 besteht –, ein solches Gesetz auf den Weg zu bringen, zu diskutieren und zu beschließen.

Für die Rückführung der portugiesischen Kolonie Macao war ein ähnliches Verfahren vorgesehen. Das dortige Sicherheitsgesetz wurde innerhalb von zehn Jahren verabschiedet.

Auch das von der Kolonialmacht Großbritannien diktierte Wahlrecht sollte 2017 modernisiert werden. Das wurde vom Hongkonger Parlament ebenfalls verhindert: Am 18. Juni 2015 lehnten die stimmberechtigten Mitglieder des Legislativrats den Wahlreformvorschlag mehrheitlich ab.

Was sind die Ursachen für das offenkundig destruktive Verhalten des Legislativrats? Wer ist dort vertreten?

Das Parlament wird nach dem unverändert gültigen Wahlgesetz gewählt, das deutlich koloniale Handschrift trägt. Die eine Hälfte der siebzig Parlamentarier wird in Wahlbezirken gewählt. Die andere Hälfte wird bestimmt von den 28 zugelassenen Berufsgruppen einschließlich der Banken und großen Unternehmen, die auch aus dem Ausland sein können (»Facebook, Twitter, Microsoft, Google und Konsorten«, schrieb der Berliner *Tagesspiegel* am 20. Juli 2020), sowie von bedeutenden Einzelpersonen aus der Wirtschaft – Tycoons, Oligarchen, Magnaten.

Auf diese Weise wollte sich die Kolonialmacht Großbritannien trotz formalen Rückzugs einen gewissen politischen Einfluss sichern. So stimmen weitaus weniger Personen über die Vergabe von 35 Parlamentssitzen ab als über die von den etwa vier Millionen Wahlberechtigten gewählten anderen 35 Abgeordneten. Von einem gleichen und freien Wahlrecht kann also keine Rede sein. So verfügt beispielsweise der Finanzsektor über 130 Stimmen, von denen allein 125 von britischen und französischen Banken kommen.

Die Vertreter der Berufsgruppen haben natürlich ein vorrangiges Interesse, dass der freie Kapitalismus – in Hongkong ein extremer Neoliberalismus – in keiner Weise eingeschränkt wird. Alles, was darauf abzielt, wird folglich als Angriff massiv abgewehrt. So gibt es bis heute kein Arbeitsgesetz und nur sehr schwache soziale Regelungen. Die gewaltigen sozialen Unterschiede, geerbt aus der Kolonialzeit, bestehen fort und haben sich noch verschärft. Hongkong hat noch immer die längsten Arbeitszeiten, zehntausende Einwohner leben auf der Straße oder in sogenannten Käfigen, weil sie sich keine Wohnungen leisten können.

Trotz oder wegen der extremen sozialen Spannungen entwickelt sich die Wirtschaft rasant.

Die kommerzielle Bedeutung nahm unter anderem auch dadurch schlagartig zu, weil die chinesischen Wirtschaftskader nach Gründung der VR China erst das Handwerk der Marktökonomie erlernen mussten. Dadurch hatten die in Hongkong ansässigen lokalen und überseeischen Akteure ein leichtes Spiel bei der Erzielung von Gewinnen in China.

Aber die Zeiten haben sich inzwischen geändert. Heute braucht die chinesische Finanzwirtschaft und Wirtschaftsentwicklung immer weniger Hongkong – Shanghai und Shenzhen haben viele dieser Funktionen längst übernommen, die wirtschaftlichen Gewichte haben sich verschoben.

Nach Angaben des *Spiegel* ist der Anteil der Wirtschaftsleistung Hongkongs an der von China von 1997 bis 2019 von achtzehn auf drei Prozent gesunken.

Die Proteste in den zurückliegenden Jahren richteten sich gegen die Hongkonger Administration und nicht gegen die Pekinger Zentralregierung, und sie waren vornehmlich sozialer Natur. Der Unmut galt der Armut, den zu hohen Mieten, den langen Arbeitszeiten. Für viele Jugendliche war (und ist) die Perspektivlosigkeit in Hongkong, ihrer Heimat, frustrierend. Im boomenden Süden der Volksrepublik existieren erheblich bessere berufliche Chancen. Studierende fliegen aus ihren Quartieren, weil diese vorzugsweise an zahlungskräftige Festlandschinesen verkauft werden. Von den jungen Erwachsenen in Hongkong verfügt inzwischen jeder Zweite über einen Hochschulabschluss. Es gibt ein Überangebot an Akademikern, und die Einstiegslöhne sinken – bei astronomisch hohen Immobilienpreisen.

Peking ist dennoch weiterhin daran interessiert, den internationalen Handels- und Finanzplatz Hongkong zu erhalten. Auch deshalb, weil man damit direkten Zugang zum noch immer vom US-Dollar beherrschten Weltmarkt hat. Über diesen Kanal lassen sich Handelsrestriktionen und Sanktionen in Form Schwarzer Listen von Hightech-Firmen (wir kennen das als CoCom-Listen aus dem Kalten Krieg) unterlaufen. Dafür nahm die Zentralregierung selbst die nach chinesischen Gesetzen unerlaubten Praktiken vieler chinesischer und ausländischer Unternehmen in Kauf – Stichworte Steuerflucht und Korruption.

Die Unternehmer sind auch nicht von dem neuen Sicherheitsgesetz betroffen – sofern sie sich nicht politisch gegen die Volksrepublik engagieren. Hongkongs Vorteil, einerseits Teil von China und andererseits Teil eines anderen Wirtschafts- und Währungssystems zu sein, bleibt bestehen. Die rechtlichen Rahmenbedingungen des *common law* für Handel, Finanzen und das tägliche Leben sind unverändert. Alles andere würde die Attraktivität der Stadt beeinträchtigen.

Daran hat das Mutterland jedoch kein Interesse.

Einzig die Aufkündigung der Handels- und Finanzprivilegien durch die USA und die angedrohten Sanktionen – als Reaktion auf das am 1. Juli 2020 in Hongkong eingeführte Sicherheitsgesetz – mindern dieses Interesse des Mutterlandes am Handels- und Finanzplatz Hongkong. China wird darum die Verlagerung der wirtschaftlichen Aktivitäten von Hongkong aufs Festland weiter stimulieren.

Dabei spielt die Überwindung der Dominanz des US-Dollars im chinesischen Handel eine immer bedeutendere Rolle, zumal Washington selbst eine »Entkopplung« der chinesischen Finanzwirtschaft vom US-Dollar diskutiert. Viele ausländische Firmen werden in diesem Kontext ihre wirtschaftlichen Aktivitäten in Hongkong reduzieren und diese in die chinesischen Zentren verlegen. Der Präsident der europäischen Handelskammer in China, Jörg Wuttke, sprach offen aus, was viele hiesige Wirtschaftsmanager denken: »Ausländische Firmen werden mit ihren Füßen abstimmen – sie werden Hongkong verlassen und nach China ziehen.«

Warum aber hat China dieses Sicherheitsgesetz trotz aller Probleme eingeführt?

Die in den letzten Jahren berechtigten Demonstrationen und Proteste gegen die internen Unzulänglichkeiten Hongkongs gerieten bereits 2019 und eben mehr noch 2020 in das von den USA forcierte Spannungsfeld. Für die USA ist es eine geradezu paranoide Angst, dass der Konkurrent aufholt – China wurde darum zum Hauptfeind des neuen Kalten Krieges erklärt.

Dieser Konflikt spielt sich auf verschiedenen Feldern ab – als Handelskrieg, als Verurteilung der antiterroristischen Aktionen in Xinjiang, als demonstrative Unterstützung Taiwans in Bezug auf die Unabhängigkeit von der VR China, als Marinemanöver in der Südchinesischen See. Und eben auch in und mit Hongkong. Das Konsulat der USA dort soll nach inoffiziellen Angaben bis zu eintausendsechshundert Mitarbeiter haben. (Die weltweit größte US-Botschaft befindet sich in Bagdad und zählt tausend Diplomaten – es ist schließlich die Schlüsselposition für den Nahen Osten.)

Die Demonstrationen 2020 hatten nicht nur einen anderen Charakter als die früheren Proteste, sie überschritten zudem eine rote Linie. Die strafbare Zerstörung von Eigentum und die gewaltsame Besetzung von Parlament und Universitätseinrichtungen, das Verbrennen der chinesischen Staatsflagge und Plünderungen, die Störung des öffentlichen Lebens waren nicht mehr tolerierbar. Die Aktionen von vermummten Personen, die Molotowcocktails warfen und die Polizei attackierten, konnten wohl kaum als demokratische Bekundung unterschiedlicher Auffassungen hingenommen werden. Konflikte müssen anders gelöst werden.

Hinzu kam, dass ein kleiner Teil der Hongkong-Bevölkerung Unabhängigkeit von China forderte, was nicht nur von der chinesischen Regierung, sondern auch vom gesamten chinesischen Volk abgelehnt wurde und wird. Separatistische Bewegungen in Europa zum Beispiel werden auch von keiner hiesigen Zentralregierung geduldet. Ich erinnere nur an Barcelona und Katalonien.

Leider fand die Regierung Hongkongs nicht den Weg zur Deeskalation und zum Dialog.

Unter diesen Umständen sah sich die Regierung der VR China (»Ein Land«) verpflichtet, das seit 23 Jahren ausstehende Sicherheitsgesetz selbst zu verfassen und mit sofortiger Wirkung in Kraft zu setzen. Das war kein singulärer, ungewöhnlicher Akt. Ähnliche Sicherheitsgesetze wurden in den vergangenen Jahren in den USA, in Australien, Kanada und Singapur eingeführt. Simon Chesterman, Direktor der Juristischen Fakultät der Nationalen Universität Singapurs, begründete diese Maßnahme in seinem Stadtstaat damit, dass überall auf der Welt strenge Gesetze für die nationale Sicherheit bestehen, weil es eine der ersten Aufgaben des Staates sei, für die Sicherheit seiner Bürger zu sorgen. Ganz gleich, ob es nun um den Schutz vor Terrorismus oder vor Pandemien geht.

»Das Gesetz richtet sich unter anderem gegen ›Abspaltung‹ oder ›Untergrabung der nationalen Einigung‹«, berichtete die *Neue Zürcher Zeitung* am 10. Dezember 2020. »Ferner richtet sich das Gesetz gegen ›terroristische Aktivitäten‹. Dazu zählen Gewalt gegen Personen, Brandstiftung und die Zerstörung von Transporteinrichtungen. In diese Kategorie gehört damit auch Vandalismus in U-Bahn-Stationen wie bei den Ausschreitungen im vergangenen Jahr. Das Gesetz bestraft auch ›geheime Absprachen‹ mit Kräften im Ausland.«

Ungewöhnlich an diesem Gesetz ist allenfalls, *wie* es in Hongkong eingeführt wurde. Das jedoch ist der besonderen Situation Hongkongs und den Folgen des englischen Kolonialismus geschuldet. Über die wird in der hysterischen Berichterstattung jedoch kein Wort verloren.

Das Angebot Großbritanniens und Australiens, Hongkong-Chinesen eine Heimat zu bieten, wird vermutlich kaum nennenswerte Resonanz finden, da die Hongkonger bestimmt nicht die niedrig bezahlten Jobs übernehmen wollen, die durch den Brexit vakant werden. Außerdem ist zu erwarten, dass die Volksrepublik den Abtrünnigen die Rückkehr nach Hongkong und China verwehrt – und das würde die Trennung von Familie, Verwandten und der alten Heimat bedeuten. Außerdem weiß nun jeder, der das politische Einmaleins beherrscht, dass es sich um nichts anderes als um eine Propagandablase handelt.

Es bleibt abzuwarten, wie die Hongkonger Administration die sozialen Probleme überwindet und das neue Gesetz im Interesse des sozialen Friedens durch- und einsetzt. Das Gesetz aber wird, noch einmal, auf keinen Fall die sozialen Probleme der Sonderzone lösen. Es mag zu weiteren Demonstrationen kommen, die aber allein die dortige Administration friedlich-schiedlich lösen muss – ohne eine Intervention des Mutterlandes.

Die westlichen Regierungen hingegen wären gut beraten, die internen Konflikte in Hongkong nicht weiter durch einseitige Parteinahme anzuheizen und blind dem unvernünftigen, aggressiven Kurs der USA zu folgen. Ihr »geht es weder um die Verhinderung eines weltumspannenden Überwachungssystems noch allein um Geopolitik«, antwortete der bereits zitierte *Tagesspiegel* auf die Frage, warum die USA China insbesondere wegen seiner Tech-Branche und deren weltweiter Ausbreitung attackieren. Es geht Washington »um einen seiner potentesten Wirtschaftszweige, den es zu schützen gilt«. Ein Drittel des Bruttoinlandsproduktes der USA wird in diesem Bereich erwirtschaftet.

Es geht also nicht um Ideologie und Menschenrechte, nicht um Pro-Demokratie-Bewegungen in Hongkong und um Sicherheitsgesetze, sondern um Ökonomie und um Konkurrenzkampf. Darum reagierte Washington umgehend auf das chinesische Sicherheitsgesetz mit einem Sanktionsgesetz gegen China. Damit solle Peking für die »repressiven Aktionen« gegen die Menschen in Hongkong zur Rechenschaft gezogen werden. »Das Gesetz gibt der amerikanischen Regierung wirksame neue Werkzeuge, um gegen Personen und Institutionen vorzugehen, ›die Hongkongs Freiheiten auslöschen‹«, kommentierte die *NZZ*.

Washington erwäge, allen Mitgliedern der Kommunistischen Partei Chinas die Einreise in die USA zu verweigern. Das, mit Verlaub, würde alle Beziehungen beenden und bedeutete auch das Ende der Globalisierung. Die Chinesen können inzwischen ohne die Welt existieren. Ob die restliche Welt ohne China leben kann? Da bin ich mir nicht so sicher.

Zu den jüngsten Nadelstichen gehören die Angriffe auf die Staudämme, die die Volksrepublik auf ihrem Territorium am Mekong errichtet. Sie sind Teil der Energiewende. Der Mekong entspringt im Hochland von Tibet und fließt auf seinem fast fünftausend Kilometer langen Weg auch durch Myanmar, Thailand, Laos, Kambodscha und Vietnam. Seit der Jahrtausendwende hat China sieben Staudämme in den Schluchten des Lancang, wie die Chinesen den Mekong nennen, errichtet, zwölf weitere sind geplant. Laos, Kambodscha und Vietnam haben zwei Dutzend Talsperren an Zuflüssen zum Mekong in Betrieb. Alles in allem sollen im Flussgebiet des Mekong 160 Wasserkraftwerke entstehen. Das bedeutet natürlich einen gewaltigen Eingriff in die Natur, Umweltschützer warnen vor der Bedrohung der Fischbestände, dem Rückgang der Sedimente, die ins Delta gespült werden und dort für Fruchtbarkeit sorgen, kurzum: Flora und Fauna leiden darunter. Aber: China ist, wie im Westen verbreitet wird, der Hauptverursacher. »Durch den Bau von Staudämmen, Sperrwerken und anderen Bauten zur Wasserumlenkung versetzt sich China in die Lage, das Wasser seiner Flüsse als politisches Druckmittel einsetzen zu können«, hieß es beispielsweise in den *Deutschen Wirtschaftsnachrichten* am 10. November 2019. »Seit China am Mekong eine Kaskade riesiger Dämmen errichtet hat, sind Dürren in den flussabwärts gelegenen Ländern häufiger und intensiver geworden. Doch Peking bestreitet, dass die chinesischen Dämme schuld daran sind, und hat sogar versprochen, mehr Stauwasser für die von der Dürre betroffenen Länder freizusetzen. Aber eben dieses Hilfsangebot zeigte die neue Abhängigkeit der flussabwärts gelegenen Länder vom chinesischen Wohlwollen – eine Abhängigkeit, die sich mit dem Bau weiterer riesiger Dämme noch verstärken könnte.«

Und andere Blätter bringen Indien und Bangladesh auf, weil sie Ähnliches für den Brahmaputra prophezeien. Zwar ist noch nicht einmal ein Plan bekannt, wo das »Mega-Kraftwerk« entstehen soll, aber die *Süddeutsche Zeitung* fragte am 30. Dezember 2020 rhetorisch: »Wie kommt China dazu, seine Nachbarn mit einem Super-Damm einzuschüchtern?«

Kein Thema wird ausgelassen, mit dem sich China attackieren lässt.

Wer hat Angst vorm »Gelben Mann«?

»Es ist paradox: Je mehr sich China öffnet und der Weltwirtschaft anpasst, desto schrecklicher erscheint vielen im Westen sein wirtschaftliches System«, schrieb Georg Blume in der *Zeit* bereits im Mai 2008. Das große Problem »vieler westlicher Moralisten« bestünde darin, dass sie einfach nicht anerkennen wollten, »dass die allermeisten Chinesen [...] heute freier und würdevoller als noch vor ein paar Jahren leben«. Blume war eine Zeitlang in China als Auslandskorrespondent akkreditiert und konzipierte 2018 mit einem Kollegen das Projekt »Chinareporter«, um ein differenziertes Bild von der Volksrepublik in Deutschland zu vermitteln. Das Vorhaben wurde sofort auf Eis gelegt, nachdem *NDR, WDR* und *Süddeutsche Zeitung* sich darüber öffentlich mokiert hatten, dass Chinas Botschafter in Berlin zur Unterstützung dieses Vorhabens mehrere deutsche Dax-Unternehmen angesprochen hatte. Schließlich machten die Konzerne in und mit China ordentliche Geschäfte, weshalb die Annahme nicht ganz abwegig schien, dass sie an einem objektiven, differenzierteren China-Bild interessiert sein könnten. Vermutlich sind sie das auch, aber gegen eine Medienwand aus Vorurteilen und ideologischer Verblendung können offenbar selbst Dax-Konzerne nicht an, weshalb die Anfrage unbeantwortet blieb. Mehr noch: Die Enthüllung, solche Post überhaupt bekommen zu haben, setzte die Dax-Unternehmen in schlechtes Licht. Handelte es sich doch laut Medienberichten um den Versuch einer »Einflussnahme«.

Den Einfluss hingegen, den Medien auf die öffentliche Meinung nehmen, sieht man hierzulande nicht annähernd so kritisch.

Blume nimmt nie ein Blatt vor den Mund. »Toll, dass unser vielbeschäftigter Außenminister sich die Zeit nimmt, den Hongkonger Studentenführer Joshua Wong zu treffen«, höhnte er im September 2019 im *Spiegel*. »Super, dass sich die Bundespressekonferenz nicht zu fein ist, Wong einzuladen, um ihm in Berlin Gehör zu verschaffen. Jetzt können wir uns alle brüsten, Bundesregierung und Hauptstadtpresse im Rücken, unsere demokratischen Grundüberzeugungen gegen die bösen Mandarine in Peking verteidigt zu haben.«

Nun ist Blume, wenn man seine vielen Beiträge studiert, nicht unbedingt ein unkritischer Freund Chinas. Aber er ist ein pragmatischer Realist, weshalb er sich weder von dieser noch von jener Seite vereinnahmen, allerdings auch eine eigene klare Position vermissen lässt. »Der Westen wäre klug beraten, die Frage, ob China Partner oder Feind ist, offen zu halten«, schrieb er am 26. August 2019 im *Spiegel*.

Ich kann, da ich nicht von Honoraren lebe, mir eine eigene Position leisten und diese auch artikulieren. Die Frage, ob China Partner oder Feind ist, darf nicht offen bleiben. Sie kann und sie muss beantwortet werden: China ist nicht der Feind!

Mit einer nicht zu verkennenden Genugtuung teilte die *Frankfurter Allgemeine Zeitung* im Oktober 2020 die Ergebnisse einer Umfrage des amerikanischen Pew Research Center mit. Demnach hatten 71 Prozent der Deutschen ein negatives Bild von China, 17 Prozent mehr als im Jahr zuvor. Ich fragte mich, wie das wohl möglich sei, da doch China der größte Handelspartner Deutschlands ist, noch vor den USA. Der deutsche Wohlstand hängt nicht unwesentlich von ungestörten, friedlichen Handelsbeziehungen, von einer engen Kooperation mit China ab.

Die gleiche Zeitung präsentierte am 5. Januar 2021 die nächste Studie (»Europäer misstrauen China«). Sie stammte vom Zentraleuropäischen Institut für Asienstudien der Universität Olomouc. Die Forscher hätten im Herbst 2020 fast zwanzigtausend Menschen in dreizehn Staaten Europas, darunter elf EU-Mitgliedsstaaten, zu ihrer Einstellung gegenüber China befragt. Nun, man muss kein Hellseher sein, um das Resultat, wenngleich nicht im Detail, wohl aber in der Tendenz zu ahnen. »Das einzige EU-Land, in dem China überwiegend positiv beurteilt werde, sei Lettland«, so die *FAZ*. 43 Prozent der Befragten dort hätten sich positiv, nur 28 Prozent negativ geäußert. »Die Autoren erklären die Zustimmung auch mit dem hohen Anteil der russischsprachigen Bevölkerung in Lettland. Russen und Serben haben eine dezidiert positive Sicht auf China.« Aber: »Entschieden negativ‹ blicke die Bevölkerung in Deutschland, Frankreich, im Vereinigten Königreich und der Tschechischen Republik in Richtung China.« Lediglich die Handelsbeziehungen zu China hätten in den meisten Ländern eine »überwiegend positive Konnotation«. Hingegen sehen die meisten – Serbien, Russland, Lettland, Italien und Polen ausgenommen – die Neue Seidenstraße skeptisch ...

Es gibt den Begriff der sich selbst erfüllenden Prophezeiung: Eine Information über einen künftigen Sachverhalt ist die Ursache dafür, dass dieser Sachverhalt auch eintritt. Wenn die Medien ständig Skepsis nähren, wenn fortgesetzt negativ über China berichtet wird, muss man sich nicht wundern, wenn jene, die das rezipieren, sich diese Haltung auch zu eigen machen. Die veröffentlichte Meinung wird dann auch zur öffentlichen Meinung, zur Stimme des Volkes, die wiederum bestätigt, dass die Presse mit ihren prophetischen Kommentaren richtig lag.

Die kritische Distanz wurzelt in tradierten Narrativen, die aus der Zeit des Kalten Krieges stammen, und in Deutschland muss man dabei noch in die Zeit vor 1945 zurückgehen. Reichspropagandaminister Goebbels sprach von der »roten« und der »gelben Gefahr«, und es war ein antikommunistischer, rassistischer, heute »antitotalitärer« Reflex. Der Antikommunismus blieb im Westen Deutschlands Staatsdoktrin, auch wenn man den Faschismus hinter sich ließ. Das ist noch immer der gesellschaftliche Resonanzboden, der die medial verbreiteten Ressentiments gegenüber China wiedergibt. Er funktioniert auch deshalb so gut, weil er das Unwissen in Rechnung stellen kann. Nach 27 Jahren in China behaupte ich, China nicht wirklich zu kennen. Wenn ich mit deutschen Touristen spreche, die zwei Wochen im Land waren, erklären sie mit Überzeugung, nunmehr das Land zu kennen. Was sie sahen, ordnen sie in ihr bestehendes Weltbild ein: China braucht nur noch eine demokratische Regierung, dann ist es wie Deutschland. Man ist unfähig und auch nicht willens zu erkennen, dass sich dort etwas Alternatives entwickelt und nie so sein kann, wie wir es sind.

Deutschland genoss in China traditionell einen sehr guten Ruf. Außerordentlich hoch werden die sogenannten deutschen Tugenden wie Pünktlichkeit, Sachlichkeit, die Ingenieurkunst etwa in der Automobilindustrie bewertet. Man will von Deutschland lernen. Auch wie Deutschland mit der eigenen Geschichte umging, wird geschätzt. BRD-Kanzler Willy Brandt ging vor den polnischen Opfern im Zweiten Weltkrieg auf die Knie und hat sich zur Schuld des deutschen Volkes für diese Verbrechen bekannt. Tokio dagegen hat nichts dergleichen getan, dabei waren Japans Verbrechen an den asiatischen Nachbarn nicht geringer. (Stattdessen intervenierte Tokio in Berlin, als dort im Sommer 2020 ein Mahnmal für die »Trostfrauen« aufgestellt wurde, mit dem an die aus Korea verschleppten hunderttausenden Frauen und Mädchen erinnert werden sollte, die während des Kriegs von Japan zur Prostitution gezwungen wurden.)

Das hohe Ansehen der Deutschen ist aber in den letzten Jahren rapide gesunken. Zwar wird nach wie vor der deutsche Maschinenbau bewundert, aber der wachsende Rückstand zur Weltspitze auf vielen Feldern wird aufmerksam registriert. Die lächerlichen Baugeschichten des Berliner Airports, von »Stuttgart 21« und der Hamburger Philharmonie wurden durchaus registriert, die Versäumnisse bei der Digitalisierung oder beim Umgang mit der Pandemie nicht minder. Und wenn dann die Chinesen dies mit ihren Fortschritten vergleichen, stellt sich zwangsläufig Stolz ein. Da brauchen sie keine Verstärkung durch die Propaganda. Jedes Kind sieht: Ihr Land meistert augenscheinlich die Herausforderungen des 21. Jahrhunderts besser als »Deguo«, das Land der Tugenden, wie Deutschland auf Chinesisch genannt wird.

Der Unterschied: Das negative China-Bild der Deutschen ist durch Unkenntnis geprägt, das negative Bild der Chinesen von Deutschland wächst durch Kenntnis der deutschen Wirklichkeit.

In einem Gastbeitrag im *Handelsblatt* am 19. November 2020 schrieb Björn Ognibeni, Unternehmensberater und Lehrbeauftragter an der Westfälischen Wilhelms-Universität in Münster, selbstkritisch von »asymmetrischer Ignoranz« des Westens: »In China weiß man alles über uns, während wir noch nicht mal wissen, was wir über China nicht wissen.« Er meinte: »Während wir davon wenig mitbekommen, studiert man in China den Westen sehr genau, auf allen Ebenen der Gesellschaft: von der Partei, über Lokalregierungen und Firmen bis hin zu vielen einzelnen Bürgern. Alle haben dabei das gleiche Ziel: lernen.«

Wer lernt, will die Welt verstehen, nicht über sie herrschen.

Das Bedürfnis zu lernen habe ich als »Arbeitgeber« in China erlebt, ich habe eingangs über meine Mitarbeiter berichtet, die jede freie Minute nutzten, um ihren Horizont zu erweitern.

Die Führung der Kommunistischen Partei Chinas erklärte wiederholt auf den Parteitagen und in Dokumenten, keinerlei Hegemonie anzustreben, darum steht man auch militärischen Bündnissen ablehnend gegenüber. Alle neu beschafften Waffensysteme sind ausgelegt zur Verteidigung. Und man wird sich auch nicht wie die Sowjetunion auf einen Rüstungswettlauf mit den USA einlassen. Deren Strategie des

Totrüstens wird hier nicht funktionieren, zumal der techno-
logische Rückstand Chinas im Militärwesen nach wie vor
sehr groß ist. Die USA wissen um diesen Rückstand und unternehmen daher alle Anstrengungen, ihn zu erhalten. Sie
behindern den wissenschaftlichen Austausch mit China, sie
weisen die chinesischen Wissenschaftler aus den USA aus,
sie üben auf alle Länder der Welt Druck aus, damit sie nicht
mit China in der 5G- Technologie kooperieren, sie behindern die digitalen Technologien in China durch Verbote, mit
Hochleistungs-Chips für die 5G-Technologie zu handeln und
so weiter und so fort.

Die Be- und Verhinderung des Transfers digitaler Technologien dient nicht nur dem Schutz der eigenen Wirtschaft – es
ist auch ein wichtiges Werkzeug der USA im Wettstreit der
Systeme.

Das erfolgt vor dem Hintergrund wachsender Attraktivität des chinesischen Gesellschaftsmodells, wobei die Chinesen selbst erklären, kein »Modell« zu sein. Sie sprechen
bewusst vom »Sozialismus chinesischer Prägung«, womit gesagt ist, dass er nicht auf andere Länder übertragbar sei. Das
hat sicherlich auch mit der Erfahrung des »Sozialismus sowjetischer Prägung« zu tun, der bewusst als Modell anderen
Parteien und Staaten vorgeschrieben worden war, jede Ab-
weichung und Modifizierung wurde von Moskau korrigiert.
Das Resultat war der vollständige Untergang des frühen Sozialismus in Europa.

Das chinesische Beispiel ist erfolgreich und wird von vielen Staaten nicht nur als gesellschaftliche Alternative zum
Kapitalismus, sondern überhaupt als Perspektive gesehen.
Die erfolgreiche Bekämpfung der Corona-Pandemie hat das
Funktionieren des Systems einmal mehr bestätigt – auch
wenn die hiesigen Medien den Erfolg einzig der chinesischen Regierungspropaganda zuschreiben. Es ist legitim,
wenn sich Staaten mit ihren Erfolgen schmücken: Die bürgerlich-demokratischen Länder tun dies, wo sie es können, ja
auch. Man erinnere sich nur der abendlichen *Tagesschau* am

27. Dezember 2020, als es Bilder von Erstimpfungen aus allen (west-)europäischen Hauptstädten gab. Dabei durchschauten nicht nur die involvierten Mediziner die Potemkinsche Inszenierung. In großen Krankenhäusern wie etwa dem Rhön-Klinikum in Bad Neustadt in Franken hatte man, wie es hieß, ganze vierhundert Impfdosen bekommen, das langte nicht einmal fürs Personal. Und der Versuch der Reaktivierung von längst berenteten Medizinern als Impfärzte hatte eine makabre Ähnlichkeit mit dem letzten Aufgebot 1945. Einige Zyniker sprachen darum vom »medizinischen Volkssturm«.

Während also die westlichen Länder unter hohen Infektionszahlen, wirtschaftlichen Rückschlägen litten und weiter leiden, die Bürger über Monate Einschränkungen hinnehmen mussten und müssen und damit die Unfähigkeit des Systems, auf Herausforderungen dieser Art angemessen zu reagieren, eindrucksvoll bewiesen bekamen, hat China (und haben andere asiatische Staaten) durch strikte administrative Eingriffe, wohl auch unter Beschneidung individueller Freiheiten, die Pandemie eingedämmt. Die Wirtschaft Chinas hat sich schnell erholt und sorgt, wie schon nach der globalen Finanzkrise 2008, für eine stimulierende Wirkung auf die Weltwirtschaft.

Bislang waren die USA die einflussreichste Nation in Asien, doch der Vorsprung gegenüber China schwindet. Die Wirtschaftskraft der Volksrepublik und die der anderen asiatischen Staaten wird dazu führen, dass die Wirtschaftszentren der Welt sich nach Asien verschieben werden. In einer nächsten, ferneren Phase möglicherweise geht es weiter in Richtung Afrika.

Offensichtlich erkannte die US-Administration diese Tendenz und schickte in der zweiten Jahreshälfte 2020 den Außenminister in viele asiatische und afrikanische Länder. Er führte dort intensive Gespräche mit einem einzigen Thema: vor China zu warnen. Er wiederholte mit beschwörenden Worten die Gefahr, die von China für die Welt ausgehe, insbesondere aber für das Land, in welchem er gerade Gast war.

Mit mäßigem Erfolge, wie die Bildung der größten Freihandelszone Mitte November zeigte. Die USA waren bekanntlich nicht eingeschlossen. Aber auch die EU nahm das Abkommen mit Unglauben und wohl auch Erschütterung zur Kenntnis. Der EU-Außenbeauftragte Josep Borell sah dies als »Weckruf«, Europa werde keinesfalls »der Regierung in Peking dabei tatenlos zusehen, wie sie auf dem Kontinent zur unangefochtenen Führungsmacht wird und dabei auch die wirtschaftlichen Standards setzt«. So zitierte ihn das *Handelsblatt* am 30. November 2020 unter der vielsagenden Überschrift »EU sucht in Asien nach neuen Partnern«.

Die Analysen vieler China-Experten und die Kommentare von Journalisten blenden meist die Tatsache aus, dass nicht nur China, sondern auch andere einst kolonialisierte Länder allen Grund haben, dem Westen zu misstrauen. Sie haben nicht vergessen, wie sie einst unterworfen und ausgebeutet wurden, und wie das noch immer, inzwischen subtiler, im globalen Handel funktioniert. Die asiatischen Länder vertrauen auf Grund ihrer gemeinsamen Werte, die sich von denen des Westens unterscheiden, auf die eigenen und im Zusammenschluss gemeinsamen Kräfte.

China habe schon sehr früh vorausgesehen, dass die USA eines Tages ein Problem mit Chinas Aufstieg haben und einen geopolitischen Konflikt vom Zaun brechen werden, meinte der indische, in Singapur lebende Politologe und Ex-Diplomat Kishore Mahbubani. Er gilt als Verkünder des »Asiatischen Jahrhunderts«. Bereits 2008 erklärte er in einem *Spiegel*-Gespräch: »Millionen Menschen haben unter dem Export der westlichen Demokratie gelitten. Die hat der Westen auf dem Gewissen.« Warum tue der Westen immer so, als würde er »automatisch Gutes bewirken«, wenn er »irgendwo auf der Welt Demokratie stiftet? Das ist Quatsch!«

Der Politikprofessor über den Demokratieexport weiter: »Erste Regel: Es sollten immer die betroffenen Menschen darüber entscheiden, ob sie eine Demokratie haben wollen oder nicht. Aber auf keinen Fall andere Staaten. Zweite

Regel: Man muss immer die Möglichkeit in Betracht ziehen, dass eher Böses als Gutes erreicht wird, wenn man Demokratie in einem Land erzwingt.« Es gehe immer um »verantwortungsbewusste Regierungsführung«. Alle Staaten müssen verantwortungsbewusst geführt werden, Entwicklungsländer aber ganz besonders. Ob man das autoritär oder demokratisch macht, sei erst mal nicht so wichtig. Die Form muss zu einer Gesellschaft und zu ihrem Entwicklungsstand passen. »China zum Beispiel wird nicht demokratisch regiert, aber verantwortungsbewusst.«

Das führte natürlich zum heftigen Widerspruch der fragenden deutschen Journalisten, die sofort die Perspektive von Regimegegnern einnahmen und auf die Menschenrechte pochten. Darauf Mahbubani: Man könne nicht Ländern wie China ein Gesellschaftsmodell »überstülpen. Es wäre eine Katastrophe für China, wenn es sich über Nacht für die Demokratie entscheiden würde. Hunderte Millionen Menschen würden unter den Folgen leiden.«

Mit Blick auf seine Heimat Singapur, aber auch auf China erklärte der ehemalige Botschafter in Kambodscha, Malaysia, in den USA und bei der UNO: »Ein solcher Staat muss anders regiert werden als Deutschland oder die USA. Vielleicht respektieren Sie das im Westen endlich mal. Die Zeit der Belehrungen ist vorbei. Es gab mal eine ungewöhnliche Epoche, in der der Westen die Welt dominiert hat, sie kolonialisiert, sie kontrolliert hat. Diese Epoche ist jetzt vorbei. Endgültig. Hört endlich auf, uns zu erzählen, wie wir unsere Gesellschaften organisieren sollen!«

Und weil dies offenkundig noch immer nicht deutlich genug war, legte er noch nach: »Ihr kommt auf euren hohen Rössern daher wie die weißen Ritter, Galopp, Galopp, und glaubt, die armen Völker von ihren bösen Führern befreien zu müssen. In Wahrheit verfolgt ihr unter dem Deckmantel von Demokratie und Menschenrechten nur eure egoistischen Interessen. Wir haben eure Doppelmoral durchschaut. [...] Auch Deutschland hat all seine moralische Glaubwürdigkeit verloren und sollte andere nicht über Menschenrechte belehren.«

Darauf der Journalist: »War es ebenfalls eine Belehrung, als Kanzlerin Merkel den Dalai Lama in ihrem Amt empfing?«

Antwort: »Das war ein billiges Manöver. Sie wollte gut dastehen, als Kämpferin für die Freiheit. Dafür gibt es viele Bonuspunkte in den westlichen Medien. Mut hat sie damit jedoch nicht bewiesen. Echter moralischer Mut wäre es, wenn Frau Merkel in den Gaza-Streifen ginge und auf das Unrecht dort hinweisen würde.« Man solle darauf achten, nicht nur die schwachen, sondern auch die starken Länder zu belehren. Dazu aber fehle Deutschland der Mut.

Darauf folgte der Einwand, Deutschland kritisiere auch die USA, zum Beispiel wegen des Lagers in Guantanamo. – Wo blieben die praktischen Konsequenzen, habe man den USA etwa mit Sanktionen gedroht?, Kishore Mahbubani darauf. »Je moderner China wird, desto weniger Menschenrechtsverletzungen wird es geben. Das Entscheidende ist die Richtung, in die das Land sich entwickelt. Und die stimmt, anders als im Westen. Dort ist die Entwicklung negativ.« Das sagte der Mann 2008.

Allerdings gehen nicht nur die Regierenden in den westlichen Staaten unangemessen mit der Volksrepublik China um. Auch die linke Opposition tut dies. Das bekannte selbstkritisch der Leiter des Büros der Rosa-Luxemburg-Stiftung in Peking. Der studierte Politikwissenschaftler Jan Turowski war, bevor er diese Aufgabe übernahm, Professor an der Southeast University in Nanjing. In einem Gespräch mit dem Auslandsjournal *maldekstra* (das ist Esperanto und heißt »links«) meinte er, dass Die Linke im Westen »gehetzt und getrieben« werde von einem konfrontativen bürgerlichen und antikommunistischen China-Diskurs. Man reagiere darauf und fühle sich zudem zur Distanzierung genötigt, weil man nicht in Mithaftung genommen werden wolle. Zum anderen führe man intern eine Scheindiskussion, ob man China, die KP, das Wirtschaftsmodell und bestimmte Entwicklungen kritisieren dürfe oder nicht. Ihn irritiere dabei vor allem, »dass man vorab das Recht, China zu kritisieren, betont, ohne genaue Kenntnis von Geschichte und Entwicklungen, Zwängen und Handlungsoptionen zu haben oder sich die Mühe zu machen, China aus seiner eigenen Logik heraus zu verstehen.« Die Linke, so Turowski, müsse einen eigenen, qualifizierten China-Diskurs führen. »Einem Modell, das in den letzten Jahrzehnten 800 Millionen Menschen aus der Armut befreit hat und das von einem armen Entwicklungsland zur größten Wirtschaft aufgestiegen ist, sollte mit ernsthafter Neugier und Interesse begegnet werden.«

Vielleicht sollte die Linke noch etwas mehr tun.

Wir wissen, dass »der Westen« arbeitsteilig operiert. Einig ist man sich in der Überzeugung, dass China ein »systemischer Rivale« ist. Die NATO und EU sollen den USA bei deren Konfrontationspolitik gegen China den europäischen Rücken freihalten, indem sie die Ausgaben der westlichen Konfrontationspolitik gegen Russland steigern und militärische Abenteuer an die erweiterten europäischen Außengrenzen tragen. Egal, wie man zur Innenpolitik Chinas steht: Das ist die geostrategische Handlungsrichtung des Imperialismus – China soll als Konkurrent kleingehalten, am besten ausgeschaltet werden. Zu nichts anderem dienen der Rüstungswettlauf und die aggressive Konfrontationspolitik mit China. Das erhöht die Gefahr eines großen Krieges, mit dem im Pentagon offenkundig bereits gerechnet wird. Dadurch werden aber auch ökonomische Ressourcen gebunden, die – wie schon mal im Kalten Krieg – fehlen werden: in Ökonomie und Ökologie, in der Sozialpolitik aller Staaten.

Wir stehen am Scheideweg: Entweder gelingt es, diese unsinnige, gefährliche Konfrontation durch kollektive Anstrengungen zu überwinden und vernünftige Beziehungen zur Volksrepublik China zu entwickeln – oder aber die Klimakatastrophe und andere Konflikte werden die Existenz der Menschheit noch in diesem Jahrhundert mehr als nur gefährden.

Die deutsch-chinesischen Beziehungen in der subjektiven Sicht eines Politikers

Hans Modrow
Brückenbauer
Als sich Deutsche und
Chinesen nahe kamen.
Eine persönliche Rückschau

brosch., mit Abb.
236 Seiten
15,00 €
ISBN 978-3-947094-87-5

Ein exklusives zeitgeschichtliches Zeugnis. Hans Modrow behandelt die Beziehungen DDR/Deutschland zu China seit 1949 und verknüpft diese mit seinen persönlichen Erinnerungen, die er bei seinen Reisen als Abgeordneter der Volkskammer, des Deutschen Bundestages, des Europa-Parlaments sowie als Vorsitzender des Ältestenrates der PDS bzw. der Partei Die Linke in China gemacht hat. Es gibt keinen vergleichbaren Exkurs über die siebzig Jahre deutsch-chinesische Beziehungen. Der 93-jährige Modrow schlägt darin einen speziellen historischen Bogen und folgt damit etwa Helmut Schmidt oder Henry Kissinger, die in ähnlich verständnisvoller Zuneigung zu China standen. Deshalb reisten auch sie so oft ins Reich der Mitte.

edition ost im Verlag Das Neue Berlin –
eine Marke der Eulenspiegel Verlagsgruppe Buchverlage

ISBN 978-3-360-01896-0

1. Auflage 2021
© Eulenspiegel Verlagsgruppe Buchverlage GmbH, Berlin

Umschlaggestaltung: Verlag, Peter Tiefmann
Druck und Bindung: buchdruckerei.de, Berlin

www.eulenspiegel.com

Sachliche Analyse eines Natur-
wissenschaftlers, der Fakten ohne
ideologische Vorgaben wertet

Wieland Dietel
**China auf dem Weg
zur Weltmacht**

brosch.
216 Seiten
15,00 €
ISBN 978-3-947094-75-2

China ist mit etwa sechstausend Jahren ganz gewiss die älteste
ununterbrochen fortbestehende Zivilisation. Das chinesische
Kaiserreich endete 1912, und ist damit auch die am längsten
währende politische Institution in der bisherigen Menschheitsgeschichte. Die Volksrepublik China, vor siebzig Jahren gegründet, beruft sich auf diese Vergangenheit, die das heutige
Denken, Fühlen und Handeln der Chinesen beeinflusst. Ohne
seine Geschichte versteht man China und die Chinesen nicht.
Wieland Dietel macht einen Parforce-Ritt durch die Geschichte
des mit 1,4 Milliarden Menschen volkreichsten Staates der
Erde. Innerhalb weniger Jahrzehnte befreite die Volksepublik
800 Millionen Menschen aus der Armut und stieg auf zur zweit-
stärksten Wirtschaftsmacht der Welt.